莎士比亚传

[澳] 惠特福德 著
汪家海 译

时代文艺出版社

图书在版编目（CIP）数据

莎士比亚传 /（澳）惠特福德著；汪家海译．—长春：时代文艺出版社，2016.5（2017.8 重印）

ISBN 978-7-5387-5150-5

Ⅰ．①莎… Ⅱ．①惠… ②汪… Ⅲ．①莎士比亚，W.（1564～1616）－传记 Ⅳ．①K835.615.6

中国版本图书馆CIP数据核字（2016）第019805号

出品人 陈 琛
产品总监 郭力家
责任编辑 方 伟
助理编辑 程 飞
装帧设计 孙 利
排版制作 尹 爽

莎士比亚传

[澳] 惠特福德 著 汪家海 译

出版发行 / 时代文艺出版社
地址 / 长春市泰来街1825号 时代文艺出版社 邮编 / 130011
总编办 / 0431-86012927 发行部 / 0431-86012957 北京开发部 / 010-63108163
网址 / www.shidaicn.com
印刷 / 三河市京兰印务有限公司
开本 / 710mm × 1000mm 1 / 16 字数 / 217千字 印张 / 18
版次 / 2016年5月第1版 印次 / 2017年8月第2次印刷 定价 / 46.00元

图书如有印装错误 请寄回印厂调换

目录
CONTENTS

第一部分

1582年

1.

时钟的金色指针向前跳了一下，又一分钟过去。再过半个钟头是11点，那时，准点钟声一响，意味着集市解散，人们便要收摊停业，忙着回家吃饭。此时，来赶集的人已越来越少。多数人在大清早，就着凉快的天气，便来集市做买卖。别的商铺都在打烊，他却不敢跟着做。因为父亲要求很严，做生意精于算计，连一便士的买卖都能算得一清二楚，所以他不敢错过一桩生意。但在货架的下方，摆放着一本奥维德的故事书，里面的内容深深地吸引着他。他用手摸着书的封皮，眼前斯特拉福德镇的周四例行集市似乎与他无关，仿佛又回到兰开斯特郡，想着挣钱去买书。这样，他便可以沉浸在书中，拥有一个属于他自已的世界。

但眼前他还得看好商铺，认真做买卖。这时，一位女士来到他的店铺，问他："有手套卖吗？"

他抬起头，脑子里兜售货物的各种辞令一下子跃上舌尖。还没开口，他看见来人长着一双灰色的眼眸，一头乌黑的秀发，还戴着一顶草帽，脸上洋溢着顽皮的微笑。对方看起来很眼熟。

“安妮·哈瑟维小姐！”

“我刚才在想，你是否还记得我？”

“当然记得您，怎么会忘了呢？我去外地并不久，才两年。”

“听说你回来了，为啥不来看我们？”

“您也看到，父亲让我忙个不停。”

“不知怎的，我却从人群中挤到你这儿。”

“今天生意不景气，不过每天都这样。”

“不管怎样，打起精神，情况会慢慢好起来。虽然很高兴再次见到你，但我确实想来买手套。”

“小姐，您应该有副全英国最好的、世界上最精美的手套。要山羊皮的，鹿皮的，还是猪皮的？还有，您需要多大尺寸，喜欢什么颜色的？是常用还是用于重要场合？”

“做起生意来，你真是头头是道。我只要斯特拉福德镇最好的就行了。我不知道多大尺寸，但我要质地最好的。你啥时候回来的？”

“上个礼拜。”

“已经不耐烦了吧！”

“是不耐烦，把手伸给我。”

她已将手上原先戴的手套脱下。他握住她的手，径直摩挲起她的手指，用右手抓住她的手腕。在他们孩提时，他就常常拉着她的手，让她认真地听他絮絮叨叨地说话；或者在一起走路时，好保持步伐一致。但现在的触摸不同以往，她是位农家女孩儿，一个乡下女子。但她的手却不像家庭主妇的手因劳作而红肿、布满疤痕、长着粗茧。再说，哈瑟维一家属小康之家，家境殷实，她家的女孩子通常不下田干活。他闻出安妮身上喷的玫瑰香水味，她把被阳光晒黑的娇小的手，信任地放在他的手上，他感到很高兴。

她用奇怪的眼神看着他，然后额头上深色的眉毛紧蹙着。他迅捷地将手套戴在她手上。

“您看，戴起来多可爱，多柔顺平滑，多……”

“般配吗？”他笑了起来。

“你卖手套，都这么诗情画意。”

“但手套和情人两个词关系很近。难道情人不该有诗意，小姐？”

“先生，你可能是个好情人，但对我来说，你只是在卖手套。”

“我愿意两者都是，小姐。”

“有可能。但我来赶集是为买手套的，不是为爱情。”

“小姐，如果您要购买爱情，请先考虑我。”

“但我并不想购买爱情。”

“可我愿意免费送给你。”

“既然爱情和手套近似，你要免费送我手套。我不想要深红色的，也买不起它们。”

“可深红色和您很般配，和您的头发、眼睛都很配。好的，就是深红色。您如果不想尝试我的爱，再试一下别的手套。”

她情不自禁地笑了起来，试着戴别的手套。山羊皮的是最贵的，还有深红色的。“你父亲让你负责买卖，你一定知道销售的情况。我就要它们。但我必须要再买些普通的手套，是的，就那些。”

“您想要送货上门吗？可以将它们作为礼物送给您吗？”

“不，我自己带走，或者我会戴上它们。最好把深红色的包起来。”他把手套包好，接着她将那些手套塞在篮子底下。然后，她说：“威廉，你去的地方在哪里？在北方，是不是？”

"是的，在兰开斯特郡。"

"那地方美吗？"

"如果你喜欢苔藓的话。不过，那儿也有它美丽的地方，虽然和这儿相比，更加荒凉，也没这儿人多。"

"至少你去那里玩了一趟。长这么大，我从未离开过斯特拉福德镇周围五英里。"

"那你想去那儿吗？"

"非常想，但又不确定。像我这样的普通女子是不会去的，我倒想去看看伦敦。"

"告诉你个秘密，真的是秘密。大家认为我是从兰开斯特直接回家的，实际上我说谎了。我胡诌了出发的时间，实际上我去了伦敦，在那里整整待了一个星期。"

"噢，是这样"，她叹息道，"那里好玩吗？美吗？"

"简直美妙绝伦，五彩缤纷，多姿多彩。但也人群拥挤，肮脏不堪，人声鼎沸，充满着喧嚣。可我喜欢那儿。"

这时，散集的钟声响起，打断了他们的聊天，也提醒人们市场就要关闭。安妮身后传来她的继母急促的叫喊。

"原来你在这儿，我到处找你，我们回家快要迟了。你买好治汤姆便秘的泻药了吗？"

"买过了，妈妈！"

"还有法兰绒呢？"

"也买了，妈妈！"

"那么，咱们回家吧！"

"我买手套的钱还没付。您先走，我就来。"她一边将钱放在柜台上，急促而轻声地对威廉说，“你愿意来我家玩吗？我们一直欢迎你。你一定要来。”

“我会的，我还记得去你家的路。”

“那就好。”哈瑟维夫人在前边等着，回头瞪着她。

“我得走了。”

“好的，再见。”

她们刚走几步远，继母便数落起她：“你真不要脸，像个小娼妇一样，和一个店主的学徒打情骂俏、嘻嘻哈哈。”

“我没有和他调情，我是在买手套。我只笑了一两次而已。再说他也不是什么学徒，他是莎士比亚先生的长子。”

“噢！是这样。”从她走路的姿势，可以想到继母当时的心情。她扭动着屁股，像只发怒的猫一样，“当然，你和莎士比亚家关系如此亲近。”

“父亲在世时和莎士比亚先生是好朋友，这您知道。莎士比亚先生还参加了父亲的葬礼。”

“但只待了一盏茶的工夫。”

安妮一言不发了。事实上，在嫁给安妮父亲后，继母琼·哈瑟维大大地提高了自己的社会地位。安妮父亲曾是沃里克伯爵的雇工，是一个富有的，且有一定社会地位的鳏夫，拥有九十英亩农场，租用权长达许多年。他对琼来说，绝对是个理想的夫君。琼的娘家人也很体面，但没有什么地位，祖上与沃里克上层社会没有什么沾亲带故的关联。在乡下，人们很看重这些关系。像莎士比亚家的人，属于镇上的商人阶层，除在镇上做商品买卖，还继承了祖上的田产，他们对琼恭敬有礼，称她为理查德·哈瑟维夫人。但如今她已风光不再。十三年来，她甚至从未像刚才那样说话。她茫然若失，不知如何在错综复杂、勾心斗角的社会关系中自处。莎士比亚夫人，安妮的生母称她为“玛丽”，曾谈及在温姆柯特度过的童年，还有两家远方表亲间的联姻关系。琼·哈瑟维每次见她时，都会屈膝行礼，叫她莎士比亚夫人。

扭着腰，走了几步后，琼·哈瑟维说：“现在，莎士比亚家好像已不再那么风光了！听说莎士比亚先生做生意一直在亏本，还有一大家人要养活，是不是？”

“有五个孩子。”

“都多大了？”

“威廉现在应该有十八岁，吉尔伯特十六岁左右，琼大约十三岁，理查德还小几岁。下面还有个两岁的小弟弟叫埃德蒙。”

安妮很了解继母的心思，知道她肯定在把莎士比亚家的孩子们和自家的四个孩子岁数大小做一番比较。约翰·莎士比亚经济上现在可能遇到点麻烦，但事情总会有所改观。他曾是斯特拉福德镇议员和地方执行官，除了在亨利街拥有一栋豪宅，还有别的房产。他经营多种业务，他妻子是雅顿家族的后人。莎士比亚家有个十岁的儿子，哈瑟维家有个八岁的女儿。还有，莎士比亚家有个两岁的儿子，哈瑟维家有个六岁的闺女，等等，这种事情得提前筹划，未雨绸缪的好。

“他们不是把威廉那个男孩儿送出去做事了吗？”

“有人看见他在乡下一个乡绅家里当家庭教师。”

“嗯，也是，如果他只有十八岁，你没必要和他打情骂俏，他还小。”

“是的，妈妈！”究竟发生了什么让这样一个和蔼善良的继母、知己，变成一个吹毛求疵、性情乖张的婆娘？知道了，一定是因为悲伤。因为失去丈夫，她对未来充满畏惧。可是，去年在安妮父亲最后断气时，安妮和继母终于接受现实，彼此不由自主地投入对方的怀抱以寻求安慰。她们心意相通，宛如亲生母女。彼此掩面而泣，共同操办丧事，因为他们能相互理解和依靠。可是第二天，她们又像刚刚认识。安妮感到无法理解，甚至怀疑而讨厌自己。第一次在情感上遭遇的风暴给她的内心带来不小的冲击，而继母对父亲的爱不过是那种平常的喜欢，对别人真实流露的悲伤，她嫉恨在心，认为那是对她行为的斥责。

不管是出于何种缘由，不到三个月，安妮的哥哥巴塞罗姆便结婚成家了，搬到离家二十英里外的地方居住。姐姐凯瑟琳嫁给了第一个向她求婚的男人，而安妮却被困在家中，和继母守在一起，被当作保姆、女佣和管家。继母似乎并不喜欢安妮，但对清教思想却越来越痴迷。无疑，安妮今天集市上的行为就是对她信仰的冒犯：她买手套时与手套商的儿子当众嬉笑逗趣。想起刚才可笑的嬉闹场景，安妮不由地笑出声来，但她立即装作咳嗽并抱怨路上的灰尘来掩饰她内心的喜悦。

安妮心想，那位手套商的儿子如果记住她的话，来格拉夫顿的家中拜访，她就找到人聊天了。

当威廉收起货摊，将货物搬进商店，再把挣来的微薄收入放进父亲的保险箱里后，已是中午时分。他感到饥肠辘辘，因为早饭是在5点吃的，只吃了一小块面包和奶酪。他穿过肮脏不堪、布满灰尘的客厅，餐厅里没人，然后走进厨房。他突然想起离开家之前的那些景象。那时候每次回家，他都会闻到满屋子弥漫着烹调食物所发出的香味，听到家人一起进餐时的欢声笑语。餐桌上已摆放着银制餐具，蜡烛闪闪发光，每个房间都摆着芬芳的鲜花。他母亲会微笑着迎接他，并给他一个快乐而亲切的吻。

如今，时过境迁。回到家中，不见人影。厨房里没有任何进餐的迹象，餐桌上只有一碗水泡苹果片和一块日期不明的熟牛肉。他发现上面已爬满蛆虫，感到一阵恶心，于是用餐刀叉起它，扔到了后院里喂狗。

“噢，威廉，是你回来了。”

在一块精心修葺的草地上，身旁簇拥着玫瑰花丛，她母亲正怡然自得地一边晒太阳，一边给他两岁的弟弟埃德蒙喂奶。她原本充满怜爱地凝视着身旁的孩子，但当她抬头看威廉时，脸上的表情已消退成一副漫不经心的样子。

“是的，是我。”

“今天收入好吗？”

“还行。”

埃德蒙扭动着身子，挣扎着要离开母亲的怀抱。一个天真可爱的孩子，虽然妈妈宠爱有加，但对于陌生哥哥的到来，却没有感到丝毫惊吓，而是充满了好奇。或是出于好奇，他最喜欢和威廉亲近。

“威尔，我要威尔。”

“不，亲爱的！”

“就要威尔！”埃德蒙使劲地捶打着妈妈的手。

“妈妈！他越来越被你宠坏了。”威廉说道，心里却希望妈妈把衣服给扣上。

“你是在嫉妒。”

“我没有。”

她直截了当地数落他，他也反驳了她。在他弟弟吉尔伯特出生时，他已经两岁，记不起当初他作为家中唯一的孩子——众人翘首以盼的儿子——所度过的那段宁静而美妙的时光。更加可贵的是，在他之前出生的两个孩子都夭折了。在吉尔伯特之后，孩子以稳定的速度一个接一个降生。直到那个短命的安妮出生时，威廉发现，前面出生的孩子都不能再引起他母亲的关注。也许，他曾嫉妒过吉尔伯特和别的兄弟，但那是因为他爱他的兄弟姊妹，即使是蹒跚学步的孩子都知道照看他们必须得花很多时间。理查德出生时，威廉已八岁，之后便不再有孩子降生。威廉和其他四个孩子一起分享着父母的关爱。

然而，八年后，母亲生下了埃德蒙，家中又一个孩子降临了。莎士比亚夫人再次忘记其他孩子的存在，讨厌起她的长子来。这下，威廉必须得停止上学，更别提上大学，而且要出去谋生。他小时候可能抱怨并嫉妒过其他的孩子，但在十六岁时，他意识到父亲在生意上遭遇了挫折，面临破产，他认为自己必须要有所担当。

如今，在外度过两年，回到家中，他已是个成年人。他发现母亲亲近孩子是因为他们依赖她。她的存在，是为孩子提供食物和身体上的亲近，是为了满足孩子的需要。对成人和正在成长的孩子来说，他们已对她失去兴趣。她已年近四十。威廉冷眼旁观，心想母亲是否已认识到她不会再生孩子了，而且埃德蒙想和他的哥哥们在一起，和其他孩子们一道玩耍。他推挡她塞给他的乳头，对于她的怀抱已感到不耐烦，也不愿意被抱在她膝盖上。

就像眼前的情形，埃德蒙躲开母亲，跑向威廉，大声嚷着要被抱起来。威廉托起他，把他举到肩膀上。埃德蒙抓着他的头发，大声地笑着。这时，威廉发现母亲的眼里闪过一丝嫉恨的神情，仿佛太阳被乌云遮住。

“妈妈！”

“我一直在哄着他，你一回家，便和他玩耍起来，他开始变得十分兴奋甚至哭闹起来。你爸爸也是这样。”

“我们只是喜爱他罢了。”

但这侵犯了她的领地。“对你们来讲，爱一个孩子，只需中午或傍晚半个小时就没事了，把他还给我。”

“埃德蒙要和威尔在一起。”孩子叫嚷着。

“妈妈！”威廉再次抱怨着，“已是吃饭时间了，我干活很累，家里却没有现成的饭菜，女佣又不在。”

“你妹妹在哪里？”

他叹息着回答：“我不知道。”

“她已十三岁了，我还指望她帮我。”

“她是在帮你，妈妈！但我们不能再雇个女佣吗？我们为何不雇个女孩儿来做粗活？”

听到这，她发出刺耳、嘲讽的笑声：“去问你的父亲，为何我们不能再请个女佣，或者像过去那样，请两三个，还有厨师。”她缓慢地极不情愿地扣紧自己的上衣，“我本想嫁给了一个富有的男人，能过上体面的生活。而如今我不得不把我的孩子打发出去谋生。这个月底，吉尔伯特就要离开学校去杂货店帮工。而我的孩子，你要去一所文法学校做接待员。”

“是真的吗？”

“是的。这样你爸爸可以带个学徒，收取一笔契约费。”

她用手将胸衣束紧，手上仍然戴着镶嵌着宝石的戒指，威廉知道，它们是家中留存下来的珍宝，象征着雅顿家族后人曾经的华丽、富有，以及作为镇议员妻子曾经享有的地位和荣耀。威廉常想，只要用它们中的一个，家里就可雇佣得起一个厨子和几个女佣，也可以资助他上大学三年所需的全部费用。

“去文法学校工作，我没有意见。这事已确定了吗？已安排好了吗？”

“你回家前我们就决定了。”

“谢谢您告诉我！”

“不要这样和我说话，威廉！把你的甜言蜜语留着对你父亲说，这是他的主意。下一季度结账日你就要去上班。”

他重复道：“我不应在乎这个，但我已十八岁，妈妈！不管你们愿不愿意，我已长大，应该让我自己来做决定。如果只是为了挣钱，让我去伦敦。我告诉过您，在那里挣钱会更容易。”

“做个普通剧院的戏子！哑剧演员！”

“为何不行呢？戏剧在伦敦很流行。”

“它流行不假，却永远不会受人尊敬。我们虽然不是贵族之家，可来自古老的家族，你是雅顿和莎士比亚家族的人，有身份和地位。雅顿家族曾经……”

“我知道，是沃里克郡最古老的家族。我们有贵族血统，我对此很清楚。”

“你觉得这很可笑？”

“不是这样，难道我们不能破除陈规陋见吗？”

“做什么都行，只要不做演员。”

他还不明事理地绝望地坚持着：“您是在担心我没有那方面的经验吧，我……”

“你有什么‘经验’？”

“妈妈，请听我讲！我曾为亚历山大·德·霍托爵士做过事，然后在托马斯·赫斯基爵士手下学过表演。”

“但你去兰开斯特当过家庭教师，去教学生，不要穿着奇装异服，到处走动。”

“议会通过法令，禁止无证执教。让我到有演员和乐师组成的私人戏班子里做事会更安全和方便。你也能看到，妈妈！”

但她还是反对，用嘲讽的口吻说：“这下伦敦的几个私人哑剧团可热闹了。孩子，你要做的是，找一些贵族老爷的剧团，他们为女王表演。”

“我比您说的情况要好些，而且还能挣到钱。”

“哈！”

“我能给剧院写剧本，我已写过一出戏。”

“你写的？不，你还是去文法学校，就这么定了。”

“那我成年后呢？”

“噢，毫无疑问，到时你去做你喜欢做的事，离开你昏聩卑贱的父母，离开无趣而偏僻的乡下小镇，去成为女王手下戏班子中的师傅。”说完，她伸手去抱埃德蒙，他已没有和威廉玩耍的兴致。埃德蒙快乐地投向她的怀抱。越过孩子的头，她一直瞪着威廉，脸色冷如冰霜。“你到二十一岁时，可以去做你想做的一切，但在那之前，你必须要听从父母的安排。”

2.

第二天一上午他都在作坊里缝手套，直到眼睛疼痛难忍；下午还要忙着去送货，并给他父亲当差，出门办事。他父亲对威廉说：“把马牵来，穿上最好的衣服去。对人要彬彬有礼，留下好的印象。”

这下，他至少可以离开家和商铺，去往夏天的乡村。他回家的时间没有限定。离开家以后，他轻松自由地在乡村路上闲逛着，冥想着，做着不受打扰的白日梦。而在家里，到处都充满着喧闹声，还有要做的各种事情。

傍晚时分，他意识到应该更周全地安排好自己的出行路线。他发现，自己正迎着太阳向西骑行，这时天气炎热，让他感到口渴万分。他将帽子拉低，贴近眼睛，忽然高兴地想起，去西边正好经过苏达利，那是哈瑟维一家住的地方。他还要先去送一次货，在回家的路上，他可以到赫尤兰德农场停留一下，顺便喝上一杯。安妮可能也在那里。那天在集市上，他已喜欢上她。她是他回家后遇到的唯一一个没有对他的笑话表现得无动于衷的人。

这时，他的想法好像对她实施了魔咒，他看见了她。虽然她在前面的路上，一蹦一跳地走着，他还是一下子就认出来了。他很快想到，她是不是喝醉了，还是得了什么头晕病？当他离她更近时，发现她只是使劲用右脚在行走。

“安妮小姐！您怎么啦？需要帮助吗？”他拉住缰绳，从马鞍上跳了下来。

“噢，威廉，你来这儿干什么？”

他伸出手扶住她，让她靠在自己的肩膀上。“替我父亲送货。你的脚踝扭伤了吗？”

“崴了一下。”她咬紧牙关说，“没有开门，我想直接从门上爬过去，往下跳时，摔了一跤。这没什么，只是有点疼。”

“你这是回家吗？”

“是的，从格拉夫顿寺庙回来，我家离这儿只有半英里。”

“我知道，让我送你回去。我们一起骑马，你坐在我前面。”

她说：“十分感谢！但愿不要耽误你的行程。”

“不要紧，上马吧！我担心你的脚踝会有些难受，但实在没办法。”

她身体向后退缩了一下，然后集全身力量于右脚。他用手扶起她的左侧，将她扶上马鞍。她迅速地爬到马背上，抓紧马的鬃毛，然后摇晃起来。威廉将脚套上马镫，跟在她后面爬上马。马儿一直耐心、安静地待在原地，当他拉起缰绳后，才开始行走。

片刻之后，他说：“你靠在我身上，可能会好一点。你还得把帽子取下来。”她照他的话做，将帽子放在膝盖上卷了起来。她的头发是深棕色，十分秀美，里面还掺杂着一些深秋落叶的颜色。她一定刚洗过头发，因为空气中除了路上扬起的灰尘和她身上散发的清新的汗味外，他依稀能闻到肥皂水和迷迭香的味道。安妮个子不高，但身材苗条，整个人恰好斜靠在他的肩膀上。他以前从来没有如此近距离地搂着一个女人，但是即使像现在这样他也没有非分之想。在去兰开斯特郡之前，他对女孩子无动于衷，不感兴趣。在那里，他虽然受到密切地监管，但圣诞节期间，有位女佣主动吻了他，明确表示他们的关系还可以进一步发展。那是个轻浮而不洁的姑娘，令人讨厌但又让人着迷，他受到了惊吓。此时，安妮柔软的胸部正顶在他的胳膊上，虽然心里非常激动，但他还是装作无动于衷。

她似乎也有心灵感应，略微将身体抬了一下，然后将身子坐直。“你对斯特拉福德镇已心生厌倦了吗？”她问他，显然想和他聊聊天。

“是的。”他看见她眉毛抖动了一下，意识到自己的回答有点鲁莽，于是补充说，“对不起！是的，我感到生活很无聊，实在无法忍受。难道您不厌倦自己的生活吗？”

“我常感到无聊，但又无能为力。我想，你会更加难受，因为你已出去过，见过世面，经历了外面的事。”

“那是部分原因，还有我父母不愿接受我的想法。不过，他们也是为了我好，只是太墨守成规，思想保守，认为我还是孩子。他们安排我到文法学校去工作，给学生们做接待员。”

“你不想去吗？”

“这不是我选的，不过，我并不太介意。我喜欢做家教，虽然在一所私人房子里。我告诉你一件事，你不准笑。”

“我当然不会笑。”她温柔地说。

“上星期在集市里，我告诉你我曾去伦敦。在那段时间，我去过那里所有的剧场，几乎看过上演的每一场戏。我想做的，就是要当一名演员，并加入其中一家演出公司。可我父母不同意。”

“他们可能认为你还太小。”

“不仅是这样，他们认为做演员不体面，而且认为我们家族里从未有人从事过那种工作，因此，没有人愿意做那件事，我就更不应该去做了。”

“你在家是长子，你父亲一定想让你继承他的事业。”

“有可能，他就是这样想的。但现在我必须去文法学校工作，去挣钱养家。我弟弟吉尔伯特也要出去做事。我去做学校接待员，他要到杂货店帮工。理查德一两年后可能也要为父亲工作。父亲这样做，一举两得，既打发我们出去干活挣钱，自己也可以招学徒收取费用。但去做演员，我会挣到和初级接待员一样多的薪水，而且不需要有大学学历，我可能还会挣得更多，但他们就是不愿听我的。”

“他们可能只是不想让你离开他们。作为长子，你对他们一定有着特殊的含义。”

“十六岁时，他们就打发我出门，去了比伦敦还要远的地方。”

“你怨恨他们吗？”

这是他生平第一次想到的：“我想我有一点怨恨。当时十分想家和家里人，至少在刚开始时是那样。但我喜欢在那儿度过的两年时光，本想继续留在北方，但由于雇主死了，而且还有别的难处。还有对天主教信仰的同情。”

“啊，是那样。”

她的眼睛是灰色的，是一种柔和、清澈的颜色，这一点在她深色的眉毛和睫毛的衬托下，更为明显。她不是十分美丽，但很有味道，身上有着任何男人都向往的迷人之处。他绞尽脑汁想记起她究竟多大，比他大几岁。但她肯定比他们都大，因为她在他和弟弟们还是孩童时曾照看过他们。

除了喜欢她的眼睛，还有她是唯一愿意倾听他说话的人之外，他不知道刚才为什么说了那些不合时宜的话。他说：“我父亲也信奉天主教。当然，他也承认。不过，我未曾看见他公开做任何与那有关的事。我希望他只是同情而已。”接着，他迟疑不决地用一种幼稚的男孩子口气补充道：“你不要对别人讲这些，好吗？”

“我当然不会。一方面，你信任我才告诉我这些。还有你父亲是先父的至交，而且我们这里也有很多人信天主教。”

“但你不信吧？！”

“是的。我继母和弟弟信奉清教，但我父亲坚定地拥护英国国教，我只遵守法律行事。”

“我也是这样。”他笑着说，“而且有时候我只做正确的事情。”

“经常做和别人不一样的事，我同意。”

“是的，但必须是合理合法的。我打算留下来，听从我父母的意见，直到我到成年后。三年以后再说。”

“那么，以后呢？”

“我将去做我想做的，去伦敦谋生，设法加入演出剧团，如我刚才跟你讲的那样，希望你不要嘲笑我。我知道这听起来有点不现实。”

“告诉你，我并不笑话你。”

“好的，那么我想我会从事写作。”

她虽然没有笑，但充满困惑地问：“写作？写书吗？”

“我想写戏剧，可能也写诗歌。我相信我能写，一直以来，我都有这些想法，包括语言、故事和传奇。在北方时，我曾经帮助斯坦利爵士创作了一出假面剧。我知道我能写。”他看着她的眼睛说，“我只是指我想做的事。”

“我从来不知道有人会有这样的想法，但我相信你会做到。你尝试过吗？我是说，写一出剧本。”

“嗯，没有，没有真正写过。”

“你的经验只是与你待在伦敦的一个星期里看到的戏剧有关吗？”

“你没必要这样取笑我。”他神情呆板地说。

“我没有取笑你。但我认为，可能你还没有充分准备好，不应去硬闯伦敦。再说，创作戏剧可能比你所想的更难。你父母不让你去，你还有三年时间。你可以充分利用好这段时间。瞧，我知道这里虽然比不上伦敦，但我有个表姐嫁给戴维·琼斯，住在斯特拉福德。戴维有个小的哑剧团，有时也演戏。”

“可我不认识他。”

“我可以介绍你们认识，你可以问他是否能为他写些剧本。你也可以参加他们的演出。这只是个开始，你先写些东西，下次有巡回演出剧团来镇上时，你可以将剧本拿给他们看，听听圈内人士的意见。”

“好主意，你真愿意引荐我认识琼斯先生吗？”

“小事一桩，这事包在我身上。”

“谢谢！还有，如果我写了什么，我的意思是，能否让您先帮我看一下？或让我读给您听听？”

“噢，威廉，没问题，但我可不是行家。”

“您怎么不行？您看过很多戏，而且您很聪明。”

“你该停下了。”

“我不是有意冒犯您。”

“不是这意思，我是说你要骑过我家大门了。”

“噢，是这样。”他因为过于沉浸在自己感伤的情绪里，以至于忘记她只是偶然和他相遇，并愿意倾听他的人，“对不起！我忘了，你的脚踝还疼吗？”

“只要不用它走路就好些，能否请你抱我下马？”

“不，我要把您送到家。家里有人照顾您吗？”他热切地问。

“您应该将脚浸泡在冷水中，然后给它打上绷带。”他斜着身体，把门钩拿开，用力踢开大门。马儿似乎还记得曾经来过这里，它安然自得地走到房子后面的院子里。

“我继母可能在家，女佣们会照顾我。”

“让我帮助您进屋。”他坚持说。她开始有些忸怩不安。他下马后，从马上抱下她，她尝试着用那只受伤的脚行走，但疼得要命。看见她面色变得苍白，他迅速地用手扶住她。这时，他想到了一个更好的办法，用胳膊将她提起来，抱着她走进屋子。

安妮的家十分宽敞而美丽，房子坐落在斜坡上，门前有一条小溪流过。房子的一边是果园，另一边是向外延伸的菜园。威廉把安妮背进厨房，里面十分宽阔，吊着低低的天花板，房间里一尘不染，十分洁净，空气中洋溢着饭菜的香味。里面有两个女佣，三个孩子和一位身材矮小、满头秀发、长着圆脸的妇女，她们惊讶地看到一个陌生人抱着安妮走了进来。

“妈妈！”安妮赶紧说，“真倒霉，我的脚扭伤了。不过幸运的是，路上遇到威廉·莎士比亚先生，他骑马把我送回来了。威廉，你还记得我的继母，哈瑟维夫人吗？”

“当然记得。夫人，下午好！”

“您好！”哈瑟维夫人将手在围裙上擦了一下，从头到尾打量了威廉，说，“非常感谢您，威廉先生！”

“不用谢。安妮小姐需要将脚放在冷水里浸泡，我能从井里提些水吗？”

“让汤姆来做。”安妮说。那个只有十岁大的胖男孩儿，好像没有听见，“托马斯，帮我一下。”

见他还没有动身，威廉赶忙说：“他还太小，做不了打水这样的重活儿。让我去打水！我先把你放在哪里好？”

“我能去打水，那活儿并不重。”

“那好，你确信你行。”

“真听话。”在那个男孩儿冲出房间后，安妮低声地说。然后，她大声叫，“妈妈，我没有妨碍你吧！威廉，请把我抱到客厅去。你还记得客厅在哪里吗？”

“当然记得。”他背着她，穿过隔壁的房门。他清楚地记得这栋房子，虽然与他上次来时相比已发生了一些变化。比如增加了新的壁炉，大厅里吊着天花板，楼上还增加了新的房间。但这里的一切看起来都十分洁净和整齐。

大厅的壁炉架上摆放着精美的烛台和铜制器具，房间里还有餐具柜，美观的家具陈设，墙上挂着三道绘图的布帘。空气中弥漫着薰衣草的味道，鲜花插在陶罐里，桌子上铺着深红色的台布，八张椅子摆放在四周，还有两个扶手椅放在壁炉旁边。威廉将安妮放在其中一张椅子上，然后俯下身子，准备给她脱掉靴子。

“不麻烦您。”

“对不起！”他尴尬地站起身。

“不，对不起，我不是想冒犯你，只是我还不适应让人来服侍我。”

“那还是让我来吧！”

他又一次俯下身体，这时她也正好倾身向前。他们的头“砰”的一声撞在一起。

“对不起！”

“不，是我的错。”感觉自己很傻，他手里还拿着脱掉的靴子。

从厨房里走出来了一位小女孩儿，她小心翼翼地端着一个托盘，上面放着两个青色的杯子。“先生！请用。妈妈请您喝杯麦芽酒，谢谢您对安妮姐姐的热心帮助！”

“谢谢！”他快速地接过杯子，以防它们倾倒。

“有一杯是安妮的，妈妈还说您必须留下来吃晚饭。”

“十分感谢她的盛情，我恐怕要走了。”他将安妮的酒杯递给她。

“噢！”

“下次吧！如果有机会。”安妮说道，然后涨红着脸。

“我喜欢这甜美的麦芽酒。”

“这是安妮酿造的。”小姑娘说，“她擅长酿麦芽酒。”

“她真行。你叫什么名字？”

“弗朗西斯。您呢？”

“威廉。”

“我的小弟弟也叫威廉。”

“有许多人都叫威廉。弗朗西斯是个好名字。”

“是的，安妮有个表姐也叫弗朗西斯。”

“是的，我是有个表姐。”安妮快速地说，“但最近没有看见她。弗朗西斯，请到妈妈那里拿些绷带来。”等那个小女孩儿走后，她轻声地对他说：“在我继母面前，请不要提及我们谈到的事情。我来安排你们见面那件事，最好还是不要提到的好。”

“好的，那群孩子都是您继母生的吗？”

“是的，我们是同父异母。有四个孩子：弗朗西斯、玛格丽特、托马斯和威廉。我的同胞兄妹，你记得，他们是巴塞罗姆和凯萨琳，现都已经结婚成家，搬出去住了。”

“原来如此。我可以去帮托马斯打水吗？”

“好的。噢，不用麻烦。”

双手托着水桶，托马斯跌跌撞撞地把水桶提到安妮的面前，桶里的水溅得到处都是。

“疼得厉害吗？”

“只要不用它站着。”

“那就不要站起来。”他傻笑着说，脸上满是笑容。他给旁边那个小男孩儿使了个眼色，就像对待自己的亲兄弟们那样，托马斯飞快地跑出去了。出于对其中一道布帘上谚语的极大兴趣，威廉转过身去，这时安妮将她的长袜得体地脱掉。其实，他是不想发现她长着不好看的腿。在再次听到裙子发出的沙沙声后，他才转过身，扮着鬼脸。这时，她正将脚放进水中，她的脚踝长得很好看、很美。

他大声地说：“一直都要这样，把脚全部浸在水里。”

“我知道，但这水刚从井里打上来，很凉。”

“要的就是这个效果，鼓足勇气，坚持到底。”她照着他的话做。

“把脚一直这样放在水里，直到水不凉为止，然后给它打上绷带。”他喝完麦芽酒，迅速放下酒杯，“我该走了。”

“那我不强留你了。下次还想来吗？来吃晚饭？”

“一定。”

“好的，这样也行。我可能要去格拉夫顿拜访一位年长的表亲。我今天就是去看望她的。”

想起她说的话，从她家人今天漠不关心的样子，他有所感触轻轻地说：“看来不是我一个人在家里感到郁闷。”

“说得有道理。”她也温柔地回应，“我去照看我的表姐，她女儿不在家。但下周四赶集时我会去看你。你有空来吃饭吗？由我和弗朗西斯表姐安排。”

“谢谢！请不要把我们谈的事告诉我父母。”

“当然不会。威廉，谢谢你今天的帮助！我想今天一定耽误你了。请向你父亲好好解释一下，并表达我的歉意和感谢。”

“我会的，祝愿您的脚早日痊愈。好了，再见。”

“再见。”

“那个男孩儿，谦谦有礼！”哈瑟维夫人来提水桶时说道。

“是的，很讨人喜欢。”

“长得也很英俊。”

因为正在俯身给脚缠上绷带，安妮没有看到继母的眼睛。“我想是的。”她漫不经心地说，“他长得像他父亲，他母亲的皮肤深一些。顺便说一下，妈妈，我表姐的女儿说，如果您同意我去的话，她下周一便离开。她想去布里斯托看她新出生的孙子。”

“我同意。”

“那好，至少两个月。”

“那期间正好要割羊毛和收获庄稼。”

“您能应付过来吗？”

“我行。”

“那么，我就捎信告诉表姐，星期一我去格拉夫顿。”

“很好。不要让莎士比亚家那个男孩儿绕着你转，他还小，人们会说闲话。”

安妮答道：“噢，妈妈！这太荒谬了。”

3.

“夏天的租期太短。”威廉说。

“非常正确。”安妮答道，“把酒递给我。”

他却拿起她的杯子，斟满酒后，将杯子放到安妮的手上，让她的手指从四周绕着杯子托住，这时，他说：“这样说很有道理，你不认为这样吗？夏天的租期很短？”

在酒精和阳光的双重刺激下，安妮昏昏沉沉地说：“说得很好，充满诗意。但你对租约了解多少？”

“十分了解。由于帮助家父打点生意和处理地方法律诉讼，如写商业信函、记账单、办理抵押贷款、躲避催债人时都要用到租约。告诉你，这比做手套有意思得多。我想将这句夏天的租约巧妙地写进剧本里。”

他说话的语调使她睁开了眼睛，她微笑着看着他，“这些地方的哑剧演员，他们真的不行，对吗？”

“但有总比没有好。”

“可怜的威尔。”

“说得没错，如果无法和你说说话，我真的是可怜的威尔。”

“还要介绍你认识戴维·琼斯手下的戏班子，虽然他们的演技很差劲。”

“不止是因为那个。”

“因为我阅读你写的东西吗？”

他的确能有写作才能。整个夏天，他一直将他写的剧本，甚至一些诗歌送给安妮看。她笑着抗议道，她可说不出什么好坏。她曾经读过一些书，因为她父亲很崇拜博学的伊丽莎白女王，认为在风云变幻的年代，让孩子们读些书，不会有害处（她的继母不赞成读书，以至于安妮不得不将两本书藏起来，偷偷带出去，带到远房表姐家里阅读）。她还看过一些戏剧演出，是由威廉父亲和斯特拉福德镇议会花钱请的戏班子表演的，但也就是这些。当然，她曾对他说，他可以让更适合的人来阅读他的作品。但他不愿意让别人看，所以坚持把他写的所有作品都拿给她读。

这时，他开始用一种与往常不同强度的语气说：“不仅是因为您让我认识了戴维·琼斯，或是愿意阅读我的作品。是因为我喜欢您，安妮！喜欢有您陪伴着我。”

“但是有一天你会离开这里去伦敦。”

“那还得过好多年。安妮，我本来想去上大学，父母也想让我上大学，但由于父亲遇到债务危机，也使我的打算化为了泡影。”

“真可惜。但将来你还可以实现这一愿望。对我来说，一生从未离开过自己的故乡五英里。作为女人，帮助父母照看那些同父异母的兄弟姐妹们，但迟早要嫁为人妇，然后随着岁月的流逝，一天天变老，成为一名年老的家庭主妇，大门不出，终其一生。”

“难道没有人向您求婚吗？男人的眼睛是不是都瞎了？抑或是因为他们实在太蠢？”

安妮觉得应该告诉他，他的话听起来有些无礼，但她还是努力表现出无动于衷的样子，毕竟对方这种幼稚的恭维，听起来也有点儿道理，符合事实，而且她喜欢受到恭维。

“我愿意接受别人的求婚，但他们都没有表示过。我父亲在世时，对我的个人问题十分挑剔。但你知道，去年他去世了。我继母有一位信清教的朋友来向我求婚，对方是一位粗俗的农夫，我没有答应。这件事让我继母非常生气。”

她看了一眼身旁的老妇人，对方正沐浴着阳光，安详地睡在靠椅里。“我有意让继母觉得我不喜欢待在这儿，让她认为这是一种修行。但实际上，我喜欢我表姐，现在没有人像她这样待人和蔼，从不苛刻，我在这里就如同度假。”这里有三间房，只有一位老妇人，身体虚弱，几近残疾。相比之下，家中有十间房，一位继母，三个女佣，四个不到十二岁的孩子，五个帮工，在收获季节，要整天忙于家务和农场。“在这里就如同度假。”她反复地说。

“到这儿来，对我来说也如同度假。”威廉咧开嘴笑着。他又将两人的杯子斟满酒。

“但夏天的期限太短，就像你刚才说的。秋天即将来临，然后便是冬季，我也要回家了，表姐的女儿不久就会回来。”

“事情总会有所变化。”他舒适地斜靠在她的长椅上，头离她的膝盖很近。在这个小巧的花园里，玫瑰花四周环绕丛生，芬芳的气息如烟雾般弥漫在空气中。另外，还有一些在夏天绽放的花儿，蜜蜂在上面发出懒洋洋的嗡嗡声，小鸟偶尔发出婉转的鸣叫，不远处还传来涓涓的细流声，天空十分晴朗，如羊毛般洁白的云朵，四处飘荡。此时，阳光十分强烈，威廉只穿着短袖衫，安妮将鞋子、长筒袜以及帽子都统统脱掉，把头发盘在头顶扎起高高的发髻。

这些天来，夜晚都十分酷热，安妮常赤裸着身体睡觉，一个个充满情欲的春梦让她常从梦中惊醒。在梦里，她经常遇到这个迷人的长着褐色眼睛的男孩儿。男孩子十八岁已是成人，但和二十五岁的她相比，还是显得有些稚嫩。她应该回家去，和继母重归于好，答应嫁给那个农夫。她平时若需要手套时，可以去莎士比亚家的商店购买，有时还可以和威廉聊聊，看他是否还记得他曾经怀揣演员梦想的那段青葱时光。或许，她的一个孩子会和威廉的孩子成家，他的孩子们一定会美丽可爱，因为他一定想娶一位金发碧眼、身材丰满的姑娘为妻。

“哎哟！”

“你怎么啦？！”

“您的脚踢到我了。”他用责备的眼神看着她。

“脚抽筋了，对不起。”

可能是威廉的惊叫声，惊醒了安妮的表姐，老妇人抖动着身子，眨巴着眼睛，挣扎着从坐垫上撑起来。趁着这个机会，安妮高兴地起身，走到妇人面前。

“表姐，您想要什么？是否觉得太热？”

“不，我喜欢晒太阳。哦，亲爱的，我睡着了，是吗？”

"只睡了一会儿，您想喝点儿什么？"

"还要一点那种酒。故事后来怎么样？"她用昏花的眼睛看着威廉。她喜欢他的来访，因为她喜欢他和他讲的故事。如果她知道她听到的这些东西，是只有大学里的博学之士和贵妇们才知晓的有关荷马、奥维德以及伊索的经典作品，她一定会感到十分困惑。她曾听过乔叟，对他十分崇敬，因为她喜欢他的那些低俗故事。在他讲到磨坊主的故事大约一半时，她已打起盹儿来。她喜爱听这类故事，乐此不疲。于是，安妮又给她斟了一杯酒，威廉接着上次的地方，轻松自如地讲起故事来。

威廉留下来和她们一起吃了晚饭，在老妇人上床后，安妮点上蜡烛，对他说："继续写你的剧本吧。"

"您不介意吗？"

"一点也不，我很感兴趣。我曾看过一些戏，但还从未见到别人修改剧本。"

"是修改，不是写作。"他郁闷地说。

"是编写。我相信有一天你一定能写出你自己的剧本。"

"我会的，您知道。"

"我就是这意思。"

"您想让我高兴，像对小孩儿说话那样。如'亲爱的，多可爱的玩具马呀，有一天，等你长大了，就会拥有一匹真马。'"

"随你怎么想。"

这下影响了他的情绪，他笑了起来。对于一个正在成长的男孩儿来说，他有理由嘲笑自己。"您知道我真正想做什么？想成为什么？"

"你告诉过我，想做戏剧演员，还要会写剧本。"

"噢，那是。"他不屑一顾地、快速地回答，"是的，我的确想写些东西获得文学人士的重视，以及一些会被人记住的东西。事实上，我想写诗歌。但我不会实现，因为只有大学里的博学之士，那些绅士们才能写出那些东西，并受到人们的重视。虽然我曾去过伦敦并在剧场工作过，但我还是个微不足道的乡下男孩儿，一个跑龙套的演员，只会将那些旧的剧本修修改改，最多只能用新材料来写出一些还过得去的文字而已。”

“你还不知情。”

“我觉得我知道。”

“威廉，在伦敦待过一周并不能使你成为专家。”

“我从未说过我会，但我的收获远不止那些。在兰开斯特，我和绅士们生活在一起，足以使我成为一名演员，而且是一名哑剧演员和一个乐手。我知道人们的所思所想和喜怒哀乐。我和费迪兰德·斯特里奇相处融洽，斯特里奇老爷，您知道，他是德比伯爵的儿子。但我说的关系融洽是指他对来自文法学校的男孩儿十分友善，因为我曾经辅导过他父亲朋友的孩子，并对音乐略知一二。另外，在他们需要娱乐时，我可以扮演其中的一些角色。但如果我告诉他，我想写诗或剧本，他一定会笑话我。”

他拿起帽子，生气地一下子将杯里的酒一饮而尽：“这就是我拥有的一切，将来也会这样。你知道，一个未受教育的乡下男人，一个手套商的儿子，一无是处，只适合为镇上的哑剧演员们修改那些陈旧的意大利剧本，无人愿意和我攀谈，没人知道或理解我的喜好，身边整天围绕的是大字不识的乡巴佬和小店主们。”

“还有农夫的女儿们。”

“是的。”

这时，两人陷入沉默，就像鲁特琴弹奏的粗细不均的音乐戛然而止时弥漫在空气中的张力。

“对不起。”威廉无助地说，“我不是那意思。”

“你当然可以那样做，你是对的。我就是一个乡巴佬的女儿，基本不识字，让你厌烦。”

“我伤害了您。”

“当然没有。”安妮说。她感到十分痛苦，以至于不知道该打他一顿，还是该放声哭泣。

“我一定伤害了您，十分抱歉！坦白地说，我并不是那个意思，您误会了。”

“我应该如何理解？至少我从不装，和你一样。”让她感到吃惊和生气的是，威廉注视了她一会儿后，一下子将她抱入怀里，并在她嘴上亲吻了一下，然后将她松开，还使劲地摇晃着说：“请您听我解释好吗？”

“我在听。”

“好的。”

“但我认为你不应亲吻我，还那样拼命地摇晃。”

“只有那样才让您留意我。如果我花一个钟头只为来伤害您，向您道歉，并被告之我是一个冷酷无情的人，我愿意待在家里不出来。不是有许多诸如此类的谚语，说一个人做事应该量力而行。听着，安妮，看着我。在斯特拉福德镇的家中，我感到痛苦。我无法获得想要的生活，至少还要等若干年后才行。家里没有人读书，除上学时学的那点知识之外。我的大多数朋友也不读书。每天多数时候我得和那些人待在一起。他们打开话匣子就只知道海阔天空地谈论庄稼的收成，或者津津有味地说些闲言碎语、飞短流长。

“您虽没有读过什么书，但您聪慧伶俐，反应敏捷，有颗好奇的心，而且您从不嘲笑我，因为我想要的是像我这样年纪的男孩儿很少要的东西。当您说要和一位农夫的女儿相处，我只是认同您的看法，我只是觉得好玩而已，含着反讽的意思。因此，我并不是我常认为的那样聪明，我让您感到难受，我伤害您这样的朋友。如果我不能和您倾诉，我会发疯的。哦，求您了，不要再说我们是不平等的之类的话。除读书之外，您在所有事情上都比我优秀，我掌握的知识都是微不足道的。请一定原谅我，安妮！”

“你真觉得生活得不快乐吗？”

威廉叹了一口气，小心地看着她说：“如果我说是的，您会认为我正是因为不快乐，所以跑这儿来找你这样的一个农家女孩儿聊天吗？”

“讲真话。”

“实际上不是那样，我来这儿是因为我喜欢您，喜欢和您在一起。还有，我真的感觉不快乐。”

安妮站起身，想将酒杯再斟满，但已没有酒：“想再喝点麦芽酒吗？”

“好的，谢谢！”

“你为何不快乐？除了告诉过我的事情之外。”

威廉喝了一些麦芽酒，然后坐下，酒杯在他手指间来回地摇动着：“您知道我的家人，所以谈到他们时，我并没有背叛和不义的意思。有时我在想，如果我以前从未出去，我就会心安理得地面对现在的生活，因为我不知道生活中还有更好的东西。或者，可能是因为我已长大，难以和他们相处，发现他们身上的缺陷。

“我父亲陷入债务危机，母亲无法谅解他，因为她觉得她不再是一个富有的夫人，无法拥有一屋子的佣人来服侍她，也失去她所向往的一切。她对我们这群孩子毫不关心，只在乎那个襁褓中的婴儿。琼，我的妹妹，一个正在成长的少女，得不到母亲的关爱，虽然她尽心尽力地照看着家务，但没人帮助她，也没人感谢她。我的兄弟们都漫无目的地生活着。我在家里是长子，因此，我必须要倾听大家的困惑和难处，并设法去安慰他们。”

“但你表现得并不差劲。”安妮觉得有必要指出来，“你父亲在斯特拉福德镇仍然是有身份的人，他毕竟多年担任政府行政官员。另外，他生意兴隆，又有气派的住所，至少还有一笔钱财。”这时，她抚摸着威廉的紧身上衣。约翰·莎士比亚对他儿子管得很严，但并不吝惜钱财给他们添置衣服。过去几年里，伦敦流行的衣服样式已传到乡下，威廉并不是唯一嘲笑节约法令过时的年轻人，他四处游逛，穿着刺绣的荷兰衬衣，上等的羊毛衣服，甚至天鹅绒和丝绸衣服。他父亲从事羊毛和皮革交易，因此，他脚上穿的那双典雅的靴子并没花多少钱，可能是从买卖中换来的。如今，让人困惑的是，他来见安妮，穿着一身体面的衣服，而且上面是微妙难解的绿色，这在乡下小镇的市场很难买得到。

“我的这些衣服是用我在兰开斯特郡挣的钱买的。当然，您说得对，还有很多人生活得更糟糕。”说着，他又喝了一大口麦芽酒。

“或许您也是。”

“多数人会认为我不应该抱怨生活，但就我而言，威廉，自我父亲去年去世后，家里就像散了架一样。继母很少和我说话，彼此难以沟通。巴塞罗姆和凯瑟琳巴竟相各自成家，搬出家门。父亲再婚生的四个小孩儿对我很亲切，但他们都太小。继母把家里料理得井井有条，让我也跟着学，但她坚定地认为：一个女人所要的一切或应该期盼的生活就是，嫁一个好老公，有好的房子和一定的收入，养一大群孩子，主持家务并帮着干农活。

“这也没有什么错。只是我已二十五岁，对生活感到厌倦，也十分孤独。巴特和凯特走后，继母向我灌输清教思想，认为读书是魔鬼的事。可能真是那样，也可能我只是想验证一下她的观点，是什么让我与别的女人有所不同？没有别的，我只是通过读书，开始用头脑来思考。我并不认为我要的与别人有何不同。有一天，可能很快，我也会嫁人。父亲在世时给我留下一笔钱。我一向运气很好，我会十分喜爱我的孩子。这就是为什么我爱去看戏，买漂亮的衣裳，喜欢读书并听你谈论那种事情。我认识的人也喜欢闲聊收获庄稼和烹饪方面的琐碎事情。但这一切都是值得的，普通的让人感到无聊的事情。”

“您擅长做饭烧菜吗？”

“还行，你很会卖手套吗？”

“还好。但是安妮，您认识戴维·琼斯和他的戏班子演员，还有他的妻子，你的表姐。”

“你也认识他们。”

“是的。您感到无聊，而我失去自由，该如何是好呢？”

“可能什么也不要做。我认识到，我的大多数麻烦实际上根本不是麻烦，只是因为太多的事一起发生造成的。一年前，我并没有对生活感到不满。明年我可能就不像现在这样。时间会改变很多事情。”

“很快，不到三年时间，我便二十一岁，到时将和斯特拉福德以及手套店告别。但三年后，我可能又改变主意，学会和命运妥协，顺从生活的安排。”

“谁知道呢，但你是幸运的，想出去便可出去做你喜欢的事。我却不能那样。不管怎么说，你父亲真的不让你出去吗？他会不会把你赶回来？”

“从法律上讲，他会的。但不知怎的，我却舍不得离开。尽管我抱怨过，但我爱我的家人。父亲以我为骄傲，乐意我留在家帮助他。他似乎觉察到我不是很快乐，他经常自责在经济上处理不好，使我无法上大学。对于一个对你通情达理、心地善良的男人，而且他因为让你感到不快而自责，如果让我毅然离开家的话，也会感到十分为难。”

两人陷入沉默，但此时却让人轻松愉快。最后，安妮开口说：“这不是为戴维·琼斯演出而改编的剧本吗？”

“是的。”但他似乎没有想拿起纸和笔来写作的意思，“我没有钱。”他沮丧地说。

“我可以借给你。”

“不，不，不。我不是那个意思。这我已从父亲的麻烦中汲取教训：不要向别人借钱，也不要借钱给别人。尤其是不要借钱给人。父亲陷入债务危机，就是因为借钱。放高利贷是非法的，他要的利息还非常高。但我想，有一天我自己去挣钱。不，我的意思是，我没有足够的钱去买我想看的书。”

“你确信市场上能买到书吗？戴维·琼斯有些藏书。斯特拉福德镇上的富人，还有受过教育的人应该都有些书。去结交一些朋友，谦恭地去拜访那些绅士老爷们问问有没有书借。”

“有可能。”现在，他终于拿起笔，是一只相当精致的鹅毛笔，是安妮拜访人家时获得的。他看了一眼纸张，然后开始写作。

从点燃的蜡烛来看，已过去两个钟头。他向后坐起身，打了个哈欠，伸了一下腰：“现在要做的是，你有空时，能否请你帮我读一遍？再想象一下它在舞台上表演时的情景。”

“我愿意读，但我不是行家，威尔。”

“您看过很多戏。只有观众的看法才重要。我在想，一家伦敦的演出公司会出多少费用来买一个剧本。有一英镑那么多吗，您怎么看？”

“肯定不是一英镑。你会知道的。”

“是的，有可能。安妮，已经很晚了，我得走了。”

“好的。”虽然她很喜欢他陪伴着，但自己也昏昏欲睡。和多数女人一样，她一大早就要起床干活，夜里至少还要起来一次，照看她的表姐。

“你什么时候会再来？”

“不确定。我父母开始抱怨我在外面待的时间太长了。晚上，父亲还给我安排了许多业务。”

“噢。”

“我想他们怀疑我交了女朋友。”

“是这样。”安妮回答，心里想着，不知他是否真有。

“不过，下个星期六我会来。哦，不行，星期六我可能要去看一下琼斯先生准备的戏服和舞台道具等。”

“下星期六是我的生日。”安妮说。

威廉微笑着，但她知道他在想着别的事情：“你家里人为你的生日做了什么准备？”

“没有什么。”父亲若在世一定会送她一件小礼物，从小贩那里买来一块糖果、一条丝带，或在进餐时准备一些特殊的食物。没有什么特别的，但已足以让那一天值得纪念。而她继母不赞成过生日铺张浪费，特别是不赞成花钱买礼物。

“但愿到时我能送你礼物。”威廉热切地说，“我无法邀请你到我家来一起进餐或庆祝一下，即使你来了，你也会感到不自在。”

安妮大声笑了起来，心里想，如果她说“再吻我一次”，他会怎么做。“你不必。我不知道为何要告诉你这件事，还是为我的生日写一首诗吧！”

她在开玩笑，但他点头答应，对她说：“好的，下星期六我一定来。”

“不，不，你要去看戴维舞台道具的准备情况。”

“我可以两件事同时做。如果您感兴趣，可以和我一起去看一下演出服装。”

本来不想去，但安妮意识到他答应的事，实际上是对她的邀请。于是，她说：“好吧！我让村里一位妇女来照看我表姐一两个小时。”

“那么，下周六见。”

4.

戴维·琼斯一直期望斯特拉福德镇议会赞助他的小型剧团，但镇上却花钱请巡回剧团来镇上演戏，所以他对此很不满，抗议为何不请他们自己的剧团？就实力本身来讲：因为巡回剧团是专业演员，来自伦敦，由有身份的贵族老爷在后面庇护；地方演员、手工艺人、机械师们即使尽力，水平上也很难和他们相提并论。再说人们花钱是为了感受一下大都市伦敦的魅力，想一睹那些扮演女王和王室成员演员的风采，而不是去看约翰·斯密斯，他戴着假发，就住在另一个街区。另外，巡回剧团来镇上表演突显出斯特拉福德的重要性。对此，琼斯表示反对。照他的话说，伦敦剧团最多一年来镇上演出两次，斯特拉福德镇居民就能够满意了吗？或者说，十先令的费用难道会让镇议会破产吗？

戴维·琼斯有一个小的演出剧团，坚持要求为镇上演戏，但镇议会总在支支吾吾，不理不睬。他只好采取一些政治策略，动员明年将成为议会成员的人。同时，在市政厅或行会会馆后面的小房子里，他存放了一些演出服饰和道具，并为他的演出做口头宣传。

“那是什么？”安妮问，看到沿着墙壁粘贴的幕布，心想带一个扫尘的掸子就好了。

“是地狱的入口。”威廉回答，“请点上一支蜡烛好吗？”他跪在地上，从货箱的挂钩处朝里窥视。然后，他打开箱子的锁，箱盖也一下子弹开。威廉终于愉快地叹了口气，开始将箱子里的东西往外拿。

安妮悄悄地在这间小屋里来回走动，她一会儿摸摸琵琶上的琴弦，一会儿用手指敲打大锅，一会儿又在琢磨什么叫旋转木马。

“我是国王。”威廉对她说。她转过身来，几乎惊叫起来。

只见威廉穿着一件深红色的披风，从肩膀一直披到地板上，上面缀着许多白色的貂皮绶带。他头上戴着一顶金色王冠，上面镶嵌着大拇指般大小的宝石。手里握着金色权杖，胸膛上斜挂着缀满宝石的金链，腰间挂着一柄宝剑。

他看起来比平时高大，显得更加老成，与平时简直判若两人。可以说，他给人一种庄重严肃的错觉，但却十分逼真。

“现在我明白了。”

“你明白什么？”

“是的。”

他凝视着她，眼神在烛光中显得更加深沉：“做我的女王，安妮。”

“我不行。”

“您行的，一定能。”

他伸出手，把她帽子上的系带解开，扔到一边。随着令人炫目的颜色闪过，一件斗篷得体地披在她身上。他温柔而认真地将王冠戴在她头上，仿佛正在给她加冕。

“把你的头发披散下来。”

他说话时的音调似乎发生改变。令人惊讶的是，他是在要求安妮脱掉身上的衣服，但她无法拒绝，似乎这是国王的命令。她取下头上的发夹和梳子，用手将发辫解散开。她刚修剪了辫梢上发叉和参差不齐的部分。秀发一直披散到她的腰际，因为前一天安妮刚洗了澡，她那深褐色的一大绺秀发闪耀着光泽，也散发出芳香。

“噢，女王！”他说着，将王冠戴在她头上，“给你珠宝。”他在她颈上戴上一条珍珠项链，在她手上戴上几枚钻石和红宝石戒指。

斗篷上的天鹅绒已被磨损，不再光鲜，貂皮实际上是用羔羊毛染制而成，所谓的珍珠是用鱼鳞和胶水制成的，宝石是玻璃的，但这一切都无关紧要。王冠和宝剑是木质的，外层用锡纸包裹而成。但幻想的世界具有双重的作用，虚假被改造，并产生迷人的魅力。在墙上一面小巧的镜子里，出现了国王和他的王后，他们不再是乡下小镇上临时穿上戏服的一位成年女子和男孩儿。

“威廉国王和安妮王后。”

“他们可从未一起执政过。”

“但现在是一起执政。”

镜子里，安妮看见国王正俯身来亲吻王后，王后向后仰起头，以便她蒙头的面纱和红色披风向后垂落，主要是便于接受国王的亲吻。

当然，这只是在演戏，戏中戏而已。国王在他们的加冕日亲吻王后。

不仅如此，他又吻了她一下。她本该责备他，转身离去，或让他滚开。但她没有，她站在那里，穿着可笑的戏服斜倚在他的怀里，呼吸着他身上温暖的男人味，让他摆弄着自己的头发。当他抱紧她并再次亲吻她时，这次比刚才更加热烈，她只是说：“威尔。”但这种抗议声淹没在他口中。此刻，她已身不由己地失去了自我。

究竟他的亲吻只是出于兄弟般的情谊，或是朋友间的亲昵，她无从知晓。因为在他们的嘴唇相接触的一刹那间所产生的感觉，是她从未有过的一种体验。亲吻虽然很平常，但对他们来说，却像发生在他们之间跳跃的闪电，点燃彼此内心的激情。两人含情脉脉地看着对方，内心充满急切涌动的欲望。刹那间，他们的身体似乎不由自主地融为一体。安妮无助地用胳膊缠绕着威廉的颈部，任他的舌头缠住自己的舌头，她被一种甜蜜的感觉所融化。他用手托起她的脸庞，然后亲吻起来，他的嘴唇移向她的嘴，她的眼睛、眉头和颈部。

接下来，是她紧紧捧住他的脸，深切地注视着他的眼睛，亲吻起他的嘴。她抱紧他，爱抚他。当他抱起她，热烈地亲吻她时，她不再反抗。屋子里没有床，只有天鹅绒披风，而这已足够了。

于是，两人开始忙乱起来。参与这场忙乱的是男孩儿瘦削的身体，身上那坚挺的阳物，还有诗人的舌头，一切都聚集在这个夏天的夜晚。热烈的呼吸，滚烫的身体，手和嘴巴四处忙活，温柔地爱抚，由此完成美妙的感觉。

过后，他亲密地抱紧她，抚摸着她被汗水浸透的秀发。她一边用指尖顺着他的嘴角触摸着，一边大胆地亲吻他的乳头。

“你快乐吗？”他低声问。

“是的，我感到很甜美，威尔，亲爱的威廉。”

“这是你第一次吗？”

“是的。”

“我也是。”听到这，她惊讶地抬起头看着他。他微笑起来，眉毛扬起，“真的是第一次。以前我不知道女人的身体究竟是什么样子。原来是如此的美丽，安妮！”

她本以为男人们想要的女人应该有硕大的乳房、丰满的臀部、金色的秀发。而她只有瘦小的身体、娇小的乳房，如何谈得上美丽？但现在她觉得自己很美，不再感到孤独。远处的天空，电闪雷鸣。安妮暗暗地在心里数着，等待着雷声的来临。

“六英里外。”

“嗯！”他将她搂紧，让她的头贴在自己的胸口上，用手抚摸着她的头发，一会儿便不知不觉睡着了。在他睡着时，安妮拥抱着他，抚摸着他，尽其所能地爱着他。

雷声又一次咆哮轰鸣，离他们越来越近。在睡梦中，威廉轻声低语，手臂紧紧地抱着她。又一道闪电划过，雷声轰鸣。威廉被惊醒了。

“风暴来了，马上要下雨。”

“如果现在走，我们会被淋湿。”

“你真聪明。”

“我是说我们最好待在这儿，等雨停了再走。”

她宁愿就这样躺在他怀里，但他坐了起来，身上一丝不挂，把手伸到戏服箱子里，拿出很多衣物。一连串的橘黄色绸缎，然后是蓝色羊毛衣，都是女人的衣服。威廉解释说，这是一件罗马人穿的锡制护胸甲衣。还有一柄剑，两件紧身衣，一件黑色的律师长袍，一个金色的长假发，还有很多珍珠、化妆脂粉、铅膏增白剂、眼影粉，以及用来涂抹面颊和嘴唇的胭脂。

“在托马斯·赫斯基爵士家和德比伯爵家，我扮演过女孩子，而且是一个非常美丽的女孩子。”

“我更喜欢你是男人的样子。”

“我也这样想。”他将怀抱的戏服翻过来堆放在自己的膝盖上，然后张开臂膀，拥抱她。他们又亲吻起来。他用一些让人难忘的方法抚摸着她，接着又一次进入她的身体。和屋外的雷声相比，他们所发出的声响微不足道。又一道闪电过后终于下起了雨，这只是一场夏天里短暂的暴雨，一会儿便结束了。

一会儿便结束，夏天的租期。

所谓的珠宝都是赝品，白色羔羊的羊毛，一些廉价低俗的丝绸和天鹅绒衣服，混合着许多人的汗味。

安妮编好辫子，用发夹重新将头发束紧扎好。穿上衣服整理妥当后，在一旁看着威廉穿衣服。

她开口说话时，声音听起来有点刺耳：“这些戏服都是戴维·琼斯戏班子穿的吗？”

“是的。上演我编写的剧本时会穿上它们。”

“对乡下小镇来说，这已够好了。”

“戏服和剧本都是，你比他们都优秀。”

“我不相信。威廉，我得走了。”

“我也要走。”

现在，她还有什么要期盼的呢？

“安妮。”

“什么事？”

“为你写的一首诗。”

“噢，一首诗？”她拿起他递来的一张折叠的纸。

“谢谢！”

“是一首十四行诗。”他满怀希望地说。

“十四行诗是什么？”

“噢，先是八行，后是六行，先提出问题，然后是答案。希望你喜欢。”

“我想我会的，我必须走了。”

“让我送你回家。”

“谢谢！”

他们将戏服和道具收拾好后，锁上门便离开。他们一声不响地朝向格拉夫顿寺庙方向走去。在半路上，威廉拿起安妮的手，又亲吻她。她鼓足勇气问他：“你刚才带我去那里试穿戏服，是不是早已打算好了要做那件事？”

“不，我从未想到那样，但你刚才看起来真美。”

“噢，是这样。”

“我说的是真话。”

“我不美，也不可爱，我只是农夫的女儿。皮肤被太阳晒得很黑，又不丰满。”

“那你扮的王后很美。”

“身上穿着那些虚假华丽的服饰和一些廉价的东西。”

“你看起来很美，让人赏心悦目。不管我怎么说，都不正确，是不是？”

“可能是。”

“事实上，我觉得你很可爱。你有一头美丽的秀发，还有我喜欢的灰色眼睛、黑色的眉毛和睫毛。我一直觉得你很美。那是我写给你的诗，要不要我背诵给你听？”

“好的，请！”安妮回答。她不在乎这些，除非它是永恒爱情的宣言。

他深吸了一口气，然后朗诵起来：

爱神亲手营造的那些芳唇，
对着因思念她而憔悴的我，
发出了“我恨”这个声音；
但当她看见我伤心难过，
怜悯便从她心底挺身而出，
责怪她那一句甜蜜的舌端，
没像习惯的那样宣布宽恕，
并叫它如何再作出宣判；
于是她马上改口增添字眼，
在“我恨”后又加上半句，
这半句犹如黑夜后的白天，
夜像魔鬼从天堂逃回地狱。
她摒弃了“我恨”中的恨意，
救命似的说“我恨的不是你”。

他们接着走了一会儿。

“你知道哈瑟维这个词是双关语吗？哈瑟维即离开、憎恨的意思。”

“是的，我发现了。”

他们又走了一程。

“难道你不喜欢这首诗吗？”

“喜欢。”安妮回答。她心想，作为诗人，他更擅长卖手套，“但我不确信我是否真的理解它。”

他们又走了一会儿。

“要我再朗诵一次吗？”

“是的，请！”

他接着又朗诵了那首诗。

他们又走了一会儿。

“我很喜欢这首诗。”安妮说，“它讲的是不是一个情人，因为他爱上的女人不爱他而感到痛苦？”

“它只是一首诗，玩文字游戏而已。跟着学一种流行的诗歌风格。”

他们接着又走了一会儿。

“以前从未有人给我写诗，不知道以后还会不会有人。”

“会的，我可以再为你写首诗吗？”

“好的，请！”

“那好。”

他们到达格拉夫顿寺庙，安妮表姐家的房屋就在村子的边上。这么晚的时候，老妇人一定睡着了。在大门边，安妮转身对威廉说：“我进去了，你还会像往常那样来看我吗？”

“如果行的话。”他生硬地回答。

“我表姐喜欢你讲的故事。”

“今晚我很高兴，安妮！”

听到这，她感到有点意外，抬起头，这时他俯身亲吻她：“我希望你喜欢这个的生日。我真的喜欢。”

“我会的，威尔，我喜欢。”

“那么不要对我这么冷漠，不要离开我，好吗？”

“我没有，我不会的，但现在我必须进去了。你也要回家去，一会儿还会下雨。晚安，亲爱的！”

“晚安，安妮！”

5.

威廉并不在乎卖手套的生意，但他喜欢父亲的工作坊。最初他对美的记忆，也就是春天里鲜艳的花儿以及商店里堆积在一起的各种颜色和质地的商品。各种皮革，有的柔软、细腻，有的坚硬、结实。还有绸缎、丝绸，以及塔夫绸制成的衬里，着上颜色后，性质便发生改变。还有金线和银线，金丝和银丝，珍珠和各种珠子以及亮片。各种药草、甜木和香料，用来给做好的手套成品增添香味。甚至那些刀剑、剪刀、针具、磨具以及货架对他也都充满着吸引力，让他着迷。

约翰·莎士比亚曾一度雇佣一个剪裁师、六个缝纫师，还有一个给他写信和记账的记账员。过去，他是一个羊毛交易商和放高利贷者。这方面几乎占用他所有的时间，也是他的兴趣之所在，但是非法和高昂的交易，却是导致他破产的缘由。如今手套制作中所有的剪裁和精美刺绣都由他亲手制作，他手下只有两个学徒。威廉和吉尔伯特在家时，也会做记账员的工作，而理查德从事非技术性工作或打打杂。

一天晚上，他们工作到很晚。岁数大的人正在为一双手套做最后一道工序，年轻人在忙着算账。约翰·莎士比亚一边做事，一边吹口哨，而威廉正集中精力统计账目。对此，他实在无法忍受，于是转过身来，拍了拍他父亲，示意让他停止吹口哨。就像大多数男孩儿那样，他们从小就被教导要敬重父母，不能无礼。让他吃惊的是，父亲并没有责备他，相反，父亲放下手中的活儿，问他是否想喝点什么。

威廉迷惑不解地回答：“好的。”。

“我这里正好有一瓶酒，不要告诉你母亲。”

“我不会告诉她，先生！”

“噢，先生，先生，总是先生。我们要少讲这些客套话，要像个爷们说话。酒杯在那卷塔夫绸后面。”

这是一瓶法国产的白兰地，威廉以前在北方时曾见过这种酒，其品质优良，十分昂贵。

“我们聊些什么？”

“任何事都行，闲聊，说个笑话。孩子，我平时对你们总板着脸，沉默寡言，是因为别人认为我是个失败的人。”说完，他将杯中的酒一饮而尽，然后又斟满。

“您没有失败。”

“但总事与愿违。我的多数投资都有去无回，我总在躲着债主们。你母亲埋怨我，朋友们找借口躲避我，我也厌倦了这种生活，所以和我一起聊一聊。”

“好的。那么您当初为何放弃农民的生活，搬到斯特拉福德镇来从事手套销售和其他交易？”

“我本以为我可以取得成功，做得更好。曾经有很长一段时间我的确做到了。你母亲曾是你祖父房东的女儿，地位比我稍高一点，还有一些积蓄。娶了她后，我想给她她想要的一切东西。我喜欢制作，喜欢做我擅长做的事，也喜欢交易和风险投资。但孩子，我从不赌博。”

“我也是，对赌博没兴趣。”

“那很好。有些人会赌纸牌游戏或足球比赛的结果，或为天是否会下雨而打赌。而有些人，像我这样的，则喜欢投资冒险，钻法律空子，想两全其美，坐收渔翁之利。结果你看我落到什么境地。孩子，永不赌博，也不要借钱给他人。即使你的债主找不到你，法律也不会放过你。还想喝点吗？”

威廉以前从未一下子喝这么多白兰地，但这次不知怎的，他毫不犹豫地伸出手中的酒杯。

“好小伙子。你母亲告诉我，你想去伦敦，有这回事吗？”

“我不知道她怎么跟您讲的，但我的确想去。”

“为啥？就为那无聊的戏剧吗？”

“可能是的。”

“能挣到钱吗？”

“我不清楚，父亲。不过，当演员有报酬。如果我有时替他们写些东西，如剧本，就会挣些钱。”

“那些演出公司有学徒期的规定吗？”

“是的，我想是这样的。”

“我认为他们不是任何人都愿意雇佣。”

“我不这样想。”

“你母亲说你曾在亚历山大爵士家做过这类事情。很显然，是你告诉过她的，你曾遇见对你演戏有影响的人。”

“可能有一两个人。”

威廉父亲将手中的活儿放到一边，重新斟满酒杯，坐回椅子里，并将腿伸了出去。“你知道，我们没有送你上大学。你以前上学时的校长，叫什么来着，说你是他教过的最聪明的学生，将来一定前途无量，可能成为法律精英或大律师，或成为政府官员。但现在看，你什么都不是。如今金钱决定一切，而我又没有足够的钱。你的兄弟们也没有一个是有前途的，虽然我承认，这样讲一个小孩子为时过早。理查德读书三心二意，毫无长进，吉尔伯特生性懒惰，只对女孩子感兴趣。顺便问一下，你遇到了合适的姑娘了吗？”

威廉的表演才能，无论怎样，都不是来自他的父亲，他从未发现还有人会比他父亲更不会掩饰自己。

“没有，爸爸！”

“也好，你还小。但你和哈瑟维小姐好像经常见面？”

“噢，我们只是朋友。”

“她是好人家的姑娘，很适合做朋友。”

“是的，爸爸！”

“但是记住，我是说，如果你说的演出公司能挣钱谋生。”

“真的吗？”

“我想先做一番调查也未必是坏事。你的朋友迪克·菲尔德，如今在伦敦，是一家印刷厂的学徒。他对伦敦的戏院情况可能有些了解。”

“我想他一定知道。”威廉激动地、上气不接下气地说。

“我现在并不是完全没有钱，即使现在，儿子，我还有一些积蓄。这事不要告诉你妈妈，她不知道。”

“亚历山大爵士曾给我留下一笔年金，数目不大，但我也算有些积蓄。”

“假如我们让你去伦敦。”威廉准备说话时，他父亲快速抓住他的手，对他说，“目前只是去问询，打探一下情况。你可以和迪克·菲尔德住一起，探听一下。听说有一位伯比奇先生，有一家剧院。”他望着儿子的脸，微笑着说，“我并不是一个完全无知的人，也不是你认为的那样愚昧。”

“我不是那意思。”

“噢，还有一家幕帷剧院，我想，如果你去那里，问一下当学徒的事，看看需要哪些费用。然后我们再商量，毕竟这事不仅挣钱，你也可以从事你喜欢的事情。”

“就像您当初选择开手套商店和从事羊毛交易那样。”

“是这样，我当时迫不及待地离开农场。现在我发现你做这些事缺乏耐心，因此我决定让你去伦敦待一个月，先去做一番调查工作，了解住宿以及薪水的情况。如果有必要，你可以先定下契约金，但首先必须要咨询律师。我虽然不喜欢律师，但我认为他们的确有用。”

“谢谢您，爸爸！但妈妈那儿怎么交代？”

“我来和你妈妈说。”老莎士比亚又饮了一杯。他接着说道，“在这个家里，我仍是主人。”

安妮正准备出门洗衣服，这时身后有人在咳嗽，并叫着她的名字。原来是一个小女孩儿站在那里，两腿不停地交换着位置。她有一头黄褐色的头发和一双淡褐色的眼睛。

她问安妮：“您是哈瑟维小姐吗？”

“是的，你是威廉的妹妹琼，你长得很像威廉。”

“大家都这么说。威尔让我给你捎个信。”

“真的吗？”安妮惊讶地问。她为自己喜形于色的反应感到悔恨。她已有一个星期没有见到威廉。这时，她发现琼手里拿着一张折着的纸。安妮在围裙上把手擦干，然后小心翼翼地拿起那封信。信是密封的，能看到他在印泥上留下的清晰的指印。犹豫了片刻，她拆开信。她会读印刻出来的文字，只是对手写的还缺乏训练，但威廉的信写得仔细而清晰，所以她毫无困难地领悟出他要告诉她的意思。

……家父让我马上去伦敦……不敢奢望更多……一切还未确定……匆忙出行无时间去看你……我会永远记住你的好……

“琼，到家里来喝些东西。”一阵声响后，她取出一壶麦芽酒，之前被吊在井里以保持冰凉，然后又拿出早上她刚做好的蜜汁蛋糕。直到这时，她才开始装作无动于衷的样子。她问琼：“你哥哥已去伦敦了吗？”

“嗯。”琼的嘴巴里塞满蛋糕，发不出声，“我本应该昨天送信来，但是……”

“但是什么？”

“噢，因为家里面遇到点麻烦。妈妈不想让威尔出去，但爸爸坚持让他去。他们一直在争吵。妈妈为这事气病了。”

“是突然的决定吗？我想你父母都反对他出去吧？”

“我们也这样想，但似乎只有母亲反对，父亲没有。母亲得知父亲让威尔出去时，感到十分生气。后来情况越来越糟，结果威尔真的去了。”

“什么时候？”

“星期四那天。”

“除这封信之外，他还说了别的吗？”

“没有。”琼困惑地回答，“当然，他不是不回来了。”她接着补充说：“他只是去看看能否当学徒。不过，我想如果他们要他，威廉就会待在那里。他告诉过我需要四天时间才能到伦敦，所以我认为他不会一下子就回来，除非他不得不回来。”

不久，琼便回家了，说她妈妈会担心她，如果在外面待的时间太长。

安妮心想，果然如料想的那样，他真的走了。信上约有半页纸用词巧妙地献给他的年轻的姨娘，或是给戴维·琼斯。她曾经听过他的宏愿和憧憬，和他做过七次爱。这和他们年龄上的差异相对应，正好每年一次。她是他的第一次，他曾经这么说。他曾经是属于她的。如今，他已离去，甚至连一句告别的话都没有。

她将这件事告诉她表姐后，老妇人说："至少他还给你写了信，多数男人连这也不愿意做。"

6.

每个乡村都有这样一位女人。她可以被看作是一个睿智、爱管闲事的老妇人，也可被视为疯疯癫癫的扫把星女人或女巫婆，这一切取决于你看待她们的方式或由你的需要决定。她用草药治病，对埃及的古老传说十分了解，对生病的动物或小孩儿手到病除。你如果去找她，可能要乘着夜色偷偷去，如果你想让身上长的肉疣消失，或索要药剂来拴住你情人的心，或者你不能怀孕，或已不小心怀上孩子，都可以去找她。在白天公开去找她，你要充满敬意地去，会给她带上礼物如猪肉或水果。

女巫住的小屋年代久远，墙面颓败，摇摇欲坠。但走进屋里，让人惊讶的是，里面十分整洁，只是空气中充斥着各种味道，很难闻。有股难闻的味道是从老妇人身上散发出来的，她长年不洗澡。还有草药味，狗放的屁，以及门边的垃圾堆，木柴燃烧的烟味和别的一些无法辨别的味道。安妮对此感到全身刺痛，很不自在。

"是安妮小姐。"

"您好！"安妮走进屋子，浓厚的烟霭，让她看不清老妇人的面貌，还差点被狗绊倒。"今天我烤了一些面包，想带给您尝尝。"她的手抖动着，安妮快速地将篮子里的东西倒在桌上。一个馅饼，两块面包，一块奶酪，一罐蜂蜜，几个苹果，一双厚而暖和的长袜，还有两枚银币。

“你太客气了。”老妇人晃动着身子，椅子发出咯吱咯吱的声响，“你需要什么帮助？坐下来，让我好好看看你。”安妮顺从她的话，坐下来。片刻之后，老妇人倾身向前，仔细端详起她，说：“这么说，你遇到麻烦了？”

“是的。人们说您能帮我，请您一定帮助我。”

“为何不嫁给那个男人？”

“我不能。”

“他已有家室吗？”

“没有。”

“夏天春心萌动，和男人谈情说爱时没有看好自己的裤子，如今他拍拍屁股，溜回伦敦，听到你说已有他的孩子，他却洋洋得意地笑着。是吗？”

“不是这样，根本不是你讲的那样，但我不能嫁给他。”

“他知道这件事吗？是他让你来的？”

“不是。”

“哎，当男人们离开后，女人们总是独自承受着烦恼。你告诉你那个相好的，让他娶你。你的自尊心不能带给你安慰。”说这些话时，老妇人摇动着的躺椅似乎麻痹了安妮的想法，她感到恶心，想呕吐。

“我不能这样做。”安妮低声说，“请您帮我，他们说您曾帮过别的女人。您有一种药剂，对什么都有效。”

“你有情况多少天了？”

“我……最后一次来月经是在八月初。”

那位老妇人大声笑起来，安妮感到纳闷，这个老巫婆是不是想通过笑声来驱散人们对她的怀疑，而对她充满敬畏。

“听了很久，已有三个月了。”

“我不是很确定，我的月经经常不准。”

“是的，我听说。你在等那个男人说爱你娶你吧！？”

“是的。”安妮小声地回答，感到眼泪刺痛了自己的眼睛。“但他没有，我遇到麻烦，请您帮我。我们不能结婚，家庭名声要紧，请一定帮我。”

“我会的。”那位老妇人自信地回答，并接着说，“但三个月似乎太迟，把你的手给我。”

威廉也曾这样对她说过，那是在另一种情形下。畏怯着，安妮将她白净、可爱的手掌放在老妇人脏兮兮的、瘦骨嶙峋的手中。沉默良久，最后睿智的老妇人开口说：“会有三个孩子。结婚，死亡及旅行。伟大的理想，接着是财富。你爱的男人，会伤害你的心，另有一段爱情和一个情人，一位金发男人和一位肤如夜般黝黑的女人。但你一定要坚持，等他回到你身边，并最终爱你。”

第一次她的声音失去嗡嗡的发音，而带有乡村淳朴的口音。老妇人的话听起来让人困惑。“我看见国王，王后们以及情人们死去。但你的名字却将不朽。”说完这些，她将安妮的手指头向她的手掌折弯，并将手放到自己的膝盖上。

安妮心想：就这些吗？她可能对所有人都这么说。金钱、爱情、旅行，还有几条含混的警告语。你的名字将不朽，这类东西只能用来骗傻子，根本不值几枚银币。她得采取果断决定和这个乡下笨蛋达成交易，难怪人们说她只会收钱。

这时，老妇人带着那种新奇的口音说：“嫁给你的男孩儿，安妮·哈瑟维。嫁给他、安慰他，他想离开，就让他去吧！他终将回到你身边。”

“我……”

“不要抱怨说你不能。如果你不愿意，你可以尝试这样做。”她站起身，走向紧贴墙壁安放的货架。听说那是村里木匠为她特地制作的架子，用来交换什么来着？坐在椅子里时，老妇人看似瘦骨嶙峋，身体弯曲变形如同古树盘曲，枝丫交错。她站立时，看上去高大挺拔，行动敏捷。安妮纳闷，她究竟有多大年纪。

她将一袋纸包的东西放在安妮的膝盖上，带着轻蔑的口吻说：“药丸。将它们收起来，小姑娘！晚上一片，早晨一片，连续三天。另外，每天早上要喝这个，滴十二滴到酒里，接着，递给安妮一个带着栓塞的小药瓶。

“它们有效吗？”

“我不敢担保。如果有效时，你会有一些痛，但没有生孩子那么厉害。你就当它是一次严重的月经来潮。但你真傻，安妮·哈瑟维。你的男朋友会喜爱这个孩子，他也需要你。”

“他有可能爱这个孩子。需要我，我感到怀疑。谢谢您！大妈！”安妮向老妇人快速地行了屈膝礼，然后拿起篮子告别，“祝您愉快！”

在她出门时，那位巫婆说：“他长得很英俊，叫威廉·莎士比亚。”

安妮感到一阵晕眩，脊背又开始刺痛：“您怎么知道？您预见的吗？从我的手相看出来的吗？难道是通过镜子吗？”

老妇人笑了起来。不是巫婆般的咯咯声，而是清脆的、淳朴的，似乎是少女般纯真的笑声。“不是，但我能猜到。你刚告诉我的。我看见他去过格拉夫顿寺庙，满怀热情，带着笑容去那里，回来时吹着口哨。你在床上让他感到快乐，这你知道。”

安妮真想扇她几巴掌：“这些您装作从我手上看到的乱七八糟的东西

简直就是无稽之谈。你若真的了解威尔，就应该知道他的抱负，您说的全是你杜撰出来的。”

“不，我预见的都是真的。不是所有的都很清楚，但我告诉你的是真的。”然后，她又开始大笑起来，将身子蜷缩进椅子里，“如果那些药丸和秘方起作用的话，这个周末你就能打掉那个孩子，是个女孩儿。嫁给年轻的威廉吧！”小屋的门猛地关上，但她在里面仍一个劲地笑着。

可能太迟了。那个老巫婆也许骗了她。药丸和药剂没什么作用，只是让安妮感到特别地恶心。事实上，在老巫婆的药酒作用下，那一周胎儿长得更快。安妮的身体似乎一下子膨胀起来。她的腰身变粗，乳房隆起，小肚子变得滚圆。看到这些变化，安妮变得欲哭无泪，身心疲惫。不久，她的身体情况便让人一目了然，无法伪装。

当然，她的表姐也注意到她的变化。在一个寒冷的夜晚，她从安妮口中得知所有事情的由来。

“他必须回来娶你。”

“但是。”

“没有但是，你难道想让你的孩子成为私生子吗？”

“不想。”

“可能他也不愿意。他不需要和你生活在一起，但他必须娶你。他来自有教养的家庭，他不会不懂情理。”

“但他只有十八岁。”

“已足够能履行男人在床上应尽的义务，足以知道为享乐承担的责任。你为何要独自承担呢？”

“您讲得有理，但他人在伦敦。”

“那么就去见他的父母，告诉他们，叫威廉回家。或者，你会写信吗？”

“会一点，还行。但我怎样才能把信送到伦敦？”

“那很容易。问一下准备去那里的人，货车车夫，或者问去那里参观的人。付钱给他们帮你捎个信。要不然，直接从马车车行里雇人去。”她伸出手，握住安妮的手，“你自己不要去。”她语气平静地说，“对于处于像你这样境况的女人来说，在这种天气下，去那里太远了。如果已有消息，不能让他回家，你亲自去请求他也不行。那样的话，还不如没有父亲的好。如果事情朝糟糕的方向发展，你可以和我生活在一起。”

既然这样的话，她便可以写信。但另一个问题是，她表姐既不读书也不写字，家里没有笔墨纸砚之类的东西。她自己家里也找不到这些东西，就像她得不到任何人对她目前困境的同情。

她去了另一个表姐弗朗西斯·琼斯家，她是戴维的妻子。他们看到她，很震惊，虽然不支持她的做法，但他们还是给了她信纸、墨水、笔和封信的蜡。戴维认识的一个人，愿意将信送到伦敦。他从斯特拉福德镇上得到小道消息，知道威廉目前正和他的朋友迪克·菲尔德住在一起。安妮为送信付了两先令的邮资。

接下来，她所要做的就是等待。现在是11月，她已有身孕三个月，如果在圣诞节后就结婚，是不允许的。

7.

威廉回来了。这离安妮将信托给戴维·琼斯后有十天左右。威廉敲开她表姐家的门，径直走进厨房里。安妮正坐在桌前，疲惫地清洗着为晚餐准备的兔子肉，看见他，安妮一时没醒过神，只是瞪着他。

“收到你的信后，我便回来了。”

“威尔，真对不起。”

他耸了一下肩，说：“花费了两先令。”

“是的，请坐。你想喝点麦芽酒吗？”

“好的，谢谢！”

她将兔子肉扔到煎锅里，站起身，洗了一下手，然后擦干净。给威廉倒了一杯麦芽酒后，她又坐下。他们隔着桌子，相互盯着对方。安妮知道他现在看到的是一个头发脏乱、身材臃肿、穿着邋遢的家庭主妇。她的情况已不言自明地从她胸部和腰部紧绷着的外套上明显显露出来。而他看起来举止温文尔雅，穿着一身深绿色紧身上衣，刚修剪过头发，颈部后面有一道淡白色的皮肤十分耀眼。

“在伦敦过得怎样？”她傻乎乎地问。

“十分愉快。我去看了很多戏，但没有一家剧院愿意让我出演。”

“我明白。”

“这样也很好，是不是？”

“我是这样想，但我仍为你没实现梦想而难过。你或许可以回到那里，再试试？”

“我怎么能那样做。你正怀着我的孩子，我们首先必须结婚。”

她曾短暂地想过，告诉心爱的丈夫，自己怀上他的孩子，他会是什么样子。看见他很快乐，被他亲吻，得到热烈的拥抱，一起去告诉他父母。

“是的，我想我们必须结婚。你知道，他是你的孩子。”

他微笑着说：“我知道。我没有疑虑。虽然过去我没有结婚的打算，不过也没有我愿意娶的人。”

“你这样说真好。”

威廉从座位上跳起来，快速地在屋子里来回走了三个来回：“这不是我的好坏问题。我想待在伦敦，我认为我可以在那里实现我的梦想，在那里我可以大显身手。”

“以后你仍然能那样做。”安妮插了一句。

“什么？”

“为了孩子，你必须娶我。但你不必待在这里，我可以留在家里，或来这里和表姐生活在一起。这样你就可以回伦敦，做你想做的事。”

他转过身，面无表情地盯着她：“这是你心里想的吗？”

“不，上帝。威尔，当然不是。”

“那么，没必要这样。”

“听你的。”

“好的。”他在她身边跪下，拿着她的手。微笑着，他吻着她的嘴角，“你愿意嫁给我吗，亲爱的安妮？”

“我愿意，但我不是你亲爱的安妮，对吗？”

“不，你是我亲爱的，非常的亲。我们马上就要结婚，并且有我们的孩子。”他让她的头靠在自己的肩膀上，用手轻轻地抚摸着，直到她停止哭泣，“马上就到圣诞节了，我们不能在圣诞节期间结婚。因此，我最好着手准备起来。我需要得到我父母的同意，因为我不够结婚的年龄，还有，我想这还需要从主教那里获取特殊许可证。等办理完，我们便可以在一周内结婚。天堂里善良的上帝作证，亲爱的，你认为我会抛弃你吗？”

“可是。十八岁结婚，十九岁当父亲，而且是和一个年长自己七岁的女人结婚会是一个丑闻，招致闲话，会让他的所有梦想化为泡影，成为斯特拉福德的一个手套商或小学校长终其一生。”

“不，我从未这样想。”

“你父母会同意吗？他们知道这件事吗？”

“我已告诉他们。”

“我想他们一定很震惊吧！”

“不是你想的那样。他们已同意，接纳你作为他们的媳妇，还给了我们一间房，里面有张床。”

“一张床会派上用场。”

“主要看用在什么上面。”他笑着说，“我意思是我能给你的不多，而且那间房里放着很多家具。”

“我会整理好房间，威尔！我已准备了结婚用的东西，那些家用生活用品，家具、毛毯、地毯，以及帘布之类。还有我的嫁妆——我父亲留给我的十马克。”

“太好了！我会堂而皇之地说，我不需要我妻子的钱，但没有人会知道。”

“是的，没人知道的。那我们该如何使用这笔钱？如果你认为你可以在伦敦干出一番事业，为何不回到那里呢？”

“可能以后用得上。目前我要服从我父母的安排，去斯特拉福德镇文法学校做接待员。我们首先必须办理结婚证。亲爱的，高兴起来，我们马上就要结婚。刚才我就应该这样说。想到小孩儿，我感到很幸福，你呢？”

心里把拜访老巫婆的经历撇在一边，安妮说：“我很高兴，已习惯了这种生活。”

“好的。”威廉又一次吻了她，然后站起身，“安妮·莎士比亚需要一枚戒指，对吗？说起戒指，我最好去买一个，我现在就去。我还要把证件办好。差点忘了，我母亲邀请你后天来我家吃饭。”

结婚的事是他们一起去告诉哈瑟维夫人的，由于威廉在那儿，她不得不管住自己的嘴巴。很明显哈瑟维夫人很感动，对他有些敬畏。因为威廉对她的恭维和尊敬，她答应他们在赫尤兰德农场举办婚宴，主要是为了避免人们说闲话，并不是出于基督教的慈善之举。

安妮父亲的两位好友充当结婚契约所需四十英镑的保证人，因为威廉不够合法婚龄。主教批准了结婚证。签订了结婚契约并有证人证明。一旦时间允许，结婚预告于下个周日公布，他们将在星期一结婚。

安妮和莎士比亚一家人正式在一起进餐。房子里洁白无瑕，摆设上为这个时刻买来的最好的烛台和玻璃制品。莎士比亚先生尽其所能地高谈阔论，常讲起他和安妮父亲之间的友谊。孩子们也听话，十分尊敬她。莎士比亚夫人对她也特别的友善。

吃饭后，安妮发现威廉母亲总找机会和她说话。她说："当然，这件事我们从未想到会发生在我们儿子身上，不管怎样，这件事不久就会得到解决，至少你是来自让人尊敬人家的女人。"

"谢谢您，夫人！"

"当然，他一旦结婚后，就不会再说去伦敦的事了。他该待在这儿，不去想那些剧场的事。"

安妮仔细打量着莎士比亚夫人，发现威廉的椭圆脸形和淡褐色眼睛正是从她身上继承来的。在温文有礼的进餐中，安妮发现威廉的友善、开朗以及感染力，都来自他父亲，而他的智力和教养受她母亲的影响，莎士比亚夫人抓住她的衣袖，充满神秘地凝视着她。这个充满占有欲的女人，公开表达对孩子们的不满。

安妮没有直接回应她的话，而是朝她行了个屈膝礼。她心想，还是让玛丽·莎士比亚做她该做的事。

在她和威廉一起上楼去看他们的那间屋子时，她能感受到莎士比亚夫人正在注视她。

威廉关上门，一把将安妮抱进自己的怀里。“亲我一下！”安妮感受到自己身体饥渴的反应。她情不自禁地将自己的双臂缠绕在威廉的颈部，张开嘴亲吻起来。他明显感受到，她的乳头顶在他胸部，而且变得越来越坚硬，十分渴求他的触摸。安妮惊奇地发现，怀孕让她的欲望变得更加强烈。她想一下子把胸衣撕开，好让自己的身体裸露在他面前，此时此刻就在房间里和他结合。很明显，他也有同样的需求，但现在是在他父母的屋子里，他们只得忍着，互相亲吻而已。

他们渐渐分开身体。威廉对她说："刚才妈妈对你低声说什么？"

“她感到高兴，你将会放弃去伦敦的梦想。”

“她开始时劝我父亲反对我们结婚，现在又想到这个。”

“她当时一定很吃惊，对吗？”

“你是什么意思？”

“我们以后会知道。没人说你必须要留在斯特拉福德镇。”安妮在房间里来回走了几下。房间不大，位于整栋房子临街的前部，街上的灰尘和噪音毫无阻隔地进到屋子里。房间正下方是加工作坊和羊毛商店，所以里面能闻到浓烈的羊毛和兽皮的味道。

安妮的鼻腔受空气中灰尘的刺激而打起喷嚏。房间的一半空间几乎被杂物塞满，有果篮、箱子、破损的家具、旧地毯，这些东西没有人修补、烧掉，或把它们搬到阁楼里。地板和窗户上的玻璃都需要洗刷一番。屋梁上布满了蜘蛛网。安妮用手指沿着壁炉摸了一下，满足地看着上面的灰尘。

威廉尴尬地说：“对不起，我以为妈妈会让人……”

“你妈妈很清楚她不是失去了儿子，而是得到了一个免费的女佣。不过作为回报，我们可以免费住宿，是吗？”

“是的，但……”

“那么我们就免费住。我来负责家务。这样也好，我在家做过这样的事。我还擅长酿酒，可以挣点小钱。我在家带孩子，你在学校上班，我们一起攒钱。”说着，她坐到床沿上，接着一下子弹跳起来。由于床上的绳子已年久松散，需要捆紧，一股灰尘从垂落的床垫上漂浮起来。

威廉看着她说：“这床已坏了，我们买张新的。”

“我从家里搬一张来。”

“不，婚床应是我们自己的。”他说完，转身一屁股坐在窗台上，“它应是一张质地精美的床。将来有一天，等我有钱时，会给你买全英格兰最豪华美丽的床。安妮，相信我，我会成功的。虽然目前我不能给你什么，但将来我会让你住最好的房子，用精美的家具，享有作为我妻子应有的地位。我们生的若是男孩儿，他将接受最好的教育，拥有美好的未来。将来有一天，我会离开家，离开斯特拉福德，成为一个富有的人。目前我什么都不能给你，只有这张第二好的床和生活。但请等着，安妮，我会好好照顾你。”

“你已给了我名分，要不然这孩子就成为私生子，我也会被认为是贱妇。”

他脸上洋溢着微笑，说：“好的，毕竟他是我的孩子。”

“实际上，你并不爱我。”听到这，他脸色发红，不知道如何回答。

“但我们必须结婚。可这样人们会嘲笑你，娶一个比自己大七岁的女人。面对现实吧！威尔，让我帮助你。我希望自己既是你的伙伴，又是你的妻子，你的朋友。”

“我们永远是朋友。”

“好的，那么再过几年或几个月，有了哭闹不停的孩子，再看看我们还会不会这样说。不，威尔，让我帮助你。目前我们虽然别无选择，但谁知道以后怎么样。我们可以做我们喜欢的事。虽然变得富有是让人高兴的事，但我只要你快乐。我们先设定五年怎么样？”

“为什么是五年？”

“它是个整数，但等两年也行，或四年，直到你成年后，让我们看看会发生什么。你可以在三至五年里写出许多剧本和诗歌。”

威廉用一种奇怪的眼神看着她说：“好的，安妮，我会的。是的，我们既是伴侣又是朋友，这才是真正的婚姻。来，让我们拍手，一言为定。”

她握住他伸出的手，镇定地望着他的眼睛说：“一言为定。”

第二部分

1587年

8.

他们买了一张二手床，威廉坚称它为“第二好的床”，它有两大好处：第一，十分结实，夫妻行房和生孩子时，不会发出吱呀声；第二，它的床头里藏着一处暗格，上面挂着锁。

安妮悄悄地从床上跪起身，生怕惊醒威廉和孩子们，她打开一个橱柜，拿出一个钱袋子。结婚已近五年光景，如今里面已有不少积蓄，大约十六英镑。其中十马克是安妮的嫁妆，一直原封未动，其余包括安妮卖麦芽酒的少许收入，威廉在文法学校拿的薪水，他有时为镇上的人写信或起草法律文书得的额外收入，还有他朋友理查德·菲尔德替他将三部剧本卖给伦敦剧院老板的四英镑。

他们生活拮据，花费很少，不买新衣和书籍，不参加任何花钱的娱乐活动。去年圣诞节，他们送给彼此的礼物是四支笔，一只赫尤兰德农场送的圣诞鹅，一条扎头发的丝带。墨水和纸需要花钱买，但只要将它们用于挣钱的写作就行。在他们结婚的第三年，一对双胞胎降生，这是安妮和威廉都没有想到的。这样，三个孩子已足够。安妮给苏珊娜断奶在第十二个月。他们本来准备不再生孩子。但5月的一个夜晚特别的宜人而温暖，他们都无法入眠，以为他们养得起两个孩子，但未想到是一对双胞胎。威廉二十一岁时，已成为三个孩子的父亲。

拥有他们自己的房子，这种期望至少还要再等两年。威廉的父亲在斯特拉福德镇上还有别的房子，他实际上可以以低价租给威廉或免费让他们一家住，但他一直没有开口。安妮怀疑，那样的话，父亲会担心威廉不愿在生意上再帮助他。每天在学校上班十二个小时，晚上还要帮他父亲起草信函和记账至少两个钟头，更多的时候是处理法律诉讼方面的纠纷。另外，安妮和公公也相处得很好。约翰·莎士比亚也担心失去安妮，因为没有她，他得要雇佣女佣。这些日子里，不可否认，他手头的确很紧。安妮心里冷静地想，还有两年多时间，最多三年，她便可以离开这里，拥有自己的房子。

她小心地将钞票放在自己内衣里面点数，以免发出声响。但还是不够小心，她身边的威廉翻过身，咕哝几声，然后眨着眼睛，惊讶地问她：“你在做什么？”

“数钱。”

“这么早？”

“为何不行？”

他耸了耸肩，转过身去。安妮盯着他裸露在外的、肌肉结实的肩膀，真想拿把刀捅他。

“威尔！今天有戏班子来镇上演戏，是女王手下的人。”

“那又怎样？”

“我们去看戏呀！我已让琼来照看孩子们。这样，我们有三个钟头去看戏。”

“我不想去，省钱。”

“你说话小点声，要不然吵醒孩子们。”

但已经迟了。随着一阵啪嗒的脚步声，床头的帷幔被拉开，出现一张神采奕奕的、阳光灿烂的孩童的脸，头上长着满头黄褐色的鬈发。

“早上好！苏珊娜！”

“早上好！妈妈！爸爸醒了吗？”

“是的。”安妮故意这样说。四岁的苏珊娜迅速爬到床上，来到他爸爸身边。

“爸爸！”

“我还没醒。”

“不，你醒了，你在说话。给我讲故事。”

“太早了。噢，上帝！天刚亮，没有故事。”

“那我等你醒吧！”苏珊娜挤到她父母中间，舒服地躺下来。她曾经让她父亲教她绕手指，现在自己已学会。父母对她很严格，不想宠坏她。但她实在太聪明可爱，他们非常爱她。苏珊娜长得像威廉，有他的脸型，他的淡褐色眼睛和棕红色头发，一点都不像安妮。

“苏珊娜！”安妮说，“今天你想去看戏吗？”这时，威廉一下子睁开眼。

“什么叫戏？”

“就是很多人穿着好看的衣服，在台上表演故事。”

“我想去看。”

“那好，我和你去看。爸爸不想去。”

“为什么不去？”

“你问他吧！”

“爸爸，你为什么不去？”

“噢，好的。我们一起去看戏。但你看戏时，要乖乖地坐着，不要闹，苏珊娜！”

“我会的，双胞胎们不去吗？他们太小了。”

“他们还小。”

“你已吵醒他们了。”威廉无奈地对她说。这时又传来“嗒嗒”的脚步声，床头的帷幔被拉开。两张几乎一样的小脸伸进来偷看，他们都有父母双方的特征，但哈姆奈特有如安妮的深色头发和眉毛，以及她鸽子般灰色的眼睛，而朱迪斯有长得像威廉母亲的蓝眼睛和金发。这对双胞胎到今年7月就两岁五个月大了，他们特别喜欢嬉闹。

由于平时家教严格，他们礼貌地说：“早上好”，然后便爬上床。

“爸爸给我们讲故事。”哈姆奈特以确信的口吻说。

“太早了。”

“他已醒了好长时间。”苏珊娜说。

“我该起床了。”安妮一边说着，一边将所有的钱一股脑儿地塞进袋子里，只留下两先令，然后将钱袋锁起来。“爸爸马上会给你们讲故事，然后你们要去洗脸、穿衣、吃早饭。”

清晨，天空澄澈，薄雾已消散开，空气干燥，今天的阳光将会十分强烈，天气也会炎热无比。安妮不喜欢镇上的夏天，热量聚集在房子里无法散开，空气十分闷热，缺乏流动。可能该去赫尤兰德农场住一阵子消夏。五年令人尊敬的婚姻生活和一群孩子，让安妮和她继母之间的关系有了很大改善。孩子们喜欢去农场。如今他们已有表兄妹们，安妮哥哥巴塞罗姆也和他们的继母消除了成见，带着他的妻子伊莎贝尔回家居住。他们已有两个孩子。安妮姐姐没有这么好运，她的孩子都夭折了。一边穿衣，一边漫无目的地想着事情，安妮听见丈夫给孩子们讲故事时所发出的抑扬顿挫的声音，从那些奇怪的措辞来判断，她猜想是有关《奥德赛》的故事。

五年前的这个月，她第一次遇见威廉·莎士比亚，当时他刚从北方回来，来拜访她并给她表姐讲述这个同样的故事。可怜的阿格里斯表姐一直活到苏珊娜受洗，然后便日渐衰弱，最终悄然离开人世。她想到在同一星期，戴维·琼斯的戏班子上演了一出戏，是由斯特拉福德镇政府花钱请的，据威廉说，国王和王后受到热烈的赞美。

想到这，安妮转身向床，把孩子们撵走："去叫女佣打水给你们梳洗，姑妈琼会帮你们穿衣服，我在餐厅等你们。"苏珊娜还想争辩，但看到她的眼神后，便赶紧跟着那对双胞胎跑出去了。

威廉正仰躺着，手交叉枕在脑后。他问她："为何这么早起来数钱，而且这么想去看戏？"

"因为如果我们现在不做一些事情，以后永远不会去做了。如果你不去做这些事情。"

"比如什么事？"

"去和那些演员们交流交流，问问他们是否可以招用你。"

"不要荒唐和幼稚，演出公司不会在乡下小镇招人的。他们会笑话我。"

"但上帝会禁止你冒险吗？你真愿意心怀怨恨地生活，还是将梦想付诸实践？与其让你待在斯特拉福德，怨恨我把你困在婚姻中，渐渐堕落下去，还不如让你去做你想做的事，那是你少年时的梦想。"

他一下坐直身子，说："这不公平，我从未怨恨被你束缚住。"安妮抬了一下眉毛，表示怀疑。他的脸泛起红晕，说："这样也好。有时我曾想到那些，正如我曾打过赌，你也会这样想。"

“我当然想过。住在这里，全家五口人挤在你父母的一间屋子里，你认为这样，你的梦想就已实现了吗？这么快我们已有了三个孩子，每天工作十六个钟头帮你父母做免费的家佣，还要教你那些弟弟们如何打水，安慰你妹妹只因她已十八岁，没有男人来求婚，你弟弟醉酒回家后，打扫他呕吐的脏东西，给你母亲喂药，好让她渡过命运不济的难关，这么多年我从未买过新衣服，晚上你写剧本到10点就为了多挣几先令，连请朋友喝酒的钱都舍不得，和你聊天，听你好几次都提到如何向往到伦敦去碰碰运气，那样你会变得如何如何的出色，你在镜子前摆姿势，做鬼脸，就像失恋的姑娘，而我却要熬夜阅读你写的剧本，就当将来你会去一家剧院或真的去当一名演员，而你却害怕去尝试，因为待在家里，当个教师会更容易，也好经常怨恨我。”

她上气不接下气地说着，这样一来，怒气渐消。说完后，她感到十分疲惫。“无论我说什么，你都会找借口，找一些冠冕堂皇的理由，去做别的。”

“我不知道原来你这样不高兴？”

“你难道不是？当然，还有比这更糟糕的。我有个体面的家庭，虽然不是我自己的，但我有三个健康可爱的孩子。还记得在结婚前，我们都曾说过不快乐吗？如今，我们都年长了五岁，但生活并没有改观，除了有可爱的孩子们。积蓄只有十六英镑。”

“十六英镑可以租用和装修一套房子。”

“在斯特拉福德吗？”

“你想在任何地方都行。”

“在伦敦吗？”

“你想去伦敦？”

“我不知道，威尔！”她坐在床边，用手梳理着头发，“我一直想去伦敦，但住在哪里？我不知道。那些演员们来到镇上，你至少该去和他们聊聊，听下他们的意见。我将带着孩子们回赫尤兰德农场，不是不回来，也不是离开你，而是我需要改变。你虽然二十三岁，但看起来有四十岁，整天闷闷不乐，和人难以相处。”

“我真的有那么糟糕？每天我起早贪黑地工作，都是为你和孩子们挣钱。我们会有自己的房子。”

“你睡着时，我在想一刀捅死你算了。你人并不坏，我也爱你。但我不会和一个懦夫，一个失去梦想，缺乏奋斗勇气，却总是为此惩罚他妻子的人生活在一起。”

他脸色变得苍白，目不转睛地盯着他的妻子说：“如果我去尝试失败了，会怎样？”

“至少你愿意去尝试，而且你会知道做手套商或在学校当教师会更好，因为那是你能胜任的。但是威尔，迪克·菲尔德曾说，你给他的那些剧本，很容易就能脱手卖掉，所以我在想，如果你要在伦敦，你就可以为他们写更多的剧本，你试着去和那些演员们谈谈，听听他们的意见，看能否让演出公司雇佣你。另外，你给他们看看你写的剧本，告诉他们，你曾卖了两个剧本给什么人来着？”

“亨斯洛。”

“不管是谁。威廉，上次我这样建议，你曾嘲笑我。或者还可以写信给斯特里奇大人，你曾在兰开斯特工作过，看他的演出公司是否愿意招用你？”

“我不会给一个五六年都没有联系的贵族老爷写信。”

“为什么不行？我虽然是一个从未离开过斯特拉福德镇超过五英里

的乡下女人，但道理都是一样的，无论是在乡下小镇，还是在大都市。关键在于你认识什么人，懂得利用你遇见的人，让他们知道你是他们的老相识。因此，威廉，你要么就待在这个地方，整天怨天尤人，萎靡堕落下去，要么就尝试去实现你的梦想，一举成名。今天你去看戏就算是个开始。”

这些话听起来就像舞台上演员在退场时所说的那样。说完，安妮便离开房间，下楼去照看孩子们吃早餐。

9.

戏刚结束，先是片刻的安静，接着观众们爆发出一片欢呼声。人们欢呼雀跃，捶首顿足，有人甚至吹着口哨，演员们排队站在台上，向观众不停地鞠躬致谢，过后便依序从戏台两边退场，消失在帘幕后。

“亲爱的，戏好看吗？”安妮问苏珊娜。小姑娘刚才像她父亲一样，聚精会神地看戏，紧张得几乎喘不过气来。

“是的，妈妈！那女的是男人扮演的。为什么要那样？”

“不允许女人在台上演戏，她们都由男孩子们来演。”

“噢，那为什么？”

“就是不允许。”威廉说。他站起身，活动了一下后背，长条木凳根本没有躺椅坐着舒服，“我应该去吗？”

“是的。”安妮拉着女儿的手，朝镇会馆后院走去，威廉拖着步子跟在后面。演员们正在捆绑行李，忙着装箱，然后将它们搬到运货马车里。有两个人正激烈地争吵着。安妮发现其中一人涨红着脸，他叫理查德·塔尔顿，是女王手下戏班子的丑角。在台上，只要他头一探出幕布，你就想笑。现在他看起来略显疲惫，好像嬉笑与他无关，人看起来要比在台上矮小。

“对不起，先生们！”威廉开口说。

“如果你想兜售什么，”塔尔顿先生瞧了威廉一眼，接着说，“你来错了地方。我们是来演戏的，没有钱给你。”

“噢，不，不是那回事，先生！我的意思是，可以单独和您谈谈吗？这是个业务问题。我非常想请您到酒馆去喝一杯。”

感到十分吃惊，塔尔顿的眉毛一下子竖起，他瞥了一眼安妮，这让她觉得很不舒服，很反感，几乎带着淫邪的意思，因为那种眼神似乎在问，乡下镇上的男人让他们的女人们来勾引巡演的演员，是不是很普遍？当时，安妮身上正穿着她的结婚礼服，这是她唯一一件好看的衣服，她曾以为穿上它，配上小巧的丝带编的帽子会让她显得端庄大方。但现在看来，别人并不这样看。

威廉用一种正式而生硬地语气向对方介绍了安妮和苏珊娜。

安妮平静地说：“塔尔顿先生！我们一直很喜爱您的表演，听说您的剧团是全英格兰最好的，如今我亲眼看到，的确名副其实。还有您的表演，先生！也无与伦比。”这种说法的确有效，对方像被浇过水的花，听得心花怒放。安妮心想，不过我确实喜欢他的表演。

“谢谢您！夫人！您有什么事？”

“先生！听说在泰姆，您戏班里有个人被杀了？”

“是的，是威廉·奈尔，上帝让他安息。是汤尼杀了他，但却被无罪释放了，他是自我防卫，争吵所致。是的，他的离去是我们的损失。”真正的情感潜伏在矫饰的话语之后。

“我们为此感到悲伤。他刚离世，向您提起此事，深感歉疚，我只是想当一名演员。”威廉边说边挥动着手，来应对对方处于本能的抗议。

“对不起，先生，请让我说完，我想一定有很多人想到您的剧团工作。”

“是的，是有很多人。逃工的学徒，和女孩子恋爱离家出走，后面被他们的父母追着，有时还有女孩子，我们不招年轻人，更不在乡镇招人。”他面带微笑，和蔼地回答，但语气很坚定，说完便准备转身离去。

“塔尔顿先生！耽误您几分钟时间，我想请您去喝一杯，并给我一些建议。我曾在北方一个私人剧团干过，为斯特里奇勋爵和德比勋爵等人工作，我还卖给亨斯洛先生两部剧本。”

“你讲的是幕帷剧院吗？”看着威廉，塔尔顿好奇地问，“你叫什么名字？”

威廉一时想不起来，茫然无措地看着安妮。她同情地朝他笑了一下。

“莎士比亚，威廉·莎士比亚。”

“你是写那个《亨利六世》的作者？”

“是的，先生。您知道那部剧本？”

塔尔顿扮了个鬼脸，说：“它不够老到，但还行，他们付给你多少？”

“一英镑。”威廉骄傲地回答。

“下次要价高一点。”有一会儿，他几乎要和他们说再见，但又停下来说，“你请我喝酒是吗？我很乐意，我愿意给你一些意见，但只有半个小时。”

“求之不得，谢谢您！”

他没回家吃晚饭，安妮上床时他还没有回来。安妮本想等他回来才睡，但实在太累。当威廉的靴子踏在地板上发出声响时，她才醒来。将床罩拉开，她看见他穿着衬衣，正在伸懒腰，背部发出“噼噼啪啪”的声响。

“是威尔吗？”

“有没有吵醒你？对不起！”虽然没有喝醉，他口齿不清，头脑也不太清醒。

安妮坐起身，抱着膝盖。“你这么长时间去哪里了？塔尔顿先生讲了什么？威尔？”他发疯似的亲吻那对双胞胎孩子，然后把他们的被子盖上，“威廉！”

他一下子瘫倒在床上，双手交叉放在头后面：“我一直在外面散步，没去什么地方，只是散步。我和塔尔顿先生，还有别的一些演员在一起有一个多钟头，我想我们喝了很多酒，然后我便一个人去了树林和河边，边散步边思考。”

“塔尔顿先生没有鼓励你吗？”

“他十分鼓励我。他曾读过迪克·菲尔德卖给亨斯洛的关于亨利王的剧本，并且看过该喜剧的表演。我不知道他们是否真的上演过。据他说，演出效果很好，深受观众喜爱。他说我是一位有前途的剧作家。”

“噢，威尔！”借着月光，安妮看见威廉正咧着嘴傻傻地微笑，于是接着问他，“他们还说了什么？”

“他问我是否会演戏。我告诉他曾经演过几次，他还让我读了一段台词。”这时，他脸上的笑容更加璀璨，“他说我有一些潜力。”说完，他突然散开双手，整个人猛地转向安妮，看着她说：“他说我应该去伦敦碰碰运气，他本人无法让我加入女王手下的剧团，这不归他管，再说那些演员都是英格兰最优秀的。另外，他们还有很多人在等着被招用，那些人已完成学徒期，那通常需要三年时间。”

感到十分失望，安妮说：“就这些吗？”

“不，当然不是。他说我应该去伦敦，在那里试试运气。他问我是否认识什么人在那里，我说认识迪克·菲尔德，一个印刷厂的学徒。他说那不行，最好是认识住在市里的一些朋友。他说女王剧团巡演结束后，会到亨斯洛的剧场来看望他，但最好是，最好是……”

“快告诉我，要不然我用枕头捂死你。”

“把我捂死在床上，把灯吹灭、把灯吹灭。有一天我也会这样表演，安妮！他给我介绍了詹姆斯·伯比奇。他说你的想法有道理，我应该去请教斯特里奇大人，因为认识他那样的人对自己会有帮助，但他仍然愿意介绍我认识伯比奇先生。他是莱斯特伯爵手下剧团里的头牌演员，他写了一封介绍信给我，我把它放在钱包里。安妮！他说我是一个有前途的作家，不错的演员，是个做事积极的人。如果他行的话，他愿意收我，但他不行，因此，伯比奇应该可以。他说我该去试试。”

“听到这，你能感受到愉悦、安慰、忧伤、嫉妒、心灰意冷、孤独痛苦等情绪交织在一起，当时我真的百感交集。”

“我很高兴，威尔！”

盯着她的眼睛，心中的兴奋和快乐渐渐退却，他用轻柔但略带命令的口吻对她说：“你真愿意让我离开你，至少一年后我才能带你去伦敦？我的工作会有点报酬，但并不多，还不够养活你和孩子们。要么你去住在狭小而简陋的房子里，但那并不适合你。在夏天，剧团还要去英格兰各地巡演，长达几个月。要么到时我会将所挣的钱都寄给你，但我们不能在一起，你还得继续住在这里，或者去和你的继母住。”

“我知道会这样。”

他翻过身躺着，眼睛看着床顶：“你愿意那样做？你能容忍吗？”

“是的。你在外巡演时，可以时常回家看看。有时候，我也可以去伦敦。”

“路上至少需要四天，那孩子们怎么办？”他摸着她的手说，“安妮，我十分想要这个机会，但我知道这很自私。五年来，我从未让你过上幸福的生活。”

“你给我了，威尔，给了我幸福。”刚才她一直坐在床上，下巴放在膝盖上。这次，她躺倒在他身边，把头放在他的肩膀上。“我爱你，我宁愿你在伦敦快乐地生活，也不愿让你留在家，感到很痛苦。”她的声音听起来十分沉稳，她说：“我想要那个我嫁的男孩儿变得可爱快乐，我想让他幸福。”

“难道我的幸福就是要远离你去千里之外，让你在家独守空房吗？”

“我宁愿那样，也不想让你守在我身边三十年，郁郁寡欢，成天埋怨我？”

“我从不怨恨你，安妮！”

“但你内心会的，你准备什么时候去？”

“塔尔顿先生说，秋天时去最好。夏天伦敦天气不好，经常有瘟疫发生。他建议我在剧团巡演回去、冬天的演出计划已排好的时候去。”

“听起来有道理，这样我们也有时间准备一下，包括购置你的衣服和其他东西。有时间写信给迪克·菲尔德，让他帮你在伦敦找到居所。还有，他们会让你住在剧场吗？”

“不，我需要一个住处。安妮？”

“什么？”

“如今，这件事一下子发生，让我惊慌失措。不知道将会美梦成真，还会是一场噩梦？如果我失败了，那会怎样？”

“如果那样，至少你懂得，你不会一生都在猜想或期盼中度过。”

“的确如此，是的，晚安！”还没说完，他便酣然入睡。那天晚上，安妮整夜未眠。

10.

两件紧身上衣，一件是绿色的，带着宽松长袖，衣料质地精良；另一件是棕色皮制的。一条马裤和长筒袜，一件新羊毛披风，一顶帽子，三副手套，两根皮带，一个新钱包，六条手帕，两双靴子，一条手工编织的围巾，一把刷子，一个梳子，一把剃须刀，一块清洁牙齿的布，两块肥皂，纸、笔和墨水瓶，一把小刀，一个汤勺，一罐用来预防感冒和咳嗽的中草药秘方，一壶鹅油，一种万能药冬青油，三本书，其他物品将被托运去伦敦。安妮将威廉的所有东西都摆放在床上，以后她将独自睡在这张床上，想到这，她禁不住想哭泣。这些天几乎所有的事都让她想流泪。再有两天威廉就要离开家。

莎士比亚夫人走进房间，手里拿着一堆从洗衣房取来的衬衫和内衣。苏珊娜紧紧地缠住她不放。因不同原因，她们脸上都带着一种闷闷不乐的表情，莎士比亚夫人坚决反对让威廉去伦敦谋生。苏珊娜不仅反对，让她痛苦的是，父亲不会因为她而留在家里，这对她来讲简直无法忍受。因此，她们俩都怨恨安妮，整天表情冷漠地盯着安妮，让她感到高度紧张、忐忑不安。

莎士比亚夫人将亚麻内衣放在床上，其中有一件新的是安妮刚缝制成的，但每件都质地精良，经过精美地缝补，浆洗得如雪般洁白，熨烫得十分整齐。到那天，威廉家的女人们将亲眼看见：他会穿上她们能想象到的最好的衣服离去。

在她整理衣服时，莎士比亚夫人一言不发，苏珊娜也是如此。她们已有一周不和安妮说话。突然，安妮实在无法忍受这种场面。

“我也不想这样，但我必须让他出去，要不然他会很痛苦。”

“你曾答应我，他娶你后就永远不会出去的。”

“我撒谎了。”

“我看也是，这真有失体统。”莎士比亚夫人说，“如果你真是他的妻子，就别让他出去。”

这时，安妮看见苏珊娜也在洋洋自得地点头，同意她祖母的看法，安妮真想扇她一巴掌。“我愿意这样吗？我又能怎样？你说你爱他，但你愿意看着他不快乐，因为自私，不想和他分开。我爱他，所以让他走，而且我也很伤心。你知道我是怎么想的吗？给他修补衣服，帮他整理行李，看着他离去。这一切，我都不得不独自承受，因为根本没有人安慰我。”

那天晚上，威廉回家时，兴高采烈，一路吹着口哨蹦跳着上楼。他终于自由了，今天是他当教师的最后一天。过两天，他就要踏上去伦敦的旅程。

楼梯口的灯光不太明亮，他差点跌倒在苏珊娜身上，她正坐在最上面的楼梯上。“亲爱的，你在这干什么？”她跳起身，用充满责备的眼神回过头看着他。

“妈妈今天哭了，奶奶十分生气，我恨你，如果你爱我们，你就不该离开我们。”说完，为自己的辩护感到害怕，她向楼下跑去。威廉在楼梯中间抓住她，摇晃着她，想让她看着自己。

“不要这样说！我爱你，爱你胜过世界上任何东西。即使你恨我，我仍然永远爱你。不要再和我说这样的话，苏珊娜！”在他手中，她僵硬着身子，不愿看着他的眼睛，“我们已经给你们解释过，苏珊娜，我必须去伦敦，只有在那里才能挣到钱给妈妈和你们，孩子！我并不是永远离开你们，我还会回家的。如果可能，当我在伦敦安定后，妈妈会带你去那里。

事情一定会是这样的，苏珊娜！”

他本想对她再说几句“我不想看到你流泪、发脾气，整天闷闷不乐的样子”之类的话。但看到孩子眼里充满着眼泪，他欲言又止。他爱她，那种担惊受怕的无望的爱，只有为人父母的人才能体会。他想一下子抓住她，将她抱入怀里，带着她一起走，有时，他想改变主意，留在家里。他伸手想摸一下孩子的脸，但她躲开了。“我爱你，苏珊娜，我会想你的，但我必须要出去。”她甩了一下头，快速地跑下楼梯，她的身影很快消失在楼梯尽头的转角处。他想，她肯定跑去一个人哭泣，好不被人发现。有一瞬间，他很想跟在她后面，毕竟她只有四岁半，但他又不知道该和她说些什么。

卧室里，他发现安妮正在朝他的行李包里装东西。她将薰衣草和装着其他草药的香囊折叠在一起，放在他的两件衬衣中间，以驱除跳蚤和虱子。她表情平静，但眼睛红肿，明显是因哭泣所致。

“我必须要离开，安妮！”

“是的。”她尖刻地回答，“刚才我听到你巧舌如簧地对苏珊娜说话。一个四岁的孩子知道什么是‘必须的’事情？是的，我知道，她是被宠坏了，是的，这是‘必须的’。但对我来讲，这太辛苦了，威尔！对你是一种冒险，对我意味着要默默承受孤独和凄凉。以前我从未和你讲过这些，但这也是‘必须的’。是的，我知道，从长远来说，这是值得的，我相信你，所以并不想阻止你。但你不是孩子，应该想到你所做的也会给别人带来伤害。”

“上帝作证，我并不这样想。安妮！是的，对我是一种冒险，还有恐惧和磨难，未来还不确定，或许要遭遇失败，而且我还得夹着尾巴从家里溜走。一个沃里克郡的男孩儿虽然身无分文，没有社会背景，没有朋友知己相助，没有受过高等教育，但他憧憬他会在伦敦取得成功，如今不得不离开妻子和孩子出门闯荡，设法谋生。安妮，请不要整天以泪洗面，对我充满着怨恨，我也受够了。”

“你想让我心甘情愿地送你离开吗？”她怒气已消，也不再那么痛苦。于是，她犹豫地张开双臂，让他将头放在她的肩膀上，紧抱在一起。

“如果我能带你去，我会的。但不是这次，亲爱的。先让我去找到好的住所，等工作安定下来，或有一定眉目时，你可以来找我，并带上孩子们。”

“你还会写信给我吗？”

“那当然。”

第二天天刚破晓，他在薄雾中离开家。吻过他父亲后，父亲抑制不住地流泪，然后又吻别母亲，但她生气地将脸转了过去，在吻别妹妹时，她一边哭泣，一边祝福着她，和兄弟们吻别时，他们都羡慕地拥抱他。

“妈妈！”

“随她去吧！”父亲说，看着他妻子急匆匆地回到屋子里，“威廉！现在她正好不在，这个给你。”父亲把一个钱包偷偷地塞进威廉的手里，“我已为你和孩子们积攒了一些钱，你现在也可以用，只不过要节约点，我的孩子。”

“我会的，爸爸！谢谢您！”

“威廉！要记住，伦敦人不像我们，你在外为人要小心谨慎，不要轻信他人，对朋友要真诚相待，不要和别人发生争吵，如果不得已，要让别人知道你的立场和原则。永远不要向别人借钱，也不要借钱给别人，因为就像欠债会惹上麻烦。让我想想，还有哪些你要注意的，控制好你的嘴巴，偶尔你可以自由地表达来锻炼你的口才，更多的时候你要学会倾听。

要记住保持好的形象，人们都是以貌取人。穿着得体，要与自己的实际情况相符，避免粗俗，不要攀比。还有，威廉！你要记住，真实地面对自己，然后你就不会欺骗他人。上帝保佑你，我的孩子，祝你一帆风顺！”

“上帝保佑您，爸爸！”威廉抱着他父亲。“谢谢你！”他一边吻着安妮，一边用手抚摸着她的面颊。两人相对无言，该说的话都已说完。睡眼惺忪的双胞胎孩子紧抱着他，甜蜜地吻着他。苏珊娜一直犹豫不决，当威廉终于扛起行李时，她跑上前，紧紧抱住他，一边哭着，一边祝福着他。

就这样，他离开了家。在街的尽头，清早的薄雾渐渐吞噬了他的身影，最后他完全消失在众人的视野里。

亲爱的妻子：

我现在伦敦一切平安。迪克·菲尔德在他的住所里为我安置了一张床，我感到十分舒适。我已游览了伦敦塔和狮塔的动物园，以及伦敦桥，还去了圣保罗教堂，这里全伦敦的人似乎都在做生意，在保罗院里，我恐怕要花很多钱来买书。

我已去过南安普顿大人、艾塞克斯大人以及莱斯特大人的府邸，还有伦敦白宫和威斯敏斯特教堂。我拜访过演员阿莱恩先生。还去观看了六场演出。我也拜见了伯比奇大人，他已和阿莱恩先生、亨斯洛先生说起过我，他读了我的剧本，说喜欢它们。他已让我给他打杂，有时也写些东西。我负责给演员们提示、整理物件和清点戏服。我现很快乐。替我吻一下孩子们。

最亲爱的妻子：

今天我在一出戏里出演了一个士兵，没有台词。我遇见了那位剧作家克里斯托弗·马洛，我们在一起聊了一会儿。他来自肯特郡，和我同龄。明天我们将要上演他的《帖木儿大帝》，基特让我产生一个创作的念头，写一出关于罗马人泰特斯·安特洛尼克斯的新剧本。伦敦观众似乎都爱看流血和悲剧，或有丑角的喜剧。你听说女王有个堂姐妹叫玛丽,在福瑟林格城堡被处死了吗？伦敦现在谣传天主教徒们将会起义，但我认为那是子虚乌有。信里附有三英镑。吻我的孩子们。

亲爱的安妮：

全伦敦现在都为无敌舰队而担惊受怕。这些卑鄙的西班牙人似乎真的会战胜我们的舰队并侵略英格兰，但德雷克、霍华德以及他们的伙伴们实在精明能干，终于化险为夷。我已写完那出罗马人剧本，伯比奇先生很满意，但它何时上演，我还不清楚。随信附二十马克。

亲爱的安妮：

今天，我们离开伦敦去全国巡演，首先要去北方演出。

第三部分

1589年至1593年

11.

苏珊娜尖叫着从前门跑进家，撞倒了她的小弟弟。任他号啕大哭，一把抓住她妈妈的胳膊，说："妈妈！来了一个戏班子，爸爸在里面。演员们来了。"说完最后一句话，她便飞也似地跑出去，和刚才进门时一样疯狂，门口的哈姆奈特又被她撞倒。

"苏珊娜，等一等！"安妮对她叫喊着，只好跟在她后面跑出去，"等一下我！苏珊娜！可能不是你爸爸。"她抓住双胞胎孩子的手，使劲在后面跑着。

街上传来敲鼓的声响，还有喇叭的号声，然后是马车的咣当声。真是人声鼎沸，人们唱着、叫喊着，"欢迎戏班子的到来"，"来看戏！""今天下午3点，在镇会馆"。演员们来了。她的心"怦怦"地跳着，安妮用手挡住太阳，打量着人群。演员们衣着鲜艳，穿着某大人府里的制服，但上衣并不是猩红的，徽章也不是熊的标志，穿着参差不齐、简陋粗糙，似乎不像莱斯特大人手下的戏班子。

“苏珊娜，亲爱的！对不起，他不是爸爸，他们不是莱斯特大人的戏班子。”

小姑娘拼命地一直朝一个演员跑去。他褐色的脸庞，蜷曲的头发，一只耳朵上戴着耳环。他正从车上跳下来，跑上前，一把将苏珊娜搂进怀里。

“爸爸！噢，爸爸！”

“亲爱的，是我，苏珊娜，我的心肝！”他擦了擦她的脸，然后亲吻她，“苏珊娜，是的，真的是我。我的双胞胎孩子们在哪里？你妈妈呢？”

安妮拖着缓慢的步伐，从拥挤的人群中走出来。她的眼神和丈夫的交会在一起，一种特别熟悉的微笑荡漾在他的脸上。他说：“安妮，亲爱的！”然后让所有演员和斯特拉福德镇一半的居民感到有趣的是，这对情人当着他们的面，长久而热烈地亲吻着。演员们爆发出一阵阵热烈的掌声。

“噢，威尔！”安妮低声说，“你怎么不告诉我们你会回来？我想你，亲爱的！”

“我也想你，安妮！我有很多话要和你说。这是双胞胎吗？朱迪斯，哈姆奈特，你们还记得我吗？来，吻我一下！”苏珊娜仍紧紧地抓住他，她的腿缠绕着他的腰，手臂环绕着他的脖子。威廉笨拙地蹲下来，张开一个臂膀，对着那对双胞胎孩子。他们已记不清他的模样，还有对这个貌似海盗般装扮的人不感兴趣，他们更感兴趣的是他们身边那群穿着五颜六色，正欢呼雀跃、吹笛演奏的小丑们。

“我猜，这是你的家人吧！？威尔！”旁边一个人插话。

威廉站起身：“是的，詹姆斯！他们是我妻子安妮，女儿苏珊娜，双胞胎孩子朱迪斯和哈姆奈特。安妮，这是伯比奇大人，我们剧团的老板。”

詹姆斯·伯比奇挥舞着手臂，向安妮鞠躬行礼：“夫人，您最谦卑的仆人。威尔运气真好！”他抬起她的手，亲吻了一下。那对双胞胎孩子在一旁吃吃地笑着。安妮行了一个屈膝礼，微笑地看着这个彬彬有礼的男人。

“我感到十分荣幸，伯比奇大人，我可以代表斯特拉福德镇的人们对你们表示欢迎吗？”

“你当然可以，莎士比亚夫人。这是个美丽的小镇。现在，我必须听从镇长和地方长官的安排。威尔，你得到豁免，不需要去打理行李，你可以回去见一下你的家人。但要记得，两点前必须回来，要不然，罚款两先令。”说完，他拍了一下威廉的肩膀，转身走向他的演员们，像对待羊群那样，大声地喊叫着，催促着他们前进。他们大声叫嚷着，好像是来这里度假。他们必须在下午3点登台。威廉洋洋得意地看着他们向前奔跑着。一个十几岁大小的漂亮男孩儿，朝他做了一个粗俗的手势，威廉快乐地向他弯腰回敬。

“他演的女孩子很可爱。”威廉说，“让他穿上戏服，他会让你心碎。那么，亲爱的，我们回家吗？”

这时他的母亲挡住了去路：“噢，是儿子吗？妈妈都不打招呼吗？”

“妈妈！请您原谅！我一时只注意孩子们。您好！上帝保佑您！”他吻了妈妈，她的脸色这才柔和起来。

“你回来真好，看起来不错。伦敦现在流行男人们戴耳环吗？”

“已有一段时间了。是的，哈姆奈特，它是什么？”

“我说过了，白脸的男人是谁？”

“威廉·坎普，我们剧团的小丑，是个非常幽默的家伙。等一会儿，你会看到他玩杂耍。”

“杂耍是什么？”

“他将东西抛到空中，然后接住它们。这些东西包括刀具、橙子，还有其他用手拿的东西，并且让它们在空中不停地旋转着。我也会一些，回家后我来表演给你看。噢，看，这是萨德勒一家，朱迪斯，哈姆奈特，向他们打招呼。”

许多邻居都被来演员的消息吸引走出家门，而有的人留在家里来欢迎这个平时常常见面的当地的孩子。在亨利街他家房子的门口，聚集着一群人，他们甚至用充满怀疑的眼神打量着。威廉的妹妹——琼从人群中跑上来拥抱他。

“威尔！你回来啦！真没想到，他们说是斯特里奇大人的戏班子，不是莱斯特的，但现在你真的回来了。”

“是的，是我回来了。琼，爸爸，见到你们真高兴。”他们犹豫着拥抱在一起。

“爸爸！您还好吗？”

“什么事都没有比看到你让我高兴。吉尔伯特，去拿瓶最好的酒，让我们庆祝一下。”

“先让我欢迎我的兄弟。”吉尔伯特露齿而笑，快速地甩开胳膊拥抱威廉，“这么说，威廉·莎士比亚演员，伦敦人接受你了吗？”

“回到家中，感觉有点尴尬，但还是很轻松。请上酒。吉尔、安妮、妈妈，有吃的东西吗？早上5点，我们就一直在路上。”

吉尔伯特去拿酒，莎士比亚夫人赶紧去做菜。他们将苏珊娜从她爸爸的身上拉开，虽然她紧靠着他坐着。塞满一肚子面包和奶酪后，威廉耐心地回答大家的各种问题。

“莱斯特大人去年已去世。这，你们听说了吧？”他父亲点了点头，在胸口画了个十字。看到这个手势，威廉抬眼看了一下安妮，然后温柔地将目光移开，“他们说女王十分悲伤。他们年轻时就是好朋友，有人还说她想嫁给他。还有，通过朋友，我们的戏班子转到斯特里奇大人手中。你知道我指谁吗？费迪南多·斯坦利，德比伯爵的儿子，因此我们都穿着他府上的制服。”他摸了一下上衣上鹰爪的徽章，“我们是以他的名字演出。家里的奶酪真好吃，在伦敦吃不到这么好的奶酪。是的，这表示需要更多的意思。巡演对于我们来说意味着离开城市，去呼吸干净的空气，沐浴在温暖的阳光下，并品尝美味的食物。”

“你看起来瘦了。”他妈妈说。

“噢，您别这样认为。我感觉很好。”

“但伦敦的环境不利于健康，孩子，你住在哪里？我一点都不喜欢那里的喧闹。”

“妈妈！剧场位于城市郊区，位于其中一个特别区域，经过主教门，在肖尔迪奇区。我的住处一点也不差，伯比奇大人住在附近的圣井街。公司一半的演员都住附近。我的女房东很干净，她招待我很好。”他母亲的嘴巴渐渐地在犹豫不决中闭起来。安妮快速地询问他剧团演出了哪些节目。

“在戏院里什么都演。睡觉时，我来给你背诵那部血腥的《西班牙悲剧》。”在桌子下面，他抓住她的手，手指紧紧地扣紧她的手。她也同样地抓紧他的手，表面上强忍着不至于脸红。今晚他们将会睡在一起。除了睡觉，还可能做别的事，如果运气好的话，“噢，上演格林和纳什的作品，还有基特·马洛的作品，没人想到他能提供那么多作品。把旧的素材和新的结合在一起，不管用什么方法，都能挣钱。”

“你有报酬吗？”他妈妈问。

“夫人，您知道他的事，我告诉过您他在这些信里寄了钱回来。”她禁不住补充一句，“演戏能挣到钱。”

威廉将手放在她的肩膀上，示意她不要再说了。他的眼睛未曾离开过他母亲的脸，他从腰间拿出皮夹，将里面的东西倒在桌上。他的家人充满敬畏地、吃惊地看着一堆钱币，是金币，他们以前从未看过比这更多的现金。

威廉平静地说：“十一英镑多一点。是从演戏和写作，以及替别人改编剧本获得的收入。”他拿起安妮的手，将金币一个个地放在她的手掌里。“这是你的，亲爱的。接下来的旅程我已准备好，伦敦那里还有一些积蓄。”说完，他熟练地将她的手指合拢起，“你知道，我们普通演员分享站票的收入，是由看戏的人站在台前所付。一人一便士。剧院里伯比奇和他的合伙人分享坐在走廊上和包厢里的收入。那是两便士，额外的一便士是支付坐垫的，如果你屁股无法承受木凳，是的，那要付钱。现在解释清楚了吧！”

“似乎有道理，那么你演过什么角色？”

“几乎什么都演，但都不是主角，我还是初级演员，还得继续提高。在剧团扛枪、矛等道具，讲一些常用的台词，如‘法国国王来了’。有趣的是，总会有个国王出现。我已经在这个地球上任何国家战斗过，而且常常在一出戏里，辅以必要的变通，为不同方战斗。我演过谋杀、撒谎，替人倒酒、送信，演过犹太人、西班牙人，噢，还有最可爱的姑娘等。”

“我发现你的胡须不见了。”安妮冷淡地说。

“它很快会长起来。我年龄已不小，现在不能再演女孩子了。那是男孩子演的角色。给我一个头巾，我能演保姆或女修道院长，或女王。”

“当然，如果让女人去演的话，会更容易。”

“住口！安妮！”她公公对她叫道，因实在感到震惊，“这是违法的，还有，即使最下流的女人也不会想到去登台演出。”

“是的，先生，对不起！”

“的确如此，”威廉表情严肃地说，“想想那样的话，女人会在剧团里造成多大的破坏或灾难。我们是一群头脑清醒、敬畏上帝的男演员。我们有女缝衣工帮我们做戏服，但那是另一回事。说起鱼……”

“是的，饭菜已准备好，准备用餐了！威廉，你来做一下祈祷！”听着他的祷告，安妮心想，他不仅在发言上，而且在外貌上都发生了改变。原先带有的沃里克方言的喉音消失了，他将有些单词的发音按照伦敦音发出来，但大多数他能表达得更加清晰，好像有意使声音听起来很深沉。如果单就一次进餐所做的简单的祷告而言，他也称得上是个好演员。他举止彬彬有礼，行动自如，手势得到很好的控制。如今，不管做什么事都是艺术。他轻松活泼，充满自信，举止优雅，和两年前她送走的乡下男孩儿完全不同。如今，完全可视他为一位宫廷人士。

停止了这些思考，安妮问：“威尔，你曾见过女王吗？”

“有一次在远处看过。是女王手下的戏班子得到命令去宫里演出。我曾经见过她一次，在河上，在她的游艇里。”

“给我们讲讲当时的情况。”

“噢，当时她衣着华美，上面镶嵌着各种钻石和珠宝，璀璨耀眼。银色的长袍，缀着丝带和花边，上端是高高上翘的衣领，环绕着她的颈部。正值战胜无敌舰队之后，女王身边有德雷克、霍华德、艾塞克斯和罗利，他们都在她的游艇里。当时歌舞升平，一片欢腾景象。如今，女王已近暮年，大约六十岁。她粉黛很重，面颊和嘴唇上涂抹一层白色的胭脂，外衣衣领开口较低，胸部袒露。”听到这，威廉的母亲啧啧惊叹。

“妈妈，她本人就代表法律，华丽庄重，一言一行都代表王朝风范。”

“但是，听说两年前她将她表亲苏格兰女王玛丽判处死刑。”约翰·莎士比亚又在胸前画了个十字。威廉仔细端详着他一会儿，然后转身，又切了一块煎饼。

“是的，她的确那样做了。据说是她的秘书欺骗她在判决书上签的字。当然，我不知真相究竟如何。但他们说玛丽卷入谋反中，深陷在对我们女王的叛变中，以及危害了我们王国的和平。”

“捏造的证据，是判她死刑的借口而已。”

“有可能，父亲。还可能对她的指控是真的。但她的死使她成为烈士，成为天主教徒们暴动的起因。”他注视着他父亲良久，不知是怀疑还是警告，安妮不得其解。然后，他轻声说：“我还没有跟你们讲述我在剧院的成就。在台上给演员提示，作为提词员，我在伦敦家喻户晓。更不用说，我在安排道具和计账上的长处。还有，爸爸，戏服手套需要的修补，伯比奇大人出门时需要的衣着打扮，这些方面，没人能代替我。”

“你还写作吗，威尔？他们演过你写的剧本吗？”

“有时上演。观众们喜欢他们熟悉的作品，上座率是戏院关心的。在剧院，要认识到大写带来的差异。安妮，伯比奇称戏院为大写的戏院。”

“我知道大写字带来的巨大差异，威尔。但我希望你的剧本马上能上演。你仍然写作吗？”想想那么多夜晚，不管他有多疲惫，他都会找出一两个钟头来写作。她曾经很多次在他沙沙作响的写作声中睡着了，但醒来时发现他仍在写作。

“是的，在演出的空档期，我便努力为伯比奇和亨斯洛创作剧本。如果马洛能做到，我也能，但他毕竟是剑桥大学毕业的文学硕士，理应受到重视。”

“他出身高贵吗？”安妮原以为只有普通人才会从事戏剧创作。

“不，他父亲是个鞋匠。但他上过大学。对我们来说，即使不能给舞台提供剧本，我们也能为演员们提供鞋子和手套。”沉思过后，他接着说，“他很优秀，叫基特，他的剧作《帖木儿大帝》在伦敦最受欢迎。但是，安妮，我会继续竭尽所能地写作。你知道，我清楚什么是剧本，知道人们喜欢什么，知道舞台上该上演什么样的剧本。不是所有人都能具备这样的能力。我的创作面向普通百姓，但知识精英们喜欢迎合他们趣味的由大学才子们创作的剧本。”

“亲爱的，你会成功的。”

“我也这样想。”一种捉摸不定的表情瞬间掠过他的脸庞，“下午你们都来看戏吗？噢，上帝，现在什么时候了？”

“还没到两点。”

“噢，好的。”他重新坐回到椅子里，这时吉尔伯特又来给他斟酒，他摇了一下头，“那么，你们来看戏吗？”

“孩子们能去吗？”

“只要他们听话，不闹事就行。你们想去吗，亲爱的？去镇会馆看你爸爸表演，乖乖地听话。不过，遇到你们喜欢的，可以大声叫好、呼喊，对坏人可以发出嘘声。”

“想看爸爸要把戏？”哈姆奈特问他。

“亲爱的，这不是在戏里。威尔·坎普负责那个有趣的表演。”

“现在就演给我们看，你答应过。”

“威尔，你是这样说过。”安妮提醒他。

“我并不擅长杂耍，只会玩三个东西。”孩子们立刻将苹果递给他。他便表演起杂耍来。安妮觉得，他要得很好，以至于笑得喘不过气来，然后热烈地鼓掌。最后，威廉使苹果弹跳到每个孩子的膝盖上。“好的，就这些了。我马上得去帮助布置道具，为演戏做准备。你们谁去那里看戏？”

吉尔伯特说：“我算一个。”

“还有我。”琼也应声道，“可惜今天理查德和埃德蒙都在上学，他们明天可能逃课去看戏。”

他的父母交换了一下眼神，异口同声地说：“我们都去。”这点出乎安妮的意料，他们都愿意去。在过去，他们一直去看巡演戏班子的演出，特别是当约翰·莎士比亚任镇上法警时。但剧院却如同所多玛和蛾摩拉城里邪恶的闪光，诱使他们的长子离开了家。周围邻居都知道他们的孩子只是一个跑龙套的临时工，这让他们抬不起头来。他们自己也深感自责。但如今，安妮发现，他们都奇怪地隐约地为威廉感到自豪。虽然在伦敦的声望对斯特拉福德镇的影响甚微，但实打实挣来的真金白银却说明了问题。

因此，他们都表示去看戏。

“那么，我们到时见。”威廉亲吻起孩子们，“噢，先去把手和脸洗干净。”在吻别安妮时，他在她耳边低声说：“我有一样东西给你。”

她抬起头，朝他瞥了一眼，说：“我也这么想。”

“不，不是你想的。对，也包括那个。那个东西放在剧团里，你会看到它。”

离3点还有半个钟头，莎士比亚一家已准时排队进入镇会馆的剧院。因为要拉着两个双胞胎孩子，安妮就让她的婆婆取了一张演出节目单，不管上面的演员表中有没有威廉的名字，至少值得收起来，留作纪念。

“安妮？”莎士比亚夫人不太确信自己的眼睛，她一脸困惑地转过头看着安妮说，“安妮，这是真的吗？”

“什么是真的？”

“噢，你瞧，朱迪斯，把手给我，让妈妈看一下。”说完，将戏单递给安妮。安妮读着读着，嘴巴越张越大。

“斯特里奇大人的戏班子，在詹姆斯·伯比奇的带领下，上演《维洛那二绅士》，瞧，你看，是莎士比亚创作的剧本。他为何不早说？但他说过要给我们一个惊喜。”

她婆婆轻声说：“亲爱的，他这样做目的是对你的恭维和赞美。毕竟，这么多年你一直都相信他。”

“可你并不想让我鼓励他。”

“是的，因为我们并不想让任何一个孩子从事这一行业，但现在，他能挣到钱，又有朋友和同事的支持，他很快乐，我们也感到高兴。”她从安妮手里拿回戏单，又上下读了一遍。“再说，他们很少来斯特拉福德，不上演约翰·莎士比亚的儿子写的剧本，说不过去。”她充满自信地说，“我确信，这出戏会很精彩。来吧！孩子们！”

台上有张着色的背景幕，他们在舞台侧翼各安装了帘布，来遮挡演员们的进出。威廉曾告诉过她，它们叫翼幕，是一种破旧、临时的装置，但它具有魔力。观众们对其充满着期待。3点时，市场上的钟声准时敲了三下，舞台上喇叭响起，詹姆斯·伯比奇大踏步走到舞台中央，观众们热烈地鼓掌。他鞠躬向观众致谢，然后开口说：“各位父老乡亲！今天，我们很荣幸来到亲切热情的斯特拉福德演出。”（更热烈的掌声）“最合适不过的是，今天我们将上演由你们当地人所创作的剧本。女士们、先生们，斯特里奇大人剧团今天上演一出新戏：《维洛那二绅士》，由你们的威廉·莎士比亚创作。”

“是我的爸爸！”哈姆奈特大声叫着，然后钻到安妮的膝盖下，这时众人都转过头注视着他们一家。

“的确如此。”伯比奇朝威廉一家鞠了一躬，特别给安妮又鞠一个，“接下来，让我们带大家去维洛那。”

如作家们所言，在其绽放前，最先含苞的蓓蕾容易被病菌所吞噬；即便如此，青春貌美的才子佳人还会因为爱情变得愚蠢，犹如过早凋零的蓓蕾。安妮瞥见她婆婆看得很投入，一副入迷的样子，而别的观众也是如此。他们这时仿佛都不在斯特拉福德，而是置身于维洛那，买手套的成为情人，买帽子的变得富有聪慧，结实朴素的女佣蜕变成美丽的娇娘。

这时，安妮已忘记自己是谁，也不知身处何地，任凭自己沉醉在剧情中。

“演出好看吗？”

“很精彩。”

“我是指那出戏。”

“我也指它。”

“哈！”威廉翻过身，将安妮拉进自己的怀抱，然后亲吻起她的乳房。

“这么说，你不再觉得我的爱抚很美妙吗？或叫我可爱的、美妙的？但我曾让你快乐地呻吟过。我还行吗？”

“床上和舞台上，你都很厉害，但那是两码事，威尔，你好像在伦敦不止学了写剧本，还学会了别的东西。”

“啊！”她感到他的眼睫毛抖动着，目光闪烁，似乎带着愧疚，“安妮，已两年过去了，我已成为一个真正的男人。”

“那就是可以做任何事情的借口吗？”

“不，听我解释。安妮！我从没有过情妇，没有人能俘获我的心，你才是我的妻子。我承认，在寂寞难耐时，我的确和别人睡过。”

“然后把她们教你的带回家用在我身上。”

他生气地说：“我只是想让你快乐，这比只光着四条腿躺在床上有意思得多，比我在斯特拉福德时知道得多，你一直想让我快乐，安妮，我学会什么，便想带给你快乐。”他重复着说。

“好的，你做到了。是的，你现在是个男人，但只要不告诉我任何有关你和谁睡觉的事就行。”

“我不会的。”

但沉默了一会儿以后，她冷漠地说：“你有过许多女人吗？”

“不，不再谈那件事，安妮！你是我的妻子，是我亲爱的人。”

她知趣地不再说话，他们静静地躺在床上，互相拥抱着，默默无言。她以为他差不多睡着了，但他突然开口说：“安妮，父亲还在痴信旧宗教吗？”

“他没有和我谈这事，他知道我不支持。这确实很危险吗，威尔？他曾因不去教堂被罚款，有比这更糟糕的吗？”

“是的。”他严肃地回答，“这十分危险。上帝知道，全国有很多不信国教的人，但他们多数不会公开抵制。女王愿意宽容，但她的耐心有限，她身边的人可没有那种宽容和耐心。安妮！在伦敦我听到很多说法，有些是流言蜚语和愚蠢的谣言，有些是恶意的诽谤和攻击。天主教徒们十分活跃，越来越陷入危险境地。自苏格兰的玛丽女王死后，情况变得更糟糕。上帝为证，面对清教徒和天主教徒，一句平白无故的话都有可能让你惹上麻烦。清教徒们整天想方设法去关闭剧场，担心人们耽于享乐，但沉浸在旧宗教中无法自拔和相信巫术一样危险，安妮！许多人认不清两者的区别。”

由于他们从未谈论过这类事情，出于好奇，安妮问：“威尔！在你的内心，你信仰什么？”

“我希望人们能自由地信仰他们喜欢的，但重要的是，人们要认清形势。”

“问题的关键是女王身为英国教会首领，不遵从国教就等于叛国。”

“对一个基督徒来说，信仰形式究竟有何意义？它只是政府控制百姓的方法而已。”

“我希望你在伦敦，不要到处说这样的话。”

“噢，是的。星期天我去做礼拜，一年参加三次圣餐仪式。我们剧团的人受到密切的监视和猜疑。遵从国教便是一切。伊丽莎白女王是上帝授权受洗的，是国家教会的首领。我必须提醒父亲不要公开涉足天主教的事情。庆幸的是，在英国，我们不会再有宗教审讯，血腥玛丽统治的日子不会再来，但现在政府的人正在搜集监控民众叛乱迹象，还有面对清教徒们和狂热分子们，即使一个斯特拉福特的手套商贩也要谨言慎行。”

“把实情告诉他。”

“好的，我会的。还有，安妮，一定不要因不信国教而受到别人指责。要遵守法律。常去教堂，赞颂上帝和女王，看好孩子们，让他们学习教义问答书，公开反对旧宗教。孩子们知道教义问答书吗？”

“当然知道，你当我是傻子。礼拜天在教堂学习两次，包括所有合适的教义。”

“记住，明年要让哈姆奈特上小学。”

“噢，上帝，我记得。字母表、入门书、填字游戏，威廉，你怎么记不得你在长凳上学的功课？这儿有个方法会让你学会。接着在高年级学校，学习修辞以及逻辑学、拉丁语。孩子，要把动词并列排在一起，思考我们为何分析错了，威廉少爷，躺到长凳上，你要挨鞭子。”

“对小孩子管教不严，就会宠坏他们。让我们听听教义问答法。不过，你运气好，没上过学。”

“这么说，巴塞罗姆以前教我阅读时态度很温和。你曾经惩罚过你教的男孩子吗？”

“他们对我无礼时，我会扇他们的耳光。我最好多写剧本，如果哪天不得不回来做学校接待员的话，我真的无地自容。安妮，我还需要一个庇护人，如一些贵族老爷，愿意让我使用他的名号，接受我写的诗歌。我还希望，我能得到优渥的报酬。”

“斯特里奇大人愿意吗？你有没有再见他？”

威廉打了个哈欠说：“是的，见过，但时间很短。是的，他可能愿意。但他目前和政府关系不太融洽。”他又打了个哈欠，把胳膊从安妮身上抽出来，翻过身子。

偎依在他身后，安妮将脚缠绕在他的脚上，她说：“他为何那样？”

“被怀疑同情天主教徒。另外，他有权继承王位，所以在都铎君主看来，这是个潜在的威胁。”

安妮睡眼惺忪地问：“有权要求什么？怎么回事？”

“他母亲来自克利福德家族，是亨利七世的后代。更糟糕的是，是金雀花王朝血统。虽然是一个远房亲戚，但在女王眼里，他已足够构成谋逆嫌疑。都铎王朝不喜欢任何有可能威胁到他们权力的人，令人不解的是，他一直活着。斯坦利家族一向以背叛著称。女王不会相信他，就是因为他声称忠诚。虽然我认为他是真的。他为人精明，是个令人愉快的人。在诗歌创作方面，我可能会请他做我的庇护人。晚安，我亲爱的！”

“晚安！亲爱的！”她移到床边，开始睡觉。心想这只是他第二次叫她“亲爱的”。

12.

孩子们误认为他们的父亲会永远待在家里。苏珊娜的眼睛和威廉的眼睛一样，长得都很大，特别在她哭泣时更明显。“我就是不想让你走。我爱你，爸爸！”

威廉蹲下身，用手轻抚着她女儿的肩膀："小甜心！我也爱你。但我必须得出去。我从未想留在家里，我不能这样。孩子，当初我去伦敦时，就曾给你这样解释过。我必须得出去谋生，必须去参加演出，然后回伦敦。现在，我能经常回家，以后妈妈还可能带你去伦敦。"

"我想你留在家里，现在你不要走。"

他站直身体，说："苏珊娜，我必须走。勇敢点，孩子，听话，这是生活的需要。我今天必须和演员们一起离开。"

"我恨他们，不要走！"

"我不能。"

"我想你留下来。"

"不要任性，苏珊娜！"

他以前从未如此严厉地和他女儿这样说话。妈妈和奶奶对她来言，代表着坚定和纪律，她父亲很纵容她。她一直受到他宠爱，以为她可以随心所欲地对他。

"我恨你。"她说道，使劲地用跺脚。威廉板着脸，看着她。

"苏珊娜，不要这样说话，我非常爱你，但我必须要离开。我不想在我离开时，你给我的印象是一个被宠坏的、粗野无礼的孩子。来，亲爱的，你已经七岁了，你可以读书，你是个聪明的孩子。好好听话，讲道理。我必须要出去，我有我的目的。"

她面无表情地瞪了他一会儿后，转身朝楼上跑去。威廉叹口气后，看着安妮，说："我想她会明白的。"

"她不想让你走。她非常爱你，威尔。他们都爱你。"

"我也爱他们，但爱并不能帮你付账。"

“我知道。”

他把手放在她的肩膀上，她转过脸。

“怎么啦？安妮！”

“你是怎么想的。”她哭泣着说，抖掉他的手，“苏珊娜的话代表我们每个人。你必须要离开，是的，但我们也一起去。”

“但……”

“噢，对我没有但是，威廉。难道你不知道，有没有想到，我在家的生活是多么的无聊吗？我是多么的想你吗？住在你父母的房子里寄人篱下的感受有多么难受吗？我多么想改变这一切，想变得快乐。你唯一的儿子，从不相信你的存在，因为他根本不记得你，你知道吗？你在意吗？如今，你对他来说，就像神一样，他爱你，你却要离开家，还得让我来向他解释你为何不在家里。哈姆奈特只有四岁半，威廉，他肯定会很伤心。”

他又将手放在她肩上，这次很用力地紧紧抓住，并把她的脸扳过来，对着自己。“你说得很好。谢谢！我爱孩子们。”

“我知道，但是——”

“你说过，对我没有但是。安妮，你曾想过，在伦敦生活会是什么样子吗？”

“根本没有什么，你真傻。”

“那里肮脏不堪，空气也不利健康，对孩子们来说更糟糕，生活费非常昂贵，举目无亲的感受，你能体会吗？”

“但那里也有很多人全家生活在一起。其他演员们的妻子和孩子都生活在那里。”

“我半年时间都在路上巡演。”

“有半块面包在手总比没有强。”

“上帝救救我，不要让我听到这些陈词滥调。”

“你巡演时，我们可以回来。我们想想办法，威尔，求你了。要不，上帝作证，你去和你儿子告别，你要离家两年，你去向他解释，把你动听的话，说给可怜的苏珊娜听。你会伤害他们和我，你也会责备自己的。”

他的嘴唇扭曲着，仔细考虑了一番，然后说：“你讲的条件十分苛刻。”

“我只能这样。”

“你真的想这样？”

“是的。”

“非常好，这个夏天后，我来寻租房子。”

“你当真？”

“是的，亲爱的，我会的。为了证明这一点，我去告诉孩子们。”

13.

六个星期后，威廉来信说他已找到一栋房子，位于伦敦的肖尔迪奇区，离剧场很近，屋后是开阔的田野。楼下有一间厨房和两个房间，楼上有三个房间，厕所在花园里，屋后有个洗衣房。他在信中还提及，房子里有一些家具，有床和餐桌，但安妮必须要把她所有的家具运去。

她心想，所有的家具，她的家具够吗？她将陪嫁的物品都翻出来，多数放在箱子里，这么多年在阁楼里原封未动。烹饪用的锅、锡和陶土制的盘子和杯子、毛巾，两个珍贵的水晶杯子，一些靠垫，最为特殊的是一件挂毯。东西还是太少了。她结婚时陪嫁带来的毛毯、床帏，以及绘图的墙上挂毯和地毯都已磨损不堪。她一不做二不休将那些破旧的扔掉，用威廉寄来的钱买了些新的。这意味着要花一些托运费，但总比冬天到伦敦时还没有足够暖和的毛毯和窗帘好得多。她继母在赫尤兰德农场到处搜集物品，并用一个货车送来，上面装着三把椅子，一个餐桌，一个橱柜，一只质量上乘的铜煎锅，一盒帘布和一个地毯，许多瓶装的水果，一只火腿，两块干奶酪。莎士比亚夫人和琼则日夜帮安妮洗刷、擦亮物品，为孩子们缝补新衣服，还帮安妮制作了一件自她结婚以来唯一的新衣裙。

他们是在10月中旬出发的。马车跑的速度很慢，但幸运的是，他们每天能赶十到十二英里的路程，安妮认为这样很好，他们现在旅行正好赶在冬季来临前，因为到时候天气会很糟糕，道路将泥泞不堪。这时她想到威廉和他的同事们，他们也是这样年复一年地在外旅行，在炎热的夏天、最严酷的天气里，跋涉在他们的货车旁，从一个乡镇到另一个乡镇，在夜幕降临前能找到一家像样的客栈便心满意足了。

孩子们不仅对旅行感到不耐烦，还开始相互争吵，为谁该坐在马车上，谁坐在安妮或叔叔吉尔伯特后面（莎士比亚先生不愿让一个女人和孩子们独自在外旅行）。在没有下雨时，多数时候安妮让他们步行，这样到晚上他们会太累而不再争吵。

就这样在路上旅行了十天，他们终于看见伦敦出现在前方。

孩子们立刻想到去伦敦塔的动物园游玩，让他们失望的是，他们来的路是从北方，刚好穿过城墙，穿过主教门大街。威廉虽曾在信中仔细交代过，但安妮不相信眼前就是所说的房子。它几乎是新的，顶多不过五十年的光景，这样太好了。房子刚粉刷过，窗户闪烁着光亮，楼上的窗户更宽大开阔。威廉从前门悠闲地走出来，脸上洋洋得意地笑着。

“欢迎回家，莎士比亚夫人！这房子还行吗？”

“什么还行？噢，威尔，我们付得起租金吗？”

“没问题。”他漫不经心地回答，“它有段时间曾空着，房东很乐意出租。你们好！亲爱的孩子们，喜欢你们的新家吗？”他们都很喜欢，在和威廉短暂的拥抱后便跑进屋子，到处查看起来。他们的鞋子在地板和楼梯上发出“哒哒”的回响。“你看起来有点疲惫。”威廉一边对安妮说，一边吻了她一下，“路上很辛苦吗？”

“与其说辛苦，更多是太无聊了。见到你真好。我们来看看房子。”

房子很精致美观。楼下有两间宽敞的房间和一个装着壁炉的厨房，楼上，一间大的房间俯瞰大街，另两间小房是孩子们的。阁楼上有两间狭小的屋子是佣人房。威廉请了个女佣帮着擦洗，他自豪地跟安妮说，女佣去市场购物去了。

“因此，你要做的是铺床，吉尔和我去把东西都搬进来。瞧，伯比奇夫人送来一篮煎饼和一些花儿来欢迎你们，在你安定下来后，明天她会来拜访。还有迪克·菲尔德的妻子和奈德·安利恩的妻子。安妮，以后你在这儿不愁没有朋友。”

“他们真友好。”安妮恍惚地回答。安妮发现屋顶结着一些蛛网，显然是女佣人忘了清扫，但讲出来会显得无礼。孩子们轰隆隆地从楼梯上冲下来，穿过厨房，跑到外面，朱迪斯在花园里大声地尖叫。

“他们玩得挺高兴，来，我们喝一杯酒，为这个房子庆祝一下。”

“杯子在包裹里，还没拆开。”

“真可恶。那么来吧，兄弟，我们去搬东西。”

那天夜里，安妮躺在床上无法入眠，她的丈夫在旁边却鼾声如雷，她独自听着窗外伦敦的喧嚣。若在斯特拉福德，夜晚远处狐狸的叫声，听起来都十分响亮，而这里，尽管有宵禁，但人们似乎都没有入睡。一会儿传来马蹄声，一会儿一只猫因发情而大声地叫着，还有路对面有两个人在激烈地争吵。哈姆奈特在睡梦中动了一下身子，边做梦边低声地呜咽着。安妮设法让身体放松下来，旅行的辛苦以及拆箱整理物件的忙碌，让她感到十分疲惫，但还是无法睡着。

她想着如何将房子整理规划一番，想着必须要做的事情：厨房的墙壁要清洗，要给威廉的书、锡制品和杯子搭个架子。给双胞胎孩子的房间里再放置一个衣服箱子。他们已不小了，不应再睡在同一张床上。朱迪斯必须搬到苏珊娜的房间里。附近最好的商店在哪里？有哪些商人可以信任？把那些多余的帘子都挂上，虽然屋子高大宽敞，还有这张结实、美观的大床。还可以买些新的窗帘。和威廉商量一下开销并让他给一笔日常开支。让吉尔伯特把那些发出吱呀作响的地板钉上钉子，他很擅长技术活。还要种上一些冬天吃的蔬菜。

一切看起来都是新生活的开始。如果有什么隐情或什么人，威廉也不会让她来伦敦生活。

14.

另一出新戏即将上演，安妮准备去看戏。哈姆奈特在上学，苏珊娜和朱迪斯到另一个演员家串门玩耍去了。对一个有着孩子的家庭主妇来说，拥有属于自己的一天就如同过节一样，安妮一边穿衣服，一边大声唱着歌。在斯特拉福德，一个女人如果涂脂抹粉，就会被视为是不正经的人，但在伦敦，搽点胭脂口红，将眼睫毛描黑，都很正常。她已三十六岁，眼睛四周已出现一些明显的皱纹，但她皮肤干净、温润，不需要像城里女人那样使用增白膏和染色剂。她看到自己在威廉那面小镜子里的样子，心想对于一个人到中年的女人来说，这实属不易。在耳后涂抹上香水后，她正准备出门。

却听到有人敲门，她穿上新的绿色上衣，戴上帽子，匆忙下楼。在伦敦这个地方，女人独自出去很不安全。威廉花钱从剧院的侍从中请来一个男孩儿，这是个说话带伦敦腔的侍童，曾负责看马和送信，表现很好。威廉让他护送安妮去剧场。她很喜欢这个男孩儿，他唯一的名字叫一号，他服务尽心周到，虽然安妮没有采用他的建议去对付那些纠缠她的人。

她刚来首都时，她期望看到璀璨明亮的尖塔，如丝绸般润滑的湛蓝的河流，人们衣着光鲜，身上散发着怡人的香味。而她实际看到的伦敦，在浓烟雾霾之下，纵横交错的街道，道路泥泞，粪便到处都是。人们衣着单调乏味，声音嘶哑，如果你不谨慎，随时可能丢钱包或有丧命的危险。外面肮脏不堪，臭气熏天，是滋生邪恶和犯罪的温床。刚开始，她讨厌这座城市。但不久，她觉得它充满生机，让她着迷。只有在伦敦，你才能在拥挤的建筑群中发现这些商店和华丽的宫殿，还可以看到来自威尼斯、西班牙、土耳其的船只。只有在这里，你才能乘着小船，悠闲徜徉在河上欣赏风景，如果幸运的话，还会遇到女王的游艇，上面歌舞升平，香气拂面而来，你会朝她挥手致意。只有在这里，你才能和那些声名远播整个英格兰的名流们摩肩接踵，他们是罗利、德雷克、霍华德、艾塞克斯、塞西尔、沃辛汉姆。只有在这里才有剧场。

在戏院里，一号侍童服侍她入座，并为坐垫付了额外的一便士，给她买来一袋炒榛子和一杯麦芽酒，还提醒一个男人注意自己的言行，因为对方认为一个女人独自来戏院就是为了勾引异性进行交易。

“我还是坐在您身旁，莎夫人，离那些家伙远点。”他看着舞台，眼睛里闪烁着渴望的目光，安妮认真地接受了他的意见。

“你看过这出戏吗，一号？”

“《自由的理查》吗？只看过排练。他们说它是威尔先生最精彩的一部戏。剧场里挤满观众，他们从他的剧本里获得比别的剧本更多的收入，要不然，他们也不会对我这么好。”

男孩儿在这方面是个内行。自他能扒窃别人的钱包开始，他一直在剧场附近游荡。在过去这些年里，他一定看过在伦敦上演的每一出戏。

“他很棒。”安妮同意他的看法，他们分享着榛子，“观众真不少，几乎挤满了。”

“他们还会放更多的人进来。噢，基特·马洛也在。”

“不知道他们怎么办成。他在哪儿？我看不见。”

“在下面前排，看见了吗？”

安妮凝视着前方，通过他不断摆动的黑色后脑勺，她认出克里斯托弗·马洛的位置，他正在和人在谈话（但他什么时候停止过呢？），他滔滔不绝地说着，还手舞足蹈。安妮看到他的眼睛，朝他挥手。他给了她一个飞吻，并用一个手势说明，剧场里人太多，他无法过来和她在一起。“等一会儿见您？”她知道他的意思，点头示意。

她喜欢基特·马洛，他是伦敦最有名的同性恋，差不多也是沃辛汉姆手下的一个侦探。在威尔刚来伦敦时，他对威尔很好。不仅阅读他的作品，还赞成他的观点，他对威尔真是羡慕嫉妒，他曾经的门徒很快在名气上将超越他。

他是个很有魅力的人。他毫无遮掩地和安妮打情骂俏，而她并不反感，还很乐意。除了喜爱和人调情，大声宣扬他的无神论思想，以及对男童的兴趣之外，他心思敏锐，为人温文尔雅。威廉很信任他，视他为朋友，这对安妮来说很好，虽然过去她本人并不喜欢他。

一号侍童拽了一下她的衣袖，说："那边有个人朝你挥手，莎夫人。我可以过去问他要做什么吗？"

"不用。"安妮急促地回答，"我认识他。"她朝乔治·卡如挥手，他是从斯特拉福德出来的最为富有的人之一，娶了克洛普顿的女继承人。他弯腰朝她鞠躬，向她打招呼，要求去他那里。正好戏还没有上演，还有时间。一号侍童为她在前开道，安妮穿过拥挤的包厢，手里抓着一便士坐垫，坐到乔治爵士身边。

"亲爱的安妮小姐，很高兴见到您。"他略微倾身向前，对他身边另一位女士说，"夫人和阁下，我可以向您介绍莎士比亚夫人吗？"那顶蓝色有着特别长的、弯曲的羽毛的帽子转过来，安妮看到的是一张疲惫但美丽的脸。那位女士没有表现出太多的兴趣，但显露出愉悦的神情，朝安妮点点头。她身边坐着一位十分年轻的小伙子，赤褐色的长发一直披到肩膀上，他也朝安妮望去。乔治爵士说："他们是已故南安普顿伯爵夫人和她的儿子——南安普顿大人。"安妮十分吃惊，赶紧又鞠了一躬。这次腰弯得更低，嘴里低声说着问候的话语。

"是莎士比亚吗？"那位年轻人问。他矢车菊般的眼睛里闪烁着光芒，"你和那位剧作家是什么关系？"

"我是他的妻子，大人！"

“那么，见到你很荣幸。我特别欣赏你丈夫的作品，几乎读完他所有的剧本。我认为他也是一名好演员。”

“谢谢您的赞誉！大人！”

“他讲的是实话。”伯爵夫人说，“他的剧本很让人开心。我们想让这家剧团为我们单独演出。我想他们一定愿意到私人家里演出。”

“他们一直都愿意，夫人！”

“我们以后留意这件事。但现在安静下来，戏开始了。”

观众们充满着期待。安妮知道威廉会在戏一开场就出现，知道他正在幕布后面焦急地等待，设法克服舞台上的恐惧，让心情平静下来。别的演员在他们上台之前，都会喝一杯酒，抽一支烟，或做点别的什么。威廉的舞台恐惧是以特别的嗜睡为症状，但上场后就消失了，在各场景转换之间，他还要努力保持着清醒。

剧场外的整点钟声敲响，这时喇叭吹响，观众们很快安静下来，大家屏住呼吸，看见一个恶魔般的、黑色的、驼背的东西举步蹒跚地出现在舞台上。

“如今阴郁的冬季因为约克郡的骄阳变得如盛夏般辉煌温暖，所有笼罩在我们头顶上的乌云都被深埋在海洋深处。”

安妮差点认不出谁是威廉，后来一下子意识到他在扮演克拉伦斯，当卫兵把他拖进监狱里处死时，她不由自主地将手指放到嘴巴里。接下来，求爱的场景也令她十分着迷。虽然她会被逗笑，但看到威廉朗读那个场景时：一个曾经杀害她全家的男人，却很快与她坠入爱河。她嘲笑那究竟是个什么样的女人？威廉是正确的，因为这一幕是发生在舞台上。他表演得非常精彩。

这出戏的情节发展得很快，装在瓶子里的蜘蛛在每个场景都是中心，观众喜欢上他，虽然他很邪恶。安妮想，这是他最好的剧本，它将永远传播下去。威廉后来出场时演的是泰瑞尔，在最后的战斗中他又演了一个士兵，接着戏便结束了。她一边用脚跺地，一边使劲鼓掌，大声叫好。安妮知道自己观看了一出伟大的戏剧，一部堪称所有时代的经典之作，是那个她爱的，来自斯特拉福德的男孩儿创作的作品。一个有本事创作剧本的男人娶了她，安妮·哈瑟维，一个农夫的女儿。当初她打发他出来是正确的，虽然她付出了很多，但还是值得。如果没有她对他的鼓励，他可能还在斯特拉福德镇编织手套，成为一个无法实现梦想，内心对生活充满着幻灭、怨恨的人？

“莎夫人？”一号侍童小心地碰了一下她的胳膊，“莎夫人，您想去后台看看吗？我带您去。”

“好的，我想去。戏很好看，是不是？”

“这是最精彩的。看到白金汉忘了台词吗？我想威尔先生一定会揍他一顿。”

“不，我没有发现。戏很精彩，让我们去后台。南安普顿夫人，南安普顿大人，今天遇见你们真是莫大的荣幸。祝您开心！也祝乔治爵士开心！我现在住在这里，以后我们可能还会见面。”说完，她又朝他躬身告别，收拾好裙子离开。

“安妮小姐！”乔治爵士叫她留步，“你若去舞台后面，你能否让南安普顿大人陪你一起去？我要陪南安普顿夫人回家，南安普顿大人想去向演员们祝贺一番。”

如果南安普顿伯爵不是如此的年轻，安妮会感到受宠若惊，也会感到十分紧张，可能还会做出一些失礼的举动，让她丈夫蒙羞。但他的确太年轻了，只是一个男孩儿，和哈姆奈特一样，当有人送来点心时，他很容易就高兴起来，所以安妮没有感到害羞不安。她又行了一下屈膝礼，说："先生，当然可以。见到您，他们会既高兴又荣幸。但以前你若没有去过后台，你最好有个心理准备，那里很吵闹。你会觉得他们都疯了。"

人们都认识伯爵，没有必要给他清理通道，但走到台阶底部时，克里斯托弗·马洛站在那里等着，安妮差点撞进他的怀里。

她转向南安普顿伯爵说："阁下，您认识马洛先生吗？"

年轻的伯爵脸上泛起羞怯的微笑，说："是的，我们认识。马洛先生，您也去后台吗？"

"大人，我当然去。安妮，我可爱的姑娘，我的生命之光，来吻一下你卑微的仆人。"

"基特·马洛谦卑的日子里，我们能发现一月的热情。"她吻了他。

"乔叟告诉我们，一月老人曾为可爱的姑娘神魂颠倒。"

"我可不是姑娘了。"

"但和五月一样可爱呀。戏太精彩了，是吧！你的那位夫君真厉害，有些人甚至说他是第二个马洛。你看到那个扮演安妮夫人的乡巴佬将他的衣服塞在屁股沟里吗？来，我们到后台去，我要向你丈夫道贺。"沉默了一会儿，他表情冷静地说，"他很优秀，安妮！"

"比你还好吗？"她戏弄他，开玩笑地问道。

他回答："有一天他会的，我想我现在最好杀掉他。"

"您想让我成为寡妇吗，克里斯托弗？"

"只要你愿意嫁给我，并将威尔的好运带给我就行。噢，亲爱的，这样的玩笑到后台去说吧！”

南安普顿伯爵看起来很吃惊，这是意料之中。在陌生人看来，剧团里混乱无序，大家争论得几乎到了剑拔弩张要去叫巡警的地步。安妮知道，都是因戏剧的精彩表演而引发的激情狂欢，演员们到处都在自由地、坦诚地交流，虽然没有意思，但他们的解释仍带着舞台上表演时的语气。

剧团负责人大声叫嚷着，提醒那些相互推搡的演员们不要撕破戏服。舞台经理正在清点道具，并装入行李箱中，演员们相互祝贺，来参观的人设法挤进狭小的舞台后面。有人在安妮耳边大声叫喊着：“干得好，一出完美的戏。穿着这样的衣服让我显得很丑恶。威尔，他又忘了我的提醒。你看到前排那个胸部丰满的姑娘了吗？威尔，我们得谈谈。今天我们挣了将近十英镑。先生们，明早起，排练另一出新戏。我说干得不错，真的棒极了。只是剧情太长了，威尔，我们得将它删减一下。”

最后那句话引起威廉的注意，他说：“删减？绝不。”

“但威尔……”

“删减莎士比亚写的剧本？想想你在说什么？”

“但威尔……”

“去吧！”威廉已看见他妻子，“安妮，亲爱的，你是怎么想的？”

“很精彩，威尔！”

“那当然，是我写的。”

“是的，真的很好。我为你骄傲。在求爱的那一幕里，你说的是对的。”

“我一直都对，我是莎士比亚。还有，基特，你怎么看？不要拽我的衣袖。”

“不，不要那样，马洛先生。”从旁边经过的戏服负责人说，“这是戏服，威尔，快把戏服换下来，免得弄坏了。”

好像没有听到一样，基特说：“威尔！我们给你带来了一位崇拜者。阁下，这是威廉·莎士比亚，是这出戏的作者。威廉，他是南安普顿大人。”

众人一下子安静下来。然后，伯爵轻柔地说：“我不是有意来打扰您，先生！只是想来表达我的祝贺。一出美妙的戏，表演得很精彩，真是出自大师之手。”

威廉微笑地听着，克里斯托弗·马洛并没有露出笑容。

“我必须感谢你！”南安普顿伯爵接着说，“带给我们三个小时的快乐，在以往会不止三个小时，我希望以后还会不止三个小时。戏很精彩。”

威廉盯着伯爵，弯腰表示感谢。安妮想，他这样做是意料之中。南安普顿爵士非常英俊。当人们看到一位十八岁年轻人的脸，都会这样。身上还带着青春期两性特征的美。尽管那样，他有张男人的脸，身材修长，让人觉得他还在发育。一头长发披散在肩膀上，闪烁着金黄色，他的眼睛是矢车菊的颜色，上面长着浓密柔软的睫毛。衣服是灰黄色天鹅绒，上面镶嵌着珠宝，并用金子镶边，和头发一样明亮。

他的帽子上戴着一个珍珠状金色别针，耳朵上坠着一颗珍珠。身上散发出檀香味，他微笑时，就像刚才朝威廉笑时那样，露出洁白的牙齿，宛如很多颗珍珠一样。

迪克·伯比奇对威廉说：“威尔，把戏服脱掉！”然后说，“噢，南安普顿大人在这儿。对不起！刚才我没看见您。祝阁下开心！”就像是在演戏一样，他补充着说，“您今天看了我们的戏吗？您喜欢它吗？”

“非常精彩，伯比奇先生！你们的表演真是精彩绝伦，让人赞不绝口。他们说理查德是个恶人，请您讲讲，您相信一个驼背的人能骑马上战场，并像历史记载中告诉我们的那样，像个男子汉那样去战斗吗？”

“听说阁下用三个小时来织就那个驼子的戏服，我不太相信。但我怀疑他是否真的驼背。人们仍然记得他，您知道。威尔应该让他有不同的畸形来证明他思想的邪恶。”

“迪克，你想让我干什么？是为一出好戏还是作为历史课程？”威廉回答。

“任何时候都要是一出好戏，威尔。那件戏服，谢谢！”威廉粗暴地将身上的戏服脱下来，塞到伯比奇的怀里。安妮将衬衣递给他。有人在催促伯比奇加紧收拾，要不然等他们去时，酒馆的酒都被别人喝光了。

南安普顿充满期盼地问威尔：“你去酒馆吗？”

“去。”

“我也可以去吗？”

威廉惊讶地说：“我的大人，我们去的是个普通地方，只有演员和普通百姓去那里，不适合您去。”

“以前我去过酒馆，我已经不是学生了，我想去那里。”

这时，安妮心想，谁把哈姆奈特给招惹了，他的倔强脾气便会发作，他一定会捶胸顿足，大声抗议，任性妄为。

一方面出于谨小慎微，另一方面想要取悦这个贵族大人，威廉感到进退两难，于是说：“大人，伯利大人是您的保护人，我有自己的想法。我不想向英格兰最有权力的人解释，他的被保护人在伦敦的一个酒馆里受到抢劫或被谋杀。”

不再像刚才那么固执，南安普顿认同了威廉的看法：“以前我去时，导师、秘书陪我一起到那里待一会儿。我不应该要求你带我去那里，你只愿意和你的同事在一起。”

他看起来心情沮丧，这时威廉对他说：“我们非常欢迎您和我们在一起，我想我们可以不去酒馆。若您愿意，可以到我的寒舍去，我们将十分荣幸。”

南安普顿伯爵害羞地说：“若这样说的话，感到荣幸的该是我。”

“好的，让我们走吧！”威廉有意落在后面，低声对安妮说，“家里已收拾整齐了吗？”

她已清醒过来，说：“是的，但威尔，你怎么能邀请南安普顿伯爵去我们那里？你想过他是谁吗？”

“他是个男孩儿，喜欢舞台表演，喜欢我的作品。他可能成为我的保护人，安妮！上帝知道，我也需要这样的人。”

“噢，是这样。”安妮回答。她朝那个一号侍童打了个响指，他一直沉默地跟在他们后面，“拿这些钱去买些上好的麦芽酒和最好的葡萄酒，马姆奇牌或卡耐里牌法国红葡萄酒；记住，不要买质量低劣的，大人习惯喝最好的，还可买些白兰地酒。让萨凡顿记账。”

年轻男仆奔跑而去。值得提醒的是，威尔、安妮、伯爵三人走在一起，基特·马洛拖着脚步，木然地走在后面，他把烟斗填上烟丝，然后点燃吸了起来，升起一团烟雾。不一会儿，他们便到了威廉的住处。

安妮曾看见过南安普顿伯爵位于伦敦霍尔本市中心的府邸，他家最小的房间都比她家整栋房子都大。她不知道伯爵会想到什么。但他们的房间就是这样，简朴、干净、整洁，他们铺上了土耳其地毯作为装饰，有一些银盘子，织锦和天鹅绒坐垫，还有许多藏书。去年冬天，威廉花钱让剧团的木匠到家里来，在只要有空间的地方都钉起书架。伯爵充满好奇地四周打量了一下，然后脱掉帽子和披风，开始浏览架子上的书籍。有一两次，他的眉毛好奇地竖起来，遇到喜欢的书，他便将它们取下来。

“莎士比亚先生，您的兴趣真广泛。”

“现在在家里，大人，叫我威尔，大家都这么叫。我像喜鹊一样喜欢收集。我什么都读，兴趣十分广泛。伦敦的书商们都认识我，他们还替我存了不少好书，能请您喝酒吗，大人？”

“叫我哈里。如果你叫威尔，那么我就是哈里。”他接过威廉递来的酒杯，并给他一个亲切的、激动人心的微笑，安妮觉得整个世界似乎一下子反转起来。

她很高兴，南安普顿伯爵走到威廉的写字桌前，俯身看到上面的手稿：“您在写一部新的作品吗？能否讲讲让我听听？”

安妮淡淡地说：“对一个作家的赞美永远会受欢迎。”她本可以再补充几句。她大声地说道：“威尔，给他读你的《情人的怨诉》。”

“还没写完。”

“但已写得很好。”基特说，“你现在很快超过了我，威尔，我的朋友，读一读它吧！”

三个钟头后，一号侍童已在屋子角落的坐垫上睡着了，房间里壁炉里燃着火，还有基特抽烟的烟雾使房间变得很热，酒基本被喝完了，包括所有的麦芽酒，盘子上堆满面包屑和骨头，都是他们吃的，虽然没人记得这件事。男人们都穿着短袖衬衣。安妮坐着，将头靠在威廉的肩膀上，他的手搂着她。哈里坐在威廉的脚前，蜷曲在壁炉前的一个坐垫上。他们听了

《情人的怨诉》，基特写了一半的《希罗与利安德》，十四行诗，还有威廉的部分剧本以及基特的新剧本。他们没有人喝醉，但说话都不太清楚，彼此间的亲密程度一下子增强了许多，或许这就是酒精的魔力。

大家正在沉默时，南安普顿若有所思地说："他们想让我结婚，唠叨个不停，软磨硬泡，想方设法地哄骗，甚至命令我服从。必须成家，生育子嗣，延续香火，我耳边听到的全是这些话。我母亲，伯利大人，还有我的朋友们。伯利想让我娶他的孙女。"

"那你为何不愿意？"

"我只有十九岁。"

威廉说："我十八岁就结婚了，十九岁做了父亲。"

"但你是因为爱情才结婚的，不是吗？你知道，像你这样的才能做到。我能感觉到，你的婚姻很幸福。"

"是的，我是因为爱情才结婚的，我们很幸福。"威廉边说，边抚摸着安妮的脸。

安妮感到纳闷，他为何说这些话时，就像做祷告一样，而不是作为事实陈述？不管怎样，这是他第一次这样说话。

伯爵大声叫喊道："那么，这就是你的答案。我不会与一个我不爱的人结婚。我不想以婚姻为筹码，让伯利的孙女成为伯爵夫人。我没有理由看好这一段婚姻。"

威廉温和地对他说："但您身份决定您要履行自己的义务。当你将新生的婴儿抱在自己怀里时，做任何事都是值得的，因为那时你会认识到爱的意义。"

"即使不喜欢，也能生孩子吗？就是为了无情的义务？"

“从我个人经历来说，我无法回答您的问题，但我怀疑可以那么做。”

南安普顿伯爵朝马洛转过身去，看着他说：“你是怎么看？对于这个争论你怎么说？”

“我吗？我没资格说，婚姻不适合我。”马洛看到伯爵朝安妮投去不确定的目光，补充道，“噢，可爱的安妮知道我是什么，我是侍童，是个同性恋。”

威廉低声说：“甜美的海伦，请吻我，让我永生吧！”南安普顿被惹得差点哭起来。

基特接着说：“因此，婚姻不适合我，但我认为，一个有地位和身份的男人应该结婚成家，再说伯利是英格兰最有权力的人。关心一下你身边的那些人，他们会因此受到伤害。”

“但我不愿被交易。”好像是对他们谈话的总结，外面的钟敲了九下，哈里南安普顿很不情愿地站起身，“我得走了。他们希望我待在家里，可我从没有像今天这样，在这里过得很快乐。这是最美好的时光。谢谢您！莎士比亚夫人！安妮！我想我们会再见。”让她高兴的是，他吻了她的手，“威尔、基特，见到你们真高兴，晚安！”

威廉大声说：“但你不能独自在伦敦街上走，不因为是天黑，我送你回去。基特，你能陪安妮半个钟头吗？”

“很乐意。”

“那么，就这样定了。我的披风在哪里？”威廉匆忙吻了一下安妮，然后带着南安普顿一起出门。

安妮打开一扇窗户，然后将炉火搅动一下。在她出去查看孩子们是否睡着时，他们养的那只大花猫溜进房间，在炉前地毯上来回走动了几下，然后蜷曲在地上，喵喵地叫起来。

安妮说："基特，全伦敦的流言蜚语你都知道。你知道哪些是关于南安普顿大人的？"

"我只见过他一两次，我喜欢他。一个性情温和的男孩儿，虽然被溺爱，但聪明、博学、有教养。"

"我自己也能猜到，你知道点别的什么吗？他为何说他没有理由看好婚姻呢？"

"噢，他父母很年轻就结婚，而且婚后不和。在哈里只有四岁时，他们便开始争吵。他父亲指责他母亲和别人有私情，她则指责他受仆人的摆布，可能不止这些，他们从此分开，哈里被送去和他父亲住，他和姐姐玛丽都被禁止去看他们的母亲。我还听说，在哈里父亲的遗嘱里留有和仆人相好的荒唐证据，并坚持不让女儿们和他们母亲住一起。"

"真是个冷酷的人，不可饶恕，待人刻薄。"

"可能是这样，哈里八岁时，他去世了，身后负债累累。只好用土地抵债，因为里兹利一家拥有英国一半国土、城堡和房屋。但老伯爵生活入不敷出。哈里的监护权转卖给霍华德家族，我想是伯利把他抢到手的。说句公平的话，伯利利欲熏心，想把他暴发户的家族与贵族联姻，但他是个好人，把他的被保护人照顾得很好。哈里接受了最好的教育，先是在伯利自己的学校，然后在剑桥大学的圣约翰学院和格雷法学院。他可能与伯利一家曾度过一段快乐的时光。但当你一生中有八年都被当成父母斗争中任人摆布的棋子，而且从未看见自己的母亲，并被告知他母亲是个不贞洁的荡妇的话，你怎会对婚姻有好的看法。"

“我想也是，真是个可怜的孩子。”安妮表示同意。

“是这样，我的家庭也没什么。父亲是个鞋匠，挣不到钱，经常发生各种麻烦和争吵，但我有个快乐的童年。就父母来说，他们都以我为骄傲。”他摸了一下脚边的那只猫，它眯缝着眼睛，抬起头看着他。安妮忽然觉得，基特身上似乎有种猫的感觉。他的脸型呈三角形，两眼之间宽大，两边脸朝下方倾斜，形成窄小的下巴。头发乌黑，如丝绸般柔顺，宛如猫的皮毛，眼睛闪烁着猫眼的绿色。并且他能随时张开利爪俘获猎物，发出呜呜的声音。

基特接着说：“尽管如此，哈里·里兹利是个漂亮的男孩儿，有一天他会十分富有，自他八岁时起，便是伯爵，一直以来都受到宠爱和恭维。”

“被宠坏了。”

“就他的声望来说，还可以让人忍受。我猜想他有点自负，如果他们的生活能和阿多尼斯、阿波罗、那喀索斯相比，谁不愿意被认为是年轻漂亮，因他们的地位和影响受到人们的恭维。安妮，英格兰的贵族们有他们的喜好。他们愿意做士兵和政客，成为女王的顾问。他们想成为诗人和善于辞令的人。他们去看戏，鉴赏作品，熟谙古典作品和新科学，喜欢使用一些深奥的典故来装饰他们的话语，他们有自己喜欢的诗人或剧作家。”

“就像您，或是威尔。”

“是的，的确如此。我们都被宠爱，被恭维，对朋友和庇护人来说是种荣誉。”

“那么，威尔可以从南安普顿身上找到他需要的庇护吗？”

“是的，他可以。安妮，威尔父亲仍然信仰那套旧的宗教吗？”

他巧妙地将问题转向一个昏昏欲睡、反应迟钝的伙伴。安妮感到十分震惊，很显然，他是有意的，她急中生智起来。

“仍然？我不知道他曾那样做。基特，我住在他家，但从未看见什么，只看到遵守现在国教的一些仪式。基特，你为何这样做？”

“做什么？”

“不要和我兜圈子，你为什么替沃辛汉姆做密探？为何迫害天主教徒？那个曾说‘我视宗教为幼稚的玩具’，并说宗教里没有罪孽只是无知的人，那个曾骄傲地坚称他的无神论主张，那个嗜好烟草、男童，捍卫思想自由的人，肯定不支持宗教迫害。”

“但天主教徒们都是叛徒。他们密谋反对我们合法的君主——伊丽莎白女王。”

“我想有些人是这么干的，但一个在政府任职的人，如果一心要发现天教徒的阴谋，他肯定会发现他们，不是吗？或者可以捏造出证据？”

“这是很危险的谈话，安妮！如果我把你说的话直接告诉沃辛汉姆，将会怎样？”

“我会被关进伦敦塔，受到严刑拷打。但你不会把那些传言告诉沃辛汉姆，你会吗？关于我或威尔的？”

“你有什么话要讲吗？”

“没有，您很清楚。我们不是天主教徒，也不是叛徒，虽然刚才我开玩笑的话能被扭曲成对一个无辜人的指控。基特，你为何做这些事？你喜欢危险吗？喜欢挑拨离间吗？你的生活就在于无神论，恋童癖和危险游戏吗？为何加入那个集团？你是通过为沃辛汉姆工作来获得保护吗？”

“也许是。但是你，安妮·莎士比亚，是不会知道我替沃辛汉姆工作的。是威尔告诉你的吗？”

她嘲讽地说：“全国都知道，噢，至少整个伦敦。我很好奇，您这样一个优秀的人，我们的好朋友，一个心地善良的人，会去监控并帮助折磨那些被无辜指控为叛国的人。他们想要的无非就是信仰他们相信的人。女王自己不是曾经说过她无非是透过窗户看到人们的内心，如果人们对她忠贞虔诚，她为何还要在意他们是信仰什么的？”

“威尔跟你讲得太多了。”

“结婚十年，我基本同意他的看法，但不是您说的那个意思。”安妮越说越生气，“你，克里斯托弗·马洛，从没有离开过伦敦或剑桥到外面看看，除非去国外从事间谍活动，你不知道普通百姓的所思所想，以及他们所信仰的东西。普通人，坎特伯雷的马洛一家，斯特拉福德的莎士比亚一家，鞋匠和做手套的、劳工、市民、商人和店主、女人、牧羊人，这些人都爱女王，他们崇拜她、敬畏她，他们相信她是好的君主，他们对她忠贞不贰，即使他们信仰旧的教条。”

基特若有所思地看着她说：“但天主教徒们服从教皇的命令，接受来自天主教国家的天主教君主。如果按教皇说的那样，我们的女王是私生女、是篡位者，人们可以不服从她的法令，甚至去推翻她，也不是犯罪。那么这就是他们所信所做的。”

“不是所有的人。”

“但他们已足够。我们就说哈里·南安普顿，他父亲是个狂热的天主教徒，他母亲也是。他父亲涉嫌对女王的谋反，被逮捕是因为他接受一个天主教牧师的建议，让他不要服从女王。这就是他家为何急于支持伯利，让他家的男孩儿娶伯利的孙女的缘由。这也正是西班牙人所使用的方法。西班牙难道不想推翻她，当然想，我的意思是通过暗杀推翻我们的女王，重新安置一个天主教的君主，当然是一个傀儡的君主，斯特里奇大人说，如果被发现的话，要么是另一个金雀花王朝的假冒者，要么是苏格兰的玛丽。”

“她已死了五年，她儿子是新教徒。”

“但总有候选人。你想再次看到天主教的英国吗？”

“血腥玛丽已死很久了，基特，英国不会再有人像她那样的，不再有殉难或火刑了。伊丽莎白女王已做了三十四年的君主，她宽宏大量，受到人民的爱戴。我认为你并不相信自己说的话。”

基特将头后仰，笑着说：“我相不相信，不是为了让你知道，安妮。但是，我可能喜欢危险，那是来自智力的挑战。”

“以人的生命为代价的游戏吗？一个男人或甚至一个女人，被关进审讯室，就是因为你？你怎能这样做？”

基特轻柔地回答：“可能会这样，我别无选择。”

“啊，那么你还有良知吗？”

“准确地说是提醒，安妮！威尔的父亲被列为不服从国教的人。至少他不去教堂，同情天主教。安妮，你知道他所有的钱都去哪里了吗？这么多年，他陷入债务，卖掉房产，设法提高抵押贷款利息或租金。他本应该是个富有的人。他有自己的牧师吗？”

“没有，如果有，我会知道的。基特。”

“难道不可能把钱暗中送给牧师吗？或是把资金送到海外的天主教支持者们手里？”

“不，我认为他只是不擅理财。你可能比我知道得还多，他支持他妻子的娘家，一个伟大的、光荣的雅顿家族，不是因为他的妻子与他们关系紧密，而是与一些重要人物发生矛盾，如已故的莱斯特大人就是其中一位。那些重要的人在经济上打击他。有权势的人对一些违法活动视而不见，如羊毛和麦芽酒交易，放高利贷，故意使他破产。”她身体前倾，盯着基特的眼睛说，“去告诉你的间谍头子和他的外甥，传言说也是你的情人，约翰·莎士比亚不是天主教徒，威廉·莎士比亚也不是，还有他的妻子和孩子们。记住提醒沃辛汉姆，对他们说，约翰·莎士比亚的祖上曾在德比大人的带领下，为亨利的都铎王朝在博斯沃思的原野上浴血奋战过。”

“我会的。作为回报，你去告诉你公公，他有犯罪嫌疑，要注意一下自己的行为。”

“我会把消息捎给他，虽然他没做什么，却被怀疑。你曾经试图招募威尔加入你那个让人讨厌的团伙吗？”

基特说：“曾暗示过，但他当面笑话我，我从不知道他究竟相信什么。”

“他只相信英格兰，相信女王，相信爱情，相信忠诚，相信慈悲。”

“是的，”基特表示赞成，“这让人沮丧，对不对，这样一个聪慧的人。”

安妮大声笑着，她的笑声里夹杂着楼梯上传来的脚步声，“聪明的人回来了，威尔，亲爱的，到壁炉这儿来，你看起来很冷。”

“是的，一个可怕的夜晚。”他脱掉披风，把手伸向炉火边。

基特说：“从你脸上明亮的、如梦幻的微笑看来，你已找到庇护人了？”

“是的，我已找到。我承诺给他写首诗，请求他作为我的庇护人。”

基特提醒他：“你会被践踏而死的。那个男孩儿已有很多人献作品给他，比你想象的多得多，都是想让他成为自己的庇护人。毕竟他是南安普顿伯爵。”

威尔说：“但区别的是，我是威廉·莎士比亚。”

那天夜里，威廉在床上对安妮说：“我会一直很忙。哈里邀请我夏天去蒂奇菲尔德，他们要招待一群客人。他母亲想让剧团去演一出新喜剧，所以我要为南安普顿夫人写出喜剧，给哈里写诗歌，伯比奇还让我尽快写出新戏。另外，一周还要演出六天。”

“他会付你钱吗？”她把哈里那个男孩儿想得和别人一样。

“很难说。”

“不是伯比奇，我是指南安普顿大人，那首诗是献给他的赞美诗。”

威廉翻过身，责备地看了她一眼：“那首诗不一定要颂扬他，献给他意思是说我为他而写，向他表示敬意。我喜欢他，安妮。”

“我也这样想。但他会遵守他的承诺吗？他可能会失去兴趣。像他那样的人经常变幻无常。”

“噢，我想，哈里不是那样的人，他崇拜我。是的，他会付给我钱，可能足以让我成为演出公司的股东之一。我不再是个雇佣的演员，也不是业余剧作家，我将成为演出公司的股东，剧院产权的部分拥有人，成为公司终身作家。亲爱的，这是我梦想的开始，是我们在斯特拉福德那么多年阴暗岁月里一直计划、奋斗的目标。因我的剧本，我名气越来越大，但这个新机遇意味着财富。声誉意味着实现自己的事业，不再勉强糊口过日子了。一两年内我们可以去买栋属于我们的房子。”

“在伦敦吗？”她脑海里闪过一个想法。如果她不坚持生活在这里，他们会有更多的钱。伦敦的生活很昂贵，在老家，他们不需要花钱居住。但在那里，孩子们一年只能有四周时间见到他们的父亲。不知怎的，她也从没有把伦敦当作自己的家，“不，租房子就行了。除非你想在伦敦买房子，不，还是在斯特拉福德买。”

“但你喜爱伦敦啊！”

“我是喜欢它，但不爱它。斯特拉福德才是我们的家。”

“安妮，我会给你买栋房子，一个适合你和孩子们住的豪华的房子。”

“那你还是赶紧写作吧！”

“嗯，好的。”

安妮想再做一次爱，但当她转过身想用手抚摸他时，她手里抓住的却是他献给南安普顿大人的文稿。

15.

两天后，安妮听到家里前门传来急促粗暴的敲门声。由于正集中精力给丈夫那件最好的衬衣修补花边领，所以没有特别留意。威廉更没有注意，他可能根本没听见。他正在写作，沉浸在创作的世界里。然后，沉重的脚步声从楼梯上传来，接着客厅的门在大力地捶打下摇晃起来。

威廉的朋友通常都直接轻声地走进来。感到有点害怕，安妮赶紧放下手中的针线活，当捶打声再次响起时，她看着威廉，这次他们听到“开门，女王有令！”他扔下笔，示意安妮去开门。

三个人站在那里。一个信使，另两个很显然是卫兵，全副武装。

“是威廉·莎士比亚吗？”

“是我。”威廉将安妮拉到身后，“你们找我有何事？”

“伯利大人要见你。”

“伯利？为什么？”

“还有，这个女人是你妻子吗？”

安妮发现，有些人即使在恐惧的时刻也能被激怒。她在心里默默祈求她丈夫小心点。这时，威廉十分平静地说：“是的，这位女士是我的妻子。”

“她也被要求去见伯利大人。”

“但是……”

“快一点。”

威廉问：“我们被通缉了吗？”

那位信使说：“还没有，你们可以带上披风。”

“那我们的孩子呢？”

“让女佣去照看他们。”

他们已没有时间谈论。和基特·马洛的一番谈话此时在安妮的内心翻腾起来。但如果是这件事，那么应该是沃辛汉姆的人来找他们，不是吗？这样，他们将会被带到伦敦塔。或许可能就是这件事。她的手颤抖得厉害，以至于无法扣上披风。威廉替她穿上，并帮她将披风披在身上，吻了她一下。她轻声问：“是基特？”他摇摇头：“亲爱的，这是个误会。说实话，任何错误都是我引起的。”他穿上披风，把她拉到外面的屋子。“你确信我妻子也要去？”他问信使。

“大人的指示十分明确，你们都要去。走吧！”

在卫兵的押送下，他们走在伦敦的大街上，感到这是一种耻辱。这个消息在一小时内就会传遍伦敦。午餐时，伯比奇就会为下午的表演临时找个演员来替代威廉。晚餐时，女房东在他们离开时，躲在关闭的门后哭泣，然后把威廉的房子再出租出去，把孩子们赶到街上。这时，安妮看见那个一号侍童在人群中，于是朝他用唇语说出“伯利”，好让他去想办法帮助他们。

他们一路朝西走去，这不是去伦敦塔的方向。离开伦敦桥，威廉母亲的娘家祖上爱德华·雅顿被砍的头颅已经在那里腐烂许多年了，这种待遇用来对付叛国者。威廉的头可能不久也会掉在那里。一两天之内，人们会说这是个羞耻的事，而他的才华才刚刚展现。人们会撕毁他的剧本，忘记他。安妮想，我们究竟生活在什么样的世界，这么多无辜的人因莫须有的罪名而遭到逮捕。或是仅仅因为威廉的一出戏里有地方让女王感到不悦，他因此就受到官府的责罚。但如果那样的话，为何叫上我呢？噢，上帝，我的孩子们。

在白厅，卫兵们将他们带进一间小的接待室，然后离开。没有拇指夹，也没有拷刑架，只是静默地等待，他们感到很紧张。

大约半个小时后，一个衣着考究的人安静地走了进来，对他们说：“莎士比亚先生和夫人？”然后把他们领到另一间屋子，这里与威廉的房间十分相似，墙上摆满书籍，书桌上整齐地堆放着文件，地上铺着昂贵的地毯，还有几把质地精良的椅子。房间里闻起来有股陈旧皮革经过蜂蜡抛光后散发出的，混合着薰衣草的淡淡香味。

从桌子后面站起身，迎接他们的是英格兰的国父、女王的得力助手、英国的财政大臣——威廉·塞西尔·伯利大人，他满头银发，个子不高，十分得体地穿着朴素的长袍。他看起来面带倦容，十分憔悴。但他眼睛很犀利，闪烁着睿智的光芒，对人很亲切。

就像面对女王一样，安妮行了个屈膝礼，威廉也向他躬身行礼。

“莎士比亚先生，莎士比亚夫人，很抱歉在我的办公室里见你们，而不是在塞西尔的府邸，但实在是因为事情紧急，不得已而为之。请坐。我可否向你们介绍一下我的儿子，罗伯特·塞西尔？”

一个皮肤黝黑、身材娇小的年轻男子向他们鞠躬行礼，他是个驼背，眼睛里闪烁着好奇的光芒，并给了他们一个迷人的微笑。然后说：“我曾经看过您的一出戏，莎士比亚先生。我喜欢那出戏。”他的话听起来连他自己都感到吃惊。

威廉一时想不出说什么好，也朝他鞠躬还礼。

伯利大人说：“可否请你们喝杯酒？”在他们默默点头时，年轻侍从递给他们精美的水晶玻璃杯，里面盛着红宝石红酒。

威廉问：“这么说，我们没有被逮捕？”

“逮捕？当然没有。你怎么这么想？”伯利大人坐了下来，把长袍的裙摆随意地盖在膝盖上。

“尊敬的大人，当信差带着两个全副武装的士兵来找我时，没有作任何解释，便带着我们快速来见您，即使一个人再问心无愧，心里也会感到不安。”

“是的，我知道。但我的目的不是吓唬你们。相反，莎士比亚先生，我是南安普顿伯爵的监护人，他告诉我，他曾见过你们夫妇。”

伯利停顿下来，啜饮了一小口酒。安妮怀疑他是否有意停下来，就像经验丰富的演员们那样老练，是为了达到某种目的。多数人面对停顿时，会急于说话表达。但威廉一言不发，揣摩着面前这位位高权重的政治家，或许有一天，他的形象将会出现在他写的一部戏剧中。

伯利接着说：“是的，南安普顿告诉我，他去拜访过您。他很少和普通人交往，他感到很快乐。他喜欢戏剧，也特别喜爱文学。”

“这么说，我知道了，大人。他讲过他在塞西尔学校的经历，在那里他接受了最好的教育，还有他在剑桥学习的经历。”

“啊，是的，讲得对。我曾用心让我的被监护人接受最好的教育。南安普顿伯爵很年轻，当然，还涉世不深，但他喜欢和你交朋友。”

“大人，您不反对吗？”

“现在见到你和你妻子后，我一点都不反对。”

当然，伯利没必要和普通人讨价还价，但对他的被监护人的朋友来说，更多的不是审查，而是商量。看着他们，他的眼睛里闪烁着幽默和欣赏。他点头示意他儿子把他们的酒杯再斟满。

他看了一眼安妮，问道：“我想，你们已结婚十多年了吧！”安妮心里闪过一个念头，他似乎连他们在哪个时辰结婚都知晓。

“大人，十年前的11月结婚，我们已有三个孩子。”当看着他脸上温和的表情变成让人惊讶的微笑时，安妮补充着说，“女孩儿九岁，另一对双胞胎七岁。”

“莎士比亚夫人，你经常待在伦敦吗？”

“是的，大部分时间在伦敦。夏天时，我带孩子们回埃文斯河边的斯特拉福德老家。”

“因为演员们夏天要去巡演，是吗？”

“是的，大人。”

“我想，你的儿子应该上学了吧！你的安排不影响他读书吗？”

安妮心想，和女王的首辅大臣谈论教育也很正常：“伯利大人，他是个聪明的男孩儿，读书成绩很好，我们觉得一个孩子在成长过程中不能只和父母亲在一起，这样总比他在我们来回迁移时耽误一两周课程重要。”

伯利面带微笑，转向威廉：“听说你母亲来自雅顿家族？一个古老的家族。”

“是的，非常正确，一个古老的家族。雅顿家族是诺曼征服之前沃里克郡的贵族。”

“的确是那样。现在，虽然坐着聊天，很令人快乐。我相信你是一个忙人，我也是，因此坦白地和你说，你现在是个名人，莎士比亚先生。你能谨言慎行吗？”

“我能保守秘密，世界上任何人都不会知晓。”

塞西尔深色皮肤的儿子在一旁大声笑了起来。他父亲在身后，想着这个玩笑，迟疑了片刻。

“啊，是的，一个双关语。当然措辞是你的职业。那么，让我们来谈谈正事。我很喜爱南安普顿伯爵，但他执拗地拒绝结婚这件事，很让我伤心。我想他去拜访你们时应该谈到这个话题。你们似乎热情高涨地谈到婚姻，以及为人父母的事，他回家后想法似乎有所变化，这既不是他母亲，也不是我影响的结果。”老人将长袍拉起来盖在膝盖上，然后用几乎生气的语气说，“男孩儿有义务结婚成家，因此，莎士比亚先生，我有个任务委托你去帮我完成。”

威廉说：“诗歌。”然后一下子坐到壁炉前的椅子里，大声笑了起来，“用诗歌来说服那个男孩儿去结婚。”他伸手去拉安妮的手，他们一起开心地笑起来，笑声中带着狂放不羁的味道，而他们刚才被吓得不轻。

“毕竟是被带去见伯利大人，我们害怕得要命，结果他只是让我写写诗歌而已。”

“记住，你受到了英格兰最有权力人的青睐。”

“是的。这是获得与贵族阶级打交道的开始。还有金钱。我打算给哈里·南安普顿写首诗，不仅这首诗将永存下去，而且使我们永存不朽。如今我是高薪雇佣的写手，要通过写诗来使伯利的孙女成为伯爵夫人。”他突然惟妙惟肖地模仿伯利大人，用他那准确而学究味的语气说：“莎士比亚先生，男孩子喜欢被恭维，直接和他谈义务和荣誉不成，我们设计用甜蜜夸奖的方法。南安普顿喜欢并崇拜你，莎士比亚先生，因此，让我们看看您的甜言蜜语能否说服他履行自己的义务。哈哈！”

“但您必须要这样做。”

“是的，我当然会。如果失去伯利的信任，我担当不起。我敢打赌在他那张整洁的办公桌上，有我们所有的档案记录。他甚至知道今天早上我们早餐吃些什么。他可能采用威胁的方式，当然是一种狡猾的、含沙射影的威胁。是的，他可以不提及我父亲有不服从国教的嫌疑，或者说，他也可以一句话便毁了我，然后关闭戏院，解散演出公司，禁止我待在伦敦。所以，我会为他创作诗歌。”

“还有那首你计划写给南安普顿大人的诗歌呢？”

“那是完全属于我本人的创作，但会更加甜美。噢，我需要他的庇护，若还能得到报酬更好，但那件事和这个委托的任务不一样。”

“但你的诗歌写得很好。”

“可能。就像回到学校，做例行的作业。是的，它们都很好，当然不会改变哈里·南安普顿的想法。”

“威尔，伯利大人希望出现奇迹。”

“都是一回事。”他站起身，悠闲地走到书桌前。盯着那些文稿，他说：“那天晚上，基特给我们朗读了他的《希罗与利安德》后，我产生了一个想法，是关于《维纳斯和阿多尼斯》的创作。”他心不在焉地准备去拿笔和纸。

“威尔，你现在不要写，下午你还要去演戏。”

“什么？上帝，什么时候了？我要迟到了，伯比奇会扣我的钱。安妮，你愿意去吗？我们今天演马洛的戏。”慌乱中，他抓起披风和帽子，一边催促着安妮，一边将帽子扣在她头上，拉着她冲出房子。她抗议说自打早餐后就没吃东西，他也一样，但这就是临时演员的生活。

“我会在熟食店里给你买张馅饼。”

“你自己最好吃一个，要不然，基特那些优美的段落会被你肚子里咕噜噜的声音所淹没。”

“会有所改善的，快点，安妮！有时间该有多好啊，有时间就去写作，去思考，去阅读。”

剧场里，伯比奇努力地控制着他的愤怒，看见威廉，他将戏服扔到他的怀里，说：“你来迟了。”

“不是我的错。”

“别放在心上了。快点！好好表现，威尔！这可能是我们这段时间的最后一次表演，我听说东城区发生了瘟疫。”

安妮充满恐惧地低声说：“瘟疫啊！”那可是最厉害的杀手，十分恐怖。医生说，它是通过空气传播的，病菌甚至可以附着在你的衣服上。如果将它带回家，就会传染给孩子们。这就是她为何不愿常年待在首都，为何总是谨小慎微地控制着来探望的次数。瘟疫通常发生在一年中不同的时间，而且没有规律可循。

“别担心！它还没有广泛传播。对你没有危险，最后可能是虚惊一场，也可能是些别的疾病而已。”

威廉告诉安妮：“你明天走，迪克讲得对，现在还没有产生恐慌，去看戏吧！安妮！不要害怕！”

安妮永远也不会知道事情的真相。关闭剧场并不是因为瘟疫，学徒们之间发生一些骚乱，城市当局立即找到来关闭娱乐场所的理由。

威廉愤怒地说：“一直要停演到米迦勒节，我们应该做什么？嗜血的清教徒们总能找到任何借口。学徒们的骚乱又不是什么新奇的事，但他们却想借此取缔所有的戏院，这也就是戏院被建在城市外围的原因。在特定时期，市政当局会停止工作，我们应该是安全的。但是，上帝，我们应该干什么？再在路上巡演吗？真该死！”

安妮说：“亲爱的，这样也好，你正好有时间来写你的诗歌。”

16.

她母亲对他喊：“威廉，楼下有一位绅士找你，他说他叫马洛。”

威廉惊讶地转过身，将墨水溅到汉姆奈特的拉丁文作业本上。“马洛？克里斯托弗·马洛？来这儿了？个头不高，黑色头发？”

“是的，他要在这里过夜吗？要不要给他铺床？”

“我不知道，我下去看看，妈妈！让我来处理。”

对于克里斯托弗·马洛来到斯特拉福德，和威廉一样，安妮也感到吃惊。她收拾好自己的针线活。一边因弄脏了的作业本而安慰哈姆奈特，一边想起自己最后一次和基特·马洛的促膝长谈，一时说不出话来。约翰·莎士比亚被列为不信国教者。马洛替沃辛汉姆工作，他会不会带着逮捕证来这里，也许基特不是来找威廉的父亲，只是来警告他们已被发现，赶快逃跑。

“胡说！”她大声说，哈姆奈特瞪眼望着她，嘴唇在抖动着。

“老师会说我弄脏了课本，他会这样说的，他会打我。”

“什么？噢，不，亲爱的。我在想别的事情。爸爸会和你老师澄清事实，别担心！”所有的事情都被发现了？一派胡言。

威廉和基特一起回到房间，两人都面带微笑，正在为什么事笑着。“安妮！”基特问候她，一边鞠躬行礼，然后吻了她一下，“我希望你一切都好。”

“一切安好。你呢？什么风把你吹到斯特拉福德？”

“噢，出于和威尔之间的业务需要。”他用警觉的眼神扫了一下她的脸。“你好，小哈姆奈特，天气这么好，待在家里啊！啊，拉丁文，我想起来了。苏珊娜，朱迪斯，你们长得越来越可爱了。这是六便士，去买些你们妈妈不让你们吃的东西吧！”安妮忘了基特是家里兄弟姐妹们中最年长的，他和孩子们相处融洽。不过她有点担心，哈姆奈特只有七岁，但基特不是恋童癖，他喜欢男人，不是男孩儿，当然更不会是他朋友的孩子。想到这，自己吃了一惊。

看到两个男人坐在椅子上后，她问：“我也可以得到六便士出去一下吗？”

“不，安妮，你留下来，你不需要回避，事情很严重。威尔，我们的声誉受到侮辱，遭到诽谤，被人轻视。”

“什么？我们都？”

“是的。你记得罗伯特·格林吗？”

“你是指那个臭名昭著、鬼鬼祟祟、獐头鼠目、姜黄色头发的皮条客，他总幻想他能写出像样的戏剧，是的，他能行。”

“他不是已经翘辫子了吗？”

“是的，死于天花。上帝有眼。但他在见上帝前，他在那张乞丐般的床上，起草了一个小册子，一本书。就在这儿。”马洛从他的紧身内衣里抽出一本小册子，递给威廉，“我已将相关的段落标示出来。”

威廉看见印刷粗糙的封面，上面写着“只值四便士的智慧”，“是的，罗伯特·格林只有这样多的智慧。”他快速翻到基特标注的部分。他脸上的表情呈现出震惊、愤怒、厌恶和生气。安妮想上前从他背后阅读里面的内容。基特朝她使了个眼色。“听着！‘不要相信那些’。他谈的是像我这样的人，安妮，没有大学学历的人不要去伦敦写剧本。‘不要相信他们’，因为有个暴发户式的乌鸦，披着美丽的羽毛，‘我们的羽毛，将老虎般的雄心裹挟在演员的皮毛下，他也能夸夸其谈，无韵体诗歌，作为你们中最好的一位，绝对是万事通，他的自负只在乡下的莎氏场景中。’这个王八蛋，他怎敢这样？这等于在诬陷我抄袭。他指的是我。不仅是‘莎士场景’，而且有‘老虎的雄心’。老虎的雄心来自我的《亨利六世》，老虎般的雄心裹挟在一个女人的肋骨下。”

安妮没有错过那些。她认为这很有趣，但仍板着脸，表现出极度的不满和愤怒。

威廉愤怒地在地板上来回走动，接着说：“我承认那部戏剧不是我原创的，当然我和大家一样使用了古代的素材，但我没有偷窃。”

基特低声说：“除了一两行来自我的《爱德华二世》外。”

威廉猛然说：“向先生致敬。你也使用过我作品中的一两行，这是不可避免的。铭记在心，难以忘怀。但不愿让任何人，更别说一个知识浅薄、满身污秽、长满脓疱的卑贱的皮条客，像罗伯特·格林这样的人，诬蔑我偷窃别人的创作。”

“不，事情很糟糕。在他这个小册子后面，格林也毫不犹豫地影射我。”威廉快速地浏览另一出标注的段落，严肃地点头。他将基特的头发弄乱，“我们该怎么办？谁印刷了这个垃圾？显然格林从来没有原谅我，因为我的剧本比他挣的钱多，他作为大学才子，因此是个绅士，有一次他想从我这里借钱，我没有答应，他永远不再原谅我。”说完，他一屁股坐在椅子里，“克里斯托弗，我们该怎么办？我们能做什么？即使要采取行动，我也打不起官司。”

“我也是，但我有个主意。威尔，我想我一直很聪明。哈里·南安普顿。”

安妮问：“南安普顿大人？他能做什么？”

“噢，关于这件事，我本来打定主意写信给威尔，接着我想，为何不去斯特拉福德，和他当面谈这件事，再说这个天气很适合骑马。”看看威廉做了个不耐烦的手势，基特继续说，“牛津位于去斯特拉福德的路上，至少在某条路上。女王就在牛津，而哈里·南安普顿被叫去陪女王跳舞。那次在伦敦那次遇见你时，他就喜欢你。因此，更简单的是，找到南安普顿，把事情告诉他。”

“但是基特……”

“噢，他会很乐意帮助你。他在格雷客栈为英国两位优秀诗人受到的污蔑感到震惊。这是他的原话，亲爱的威尔，不是我说的。”

“但我们能做什么？”

“与出版商交涉，让他后悔曾印了这个垃圾小册子。威尔，伯爵毕竟是伯利大人的监护对象。他稍微表现出不满，就会让出版商害怕。”

“那么他愿意吗？他为何要过问这件事？”

“我告诉过你，他崇拜我们，他更喜欢你，欣赏你的剧本超过喜欢我的作品。更重要的是，他曾经耐着性子只看完格林一部戏的一半。因此，他当然会帮助我们。他会派人去与出版商交涉，获得道歉，出版商会停止印刷并销毁这些小册子。”

“南安普顿大人为人真善良！”

基特说：“噢，我差点忘了，南安普顿大人给你写了一封信。”

安妮想到，这家伙差点忘了，不知道基特是如何看待伯爵来信的。

“真是太好了。”威廉带着惊讶的表情，读着那封信。

“信里讲些什么？”

“南安普顿大人邀请我去他家，去汉普郡的蒂奇菲尔德，谈论我要献给他的诗。他还说，有一群客人想看一出新戏。当然，这是个有报酬的差使。”

他看着安妮，似乎期待着她的祝福。

“当然你必须去，你无法拒绝。”

基特语气十分平淡地说：“是的，他无法拒绝。”

17.

威廉出门拜访的计划不得不取消，他正准备出发时，收到哈里的一封信。原来，哈里·南安普顿的外公蒙田子爵在10月第一个星期刚去世。哈里在信中写道：请务必前来，有个朋友在我身边对我将是莫大的安慰。我期望在我写这封信的日期后一两周内见到你，请不要让我失望。接下来交代了葬礼的一些细节。

对方一家人正在悼念失去的亲人，这时候前去拜访是否显得不合时宜，威廉正为此犹豫不决。可是，哈里又给他送来一封信，催促他前去，于是他决定在10月中旬动身。

蒂奇菲尔德不是威廉所拜访的最大最华丽庄严的府邸，但这是他第一次以客人身份而不是作为受雇的演艺人员被邀请前去的官宦之家。他觉得宅子美丽怡人，坐落在风景优美的乡下，圆润的大理石在午后的阳光中闪烁着蜜糖般的金黄色。他曾想从其后门进去，转而又改变主意，觉得既然是被邀请来的，还是大胆地骑马从前门进去。

一个侍从前来接待他，然后吩咐马夫牵走他的马，接着告诉他，老爷骑马出去了，可能一会儿就回来，然后引见他给男管家。管家带他去见约翰·弗洛里奥，南安普顿伯爵的意大利秘书。秘书接着带他见侍从，最后，由侍从带他去安排好的房间，对他说：“主人……”

“我知道，骑马出去了，一会儿就回来。”

“您需要用水洗漱吗？”侍从的语气听起来，好像在怀疑像威廉这些演员根本不知道洗漱是什么意思，他故意在有‘先生’或别的一些合适的头衔的地方留下空白。

“当然需要。”威廉用一种让对方感到吃惊的、傲慢的语气回答，这使侍从脸上原本洋洋得意的傻笑一下消失得干干净净。在他离开斯特拉福德前，母亲曾告诉他，一百年前的里兹利家族十分富有，拥有强大的权力，但他们是暴发户，他们的财富源自老哈里国王摧毁、掠夺修道院，威廉永远不会忘记身上流着雅顿家族的血。

他房间和哈里的在同一边，显示出主人对他的重视。一般雇佣的演员通常安排住在同一阶层的房间，但他来这里是作为朋友，不是以演员或佣人的身份。房间不大但布置得很优雅，设施齐全。最让威廉满意的是，靠近窗户的地方有一张宽大的写字台，旁边还摆放着一把加坐垫的椅子。

洗漱用水已准备好，男仆帮忙打开包裹。威廉自己不需要做什么。他不是不适应这种上流社会的生活，只不过它属于另一世界。恍惚中他洗漱完毕，穿上仆人给他准备的衣服，然后走到写字台前。仆人看着威廉装书和文稿的小皮箱，不知如何处置。“这个我自己来。”他不喜欢别人触碰这些东西，除安妮外。他把书籍整理好，这些是他写作时需要参考的书籍，包括奥维德珍贵的手抄本《变形记》，薄伽丘、龙萨、蒙田以及别的作家的一些作品。他把笔和纸摆放好，然后将墨水盒放在右手边。他有一只小盒子，上着暗锁，里面放着他正在写的文稿，钥匙放在腰带口袋里。在别人屋子里写作，似乎是件奇怪的事情，但这个房间的窗户面朝东南，可以俯瞰下面的花园，能在这种环境下写作将会十分惬意。

他正漫无目的地浏览着奥维德的作品，这时，哈里急匆匆地来到他的房间，“威尔！亲爱的朋友，你来了，真的非常高兴。”他在威廉的脸上飞快地吻了一下。他还穿着骑马服，这项充满活力的运动让他呈现出非同寻常的好气色。在自己的领地里，他变得更加自信，行动更加敏捷，也不再有男孩子气。

威廉已忘记他是如何英俊潇洒的了。

“来我的房间，我想和你好好聊聊。”

“大人。”

“叫哈里，忘了吗？要不然我们不再是朋友。”

“我们是朋友，哈里，我想谢谢你帮我解决了格林写的手册的事情。”

哈里认真地回答：“我乐意帮助。对你如此的污蔑我不能就这样坐视不管。我手下的法律文书将去调查这件事，道歉声明将被公示。”

“谢谢您热心的帮助！谢谢您邀请我来这里。”

“不，是出于我的自私，是为了我自己的快乐。来吧！我离你房间只隔三个门。我们一起来喝酒，现在是我们自己的时间，妈妈和姐姐都不在家。”

哈里的房间里满屋子都是丝绸、天鹅绒、金色的织锦和水晶制品。当然，水已准备好，侍从们照顾他的一切需要。梳洗完头发，哈里看着镜子中的威廉，微笑着说：“我们来喝点酒。”说完，他催促威廉到隔壁的房间，他一进去便俯冲到长沙发椅中。这间屋子是个客厅，宽敞明亮，里面满是书籍，摆放着许多椅子，几张桌子和讲台，还有两把天鹅绒沙发椅。窗户朝向房前的花园。墙上挂着许多人物肖像和镶着金边框的镜子。虽然已近黄昏，但屋子里丝毫感觉不到。仆人们将各处的蜡烛都点上了，有人已把精细的白面包、奶酪端进来，还给他们斟上酒。

打发走仆人后，哈里说：“祝你健康！”

“也祝您健康！”酒是普通的那种。威廉猜测有人在这房间里靠读书打发时光。

哈里提醒他说：“现在，谈谈你写的那首诗？”

威廉坐在他对面，说：“好的，诗的名字叫《维纳斯与阿多尼斯》。”

“好诗名，好主题。”哈里那长而俊俏的嘴巴蠕动着说：“不久前伯利的一个秘书曾写了一本书献给我，主题涉及那喀索斯。”

“不是恭维您吗？”

“是的，精美的文字，美妙的措辞。遗憾的是，没有什么才华。那喀索斯。我可能有点自负，我知道我看起来有女孩子气。为了证明我是个男子汉，我并不缺乏努力。我不想急着结婚，不想把女人与政治的事情混在一起，我不愿意。”

威廉无法抑制地笑着说：“但那喀索斯长得很美。”

“那么我美吗？”

“你有镜子，你知道你长得美。有一些少女爱上你吗？”

哈里耸了耸肩说：“我不喜欢仙女。威尔，在你的诗里，我是阿多尼斯吗？”

“你想成为阿多尼斯？”

哈里严肃地说：“我只想成为你的阿多尼斯。”

“服从维纳斯？”

“那取决于你，我的威尔！”

“不，大人，您决定。”

“维纳斯还是丘比特，不要再叫我‘大人’。”

“好的，记住了。哈里，伯利大人付钱让我写诗说服你结婚成家。”

南安普顿躺在坐垫上，眯缝着眼，凝视着威廉说：“哈里，结婚，卑鄙的押韵，你可以做得更好。我知道你和伯利之间的谈判，他从未放弃，对吗？”

“他想让您让步，结婚成家。您是怎么想的？”

“他儿子告诉了我这件事。罗伯特·塞西尔喜欢我。我在想你是否会告诉我，或认真地写你的诗歌，但我不知道为何没有感到高兴。”

“我不确信是否该告诉您，但我喜欢为人诚实。”

“在朋友之间？”

“在朋友之间。但许多人会认为我们的友谊很奇怪，哈里。”

把手中的酒杯举到嘴唇边，哈里停下来说：“你多大年纪？”

“二十八岁，比您大九岁。结婚十年，有三个孩子。”

“那么，就该把公众不满情绪的箭镞上的倒刺给拔掉就行了。保护人和诗人之间的一种单纯的关系。你用你的诗来打动我，让全世界的人都看到。世界没有看到的，也不是这个世界关心的。威尔，为伯利写诗，拿你该得的报酬。不管怎样，我喜欢那些诗。我甚至会装作它们打动了我来完成我的义务，可能它们会的，至少让我学会去爱。你已写完《维纳斯与阿多尼斯》这首诗了吗？”

“只写了一个诗节，但它已在我头脑里构思好了。”

听起来十分男孩子气，哈里突然热切地说：“在这儿不受打扰，我相信，你有充足的时间和灵感来随心所欲地写你想写的。笔墨书籍都现成的，还有快乐。在这儿你是我尊贵的客人，威尔！”

“我很荣幸。”

“那么就写首诗来回报我，让世界永远记住，让我不朽。”他翻过身伸手拉住威尔，又笑了起来，“并且每天给我读那首诗。”

18.

刚开始，威廉的诗歌写作进度缓慢。连他自己都没有意识到，哈里给予他的一个难得的礼物便是悠闲，这是他生命中第一次度过的无忧无虑的假期。他习惯在早晨6点前醒来，但现在他可以重新再睡，或者迷迷糊糊地躺着享受无所事事、无人打扰的快乐时光。不用去学校上课，也不需要按时写剧本，没有排练或演出，不需要出门巡演，过得安宁祥和，而且还有哈里相伴。

哈里·里兹利可能是有点幼稚、自私、反复无常、固执己见，但在很多方面他远离世俗。他和威廉的儿子哈姆奈特一样，很容易被一个双关语、一支不雅的歌曲、一个故事所逗乐。他有时也是老谋深算、心思缜密、微妙难测，是一个机智的辩论手，一个博学多识的听众。同时，他也是一个善良、慷慨、待人温和、具有良好品质的人。在最初的几个星期里，他们自己都没有认识到，两人几乎每天都出去骑马，去海边戏水。他们在一起打网球和玩草地滚球，一起散步达几个钟头。虽然是在秋天，但阳光灿烂，天空宛如一只蔚蓝色的碗，上面点缀着一些毛茸茸的白云，大海上风平浪静。两个人都皮肤白皙，长着赤褐色的头发，由于太阳的照晒，皮肤呈现红色，然后渐渐变成棕褐色。

虽然家中拥有无数的房屋，遍布英国各地，但哈里是在伦敦出生，生活在城市的孩子，一直在学校里被看护接受教育。直到如今，他从未有赤脚在树林里走过，从来没有在清晨的、沾满露水的草地上奔跑过，从未设置过机关捕获野兔。他所知道的大海是在鉴赏三行押韵诗歌中读到的，或是乘船扬帆远航，不是像现在这样，在温暖的中午，可以脱光衣服，纵身跳进去畅游一番。他以前所有的狩猎活动都要和别的王室成员一起，参加的仪式活动十分正式，不像现在这样可以兴高采烈地赤足爬行，或一时兴起，骑在马背上。他从未看到农民收获庄稼，也从没有亲手从果树上摘取水果，然后就在露天里用从村民那里买来的麦芽酒冲洗，洗完就吃。

有一天，哈里穿着衬衫，躺在草地上，苹果液从他嘴角流出来，他问威廉："你怎么知道这些事情？"

"我是乡下的普通男孩儿。"

"随心所欲，不受约束？"

"有时从学校逃课侥幸成功的话，就和我的朋友们一起去偷猎。"

"追过女孩子吗？"

"有时。"威廉翻身到他前面，将下巴支撑在他手上，"但我不知道用钱的自由，也不知道大学生活是什么样。我十六岁时不得不离开学校，为我父亲工作。"

"在手套店里？"

"还有当助教和学校教师。哈里！我现在仍然可以为你制作一双精美的手套。"可以想象，听到这些话，哈里感到很震惊，因为他从未为自己的穿衣烦恼过，"亲爱的！我们之间差异很大。你长大是为了继承这个……"他举起手，指着远处的大宅，它高高矗立在周围这片土地之上，"我出生在一个手套商和羊毛交易商的家庭，在一个乡下小镇。我是商人的儿子，还差点成为商人。"

"但你不是。"

“写剧本是一种买卖，演戏也是。一周六场演出，就这样周而复始。一有机会，我就写作，通常利用睡觉的时间来写作。每年夏天要出门参加巡演。这也是我为何能够告诉你英国各地的公路和居住情况。哈里，我们为何不能把道路建设得更好？等你在议会有席位发言时，请提交个议案来改善道路状况。”

“我会的。虽然要等两年，等我成年了。”哈里移动着身子，将头放在威廉的背上，“我长大后才知道自己会继承这些，是的，但我从不知道家庭生活的幸福。我父母相互争吵，分居后，他们利用我作为他们的中间人。父亲不让我和妹妹见母亲。和父亲生活在一起，根本没有悠闲的时刻。他是狂热的天主教徒，你知道吗？他心胸狭隘，自以为是，曾卷入阴谋反叛。他是一个愚蠢的人，一个心怀叵测的人。他受仆人的摆布，无论什么事都言听计从，这可以通过阅读他情人蒂姆克的书了解。在南安普顿的家中，他统领一切，犹如帝王。我从未听人谈及我的母亲，听到的只有——她是一个通奸的婊子。除负债累累外，父亲什么都没留给我。”

“你爱你的母亲吗？”威廉特别喜欢伯爵夫人，她虽然头脑简单，缺乏心机，但心地善良。

“我想我爱她。她常常惹我不高兴。她的不满，不是父亲去世后我责备她引起的。从小时候开始，我祖父就让我拥有生活的安全感，他品性善良。我母亲爱上托马斯·亨利奇爵士，他们可能会结婚。虽然她已三十几岁，但若结婚的话，岁数有点大。”

威廉被他的话逗乐了，说：“我妻子也三十几岁。”

“那又怎样？她看起来没有那么大，这么说，她比你岁数大？”

“约年长七岁。”

“你为何娶她？对不起，问的有些幼稚？”

“是有点，她当时怀了孩子。那是我们结婚的原因。”

“啊，是这样。”

“不是说我们结婚没有爱情，哈里。那时候我并不知道，我爱她。她鼓励我，喜欢读我的作品，并给我建议。当大伙都劝我放弃狂热的梦想，不要去伦敦去剧院工作，还有写诗，只有她安慰我。我称她为我的缪斯。”他又翻过身，将他朋友的头放在自己的肚子上，漫不经心地抚摸着他朋友金褐色的长发，“自从来到这里，我写得很少，但十分快乐地享受着生活。”

“和我一起享受着快乐吗？”

威廉笑着说：“是的，你喜欢别人的恭维吗？”

“恭维？或许喜欢。知道自己被人喜欢，或被爱？”

“被喜欢，被爱。你是我亲爱的珍贵的小伙子，我的知己。”

现在轮到哈里来絮叨了，他凝视着威廉的眼睛说：“在这种光线下，你眼睛是灰色的、金色的，绿色的、蔚蓝色的。我是你的亲爱的小伙子吗？”

“你知道你是。”

“说，说你爱我。”

“我当然爱你。亲爱的小伙子，亲爱的大人。”他们相互看着对方的眼睛，交会片刻后，便舒展开来。威廉觉得他的身体重新恢复活力，仿佛身体受到了爱抚一样。这个美好的日子，这个男孩儿用如此让人迷醉的眼神看着他，两人相互交汇。这就是幸福，是自由，是爱情。似乎他并不老，他难为情地说：“哈里，你爱我吗？尽管我比你大，如同秋天对春天，饱经沧桑，你爱我吗？”

“非常非常爱。你使我快乐，威尔！”哈里必须要移动一巴掌的距离靠过来吻他。他们的嘴唇轻柔甜蜜地碰在一起，似乎有某种力量让他们都感到震颤。实际没有什么，就只是一个吻而已，只是因为爱慕。

“你也让我很快乐。”威廉吻着哈里的眼睛以及嘴角。哈里将头朝后仰，靠在威廉的胸膛上叹息着；威廉抚摸着他的头发和下面柔软洁白的皮肤。

“你是怎么想的？”哈里的语气听起来像是一种爱抚和承诺。

“我很快乐，我需要你。自从我第一次来这里，我的诗歌便在心里清晰地生根。”

“让我听听。”

“现在不行。”威廉沉默了良久，哈里侧身靠在胳膊肘上，看着他。

“我以为你睡着了。告诉我那首诗，威尔。要不然再吻我一次。”

“不要任性了，那么，送你个吻。”他的嘴唇犹豫了一会儿，然后他将手放在哈里的脸上，起身坐起来，“哈里，我该工作了，时间已到。”

哈里躺在那里，靠着胳膊肘，皱着眉头，看着他：“今天就这样结束了吗？”

“上帝，或福波斯·阿波罗作证，现在已近黄昏，哈里，我必须得写作。来吧，亲爱的，任何东西都无法隔断我们的爱，但我必须写作。”哈里知道了，那是一个自己无法知晓的世界，激情和需要并不是为了他；接受它，并一起变得成熟起来，他笑着，站起来，将衣服上的草抖落掉。

“威尔，让我们回家写作吧！”

但他脑海中想象出这样一个温馨的画面。威廉每隔一会儿就给他读作品，征求他的意见，写作时，会不时亲吻他。他虽然和威廉在同一间屋子里，但属于不同的世界。他怀疑威廉是否知道他在那里。仆人们进来询问晚餐的事情，问他的主人是否去餐厅，还是在这个房里用餐？威廉没有注意到他们。

“在这儿用餐。”哈里说。看到威廉连看都没看食物，于是打发走仆人，哈里自己将食物放在盘子里，放在他朋友身边。他讲了几句模糊不清的感激的话，然后便吃自己的晚餐，快吃完了他才看到威廉伸出左手，心不在焉地抓住餐叉吃一口食物。

“威尔，停下来，吃你的晚餐吧！”

“什么？”

“食物已经凉了，等一下，不要写了，吃晚餐。”

“啊！”片刻过后，“什么？食物？你早该告诉我。”

“威尔，亲爱的。要不要再叫些食物？这些食物已凉了。”

“不用，这可以。”威廉站起身，伸直身体，活动一下背，将痉挛麻木的手摇动几下。他来到桌前，狼吞虎咽吃起来。他抬起头，带着微笑，看着哈里说，“你一直在这儿吗？”

哈里直截了当地说：“是的，我给你斟了三杯酒，你都喝了，难道不知道它们是怎么来的吗？你是不是想让我走开？想一个人写？”

“噢，不是，你没有干扰我。这个馅饼味道很好。”

“我会告诉厨师的。”

又吃了一些食物后，威廉问：“现在有什么事？我说了，你没有打扰我，哈里，这是表扬。我在工作时，无法忍受别人在我的房间里。”

“你妻子可以吗？”

“噢，是的，安妮理解我。亲爱的，至少你能保持安静，不像其他人。你和安妮一样，你能理解我。”

他准备说他已讲过好多次的经历，可以一丝不挂地在房间里跳舞，旁边有女王的乐师们在伴奏，但威廉没有留意到，哈里接受威廉的恭维，严肃地点着头。

听起来让人惊讶，威廉说：“我想你在这儿陪我，但我不能陪你，不仅是在我写作时。我无法向你解释清楚原因。”

“你不需要人陪，我知道。天已很晚了，威尔。你已工作了三个小时。”

“我还想写一会儿。”他又伸直身体，呻吟着将僵硬的肌肉拉伸，然后摇着右手，“但手痉挛了。”

“让我帮你舒缓一下。”威廉立刻把手伸出来，身子朝后仰着。哈里帮他按摩的时候，他发出快乐的叹息声，“噢，这样很好，用劲！”

“你的肌肉已结节，还有一些老茧。这块凸起的皮肤，我能感受到你用这部分握笔，现在好些了吗？”

“好多了。”威廉瞧着他的写字台，那里堆放着他写的文稿。顺从地接受不可避免的，哈里吻了一下威廉的手掌。威廉低声说着含糊不清的致谢的话，然后便回到自己的工作中。哈里知道，对他所做的事，还是不要问的好。

哈里执着地坐着，决定做一名缪斯该做的。10点时，仆人们又端进来酒和食物。11点，换了新的蜡烛。在午夜，威廉又要了一些纸张。次日凌晨1点时，他去了厕所。两点时，他要墨水，并喝了一杯酒，但不知道这已是第五杯。3点时，他挠着头皮，笔坏了，想找另一只，但没有找到。

哈里说：“它们都已被你用完了。”

“那么，再给我削一些。”

哈里，一位伯爵，从未削过自己的笔，也从未给人服务过，但还是温顺地削了一些新的鹅毛笔。4点时，他放弃了，放下书，说准备睡觉了。“威尔！你还没有结束吗？你已工作了一夜。”

“是吗？”

“啊，你听到我说话，威尔，你太疲惫了。你怎么能这样工作？”

“我充满激情时，我一直都这样。只有作家能体会。但你讲得对，我太疲惫了。”他快速读完最后一页，大声感叹着，然后将其扔到火堆上。“太累了，写得太简单，写的都是垃圾，简直浪费纸张。”

“不要那样。”

“噢，是的。很好，该上床了。”

他疲惫地摇晃着身体，几乎站着睡着了。哈里抓住他的肩膀，拉着他，走到另一个房间，把他安放在床上。

“不，去我的房间，锁好我的文稿。我一直都这样。只有收拾好它们我才能睡下。”但他在说话时，眼睛已闭上。

“我会把它们安全地放好。放在我的书橱里和我自己的文稿在一起。没人能碰它们。威尔，抬起你的脚，让我帮你脱掉靴子。”哈里笨拙地解开威廉的纽扣和鞋带，他像孩子一样顺从，然后转过身，仍穿着衬衣和内衣，被哈里塞到被子下，“威尔，亲爱的，睡吧！”

“去睡，去做梦。可能会做梦。我的手痛。我的眼睛也痛。”

“我来按摩一下你的手。睡吧！威尔。”哈里脱掉自己身上的衣服，吹灭蜡烛，爬到床上。他把威廉搂进怀里，让他的头枕在自己的肩膀上。

威廉发出悠长的、快乐的、困乏的叹息声。这让哈里感到他在保护别人，为别人负责，他以前从未这样过。威廉不是第一个和他睡在同一张床上的人，但他是第一个毫无防备地躺在他怀里的人，他需要的只是安慰和睡眠。哈里温柔地拿起威廉的右手，开始摩挲着。威廉发出呜呜声。哈里从他的眉毛开始向后抚摸着他的头发，亲吻着他。爱填满着他的内心。威廉说："亲爱的！"但听起来像"温莎"，接着便打起了呼噜。

19.

一整夜白热化的创作没有持续下去，自那开始，威廉每天都在写诗。第一个晚上所写的大多数都已被扔进火里，但也留存了一些，需要重新修改，重新整理出来。哈里已习惯慢慢地沉入无声的思考中，但在威廉写作的时候，他停止思考，回到现实中，他的存在是为了给威廉提供纸、铅笔、削尖的鹅毛笔以及食物。他想安妮·莎士比亚应该知道这种排斥性。这样的事，她已经历了十年。他上床时，有时还沉浸在创作的兴奋中，还会和她做爱吗？他给予她的不止是亲吻和亲昵的话语吗？或者不如那些？威廉对她说的话和对他说的一样吗？一个人可以和一个情感丰富的女人谈论精神方面的事情，谈论书籍、诗歌和思想吗？如果一个人能找到这样的女人，而不是一个男人……？

一天他问："威尔，伯利想知道他让你写的诗歌，写得怎么样了？他期望物有所值。"他们正坐在海滩上，眺望着远处的维特岛。马儿平静地在他们身后吃草，海鸟在头顶上鸣叫着，一阵清新的微风吹皱了水面，在他们的脚上溅起水花。威廉扬起他的头，朝着鸟飞的方向，然后说："我还没有看到他的钱，但诗已写好。"

“噢，是这样？”

“是的，哈里”

我们祈愿美的物种生生不息，
这样美的玫瑰永远不会枯死，
但开透的花朵既要及时凋零，
就该把记忆交给娇嫩的后嗣；

可你，却要与自己的明眸定情，
凭自己的燃烧维持你的火焰，
跟自己作对，待自己未免太狠，
把一片丰饶之地变成荒田。

你今朝能为这世界添彩增辉，
唯你能够预报阳春之回归，
为什么把美质遮掩在蓓蕾里，
温柔的鄙夫，你因吝啬而浪费。

可怜这个世界吧，要不然，饕餮之徒
将和坟墓一起吞噬世界的应得之物。

过了很长时间，哈里说：“又是个那喀索斯。‘却要与自己的明眸定情’，‘自己的燃烧’，伯利肯定会喜欢。”

“你不喜欢吗？”

“是首好的十四行诗。”

“不要生气。”

“我没有生气。”

“没有吗？好的。照照镜子，我告诉你看见的那张脸，如今已到了再塑一副面庞的时候……下面的诗行我确定：但因为哪儿有未始云雨的闺中尤物，会拒绝你去那片处女地耕耘？”

哈里冷淡地说：“一个农作上的隐喻，粗俗，还需要修改。你认为我是如此自负吗？还是骄傲自满？”

“不是你想象的那样。”

“你的意思？”

“你是美丽的，你知道这一点。”

“还有自负和被溺爱。”

“是你说的，不是我。”

“好吧，没人说你没有拿到伯利的报酬。让我看看那个美丽的女人，这是另一个问题。”

威廉问：“你从未和女人睡过觉吗？”

“是的，不要用那样的语气，像个和善的大哥或叔叔一样。接着你会说我不知道我说错了什么。”

“可能，你没有。”

“我有过。”他们彼此坐得很近，哈里不得不转过身，将威廉搂进怀里，亲吻他。这不是相爱中的轻柔文雅的吻，而是充满激情、充满渴望、深入热烈的吻。哈里对着威廉的嘴说：“我真的知道我思念什么，是你，是你的一切。”

“哈里。”

“你喜欢我的吻，因为你有回应。”

“谁会没有？哈里！请听”

你有大自然亲手装扮的女性的脸，
你是我苦思苦恋的情妇与情郎；
你有女性的柔情，但却没有沾染
时尚女人的水性杨花和反复无常，

你眼睛比她们的明亮，但不轻佻，
不会把所见之物都镀上一层黄金；
你集美于一身，令娇娃玉郎拜倒，
钩住了男人的眼也惊了女儿的心。

面带微笑，哈里听得很着迷。威廉用手捧起男孩儿的脸，接着说：

大自然开始本想造你为红颜姝丽，
但塑造之中她却为你而坠入情网，
心醉神迷之间他剥夺了我的权利，
把一件对我无用的东西加你身上。
但既然她为女人的欢娱把你塑成，
就把心之爱给我，肉体之爱归她们。

沉默了许久，哈里终于说：“我明白了。那件对你无用的东西，是双重含义。但我爱你，我要拥有你。”

“噢，满足吧，孩子！”威廉喊道，站起身，“爱会持久下去，但激情和欲望不会。”

“你知道，是吗？凭你丰富的人生经历？”

“是的。”

哈里快速地站起身。他站着，面朝着威廉，两人离得很近，足以相互抚摸或亲吻：“但一个人不能同时有两种感情吗？爱情和激情？如果激情消失了，爱情会持续吗？”

“有可能。”

“那么我们为何不能这样？威廉，在那首诗中，你对女人并不恭敬。你说的什么？女人的心容易变？虚假女人的时尚？亲爱的威尔，你无法两个都拥有。你不能催促我去爱一个女人，却指出女人都是变化无常、水性杨花和虚伪的。”

威廉无力地说：“它只是一首诗。”

“或许你并不热衷于如你表达的那样，催促我上离我最近女人的床？”威廉将目光转向别处。哈里愤怒地抓住他的下巴，迫使他回过头来。蓝色的眼睛盯着另一双淡褐色的，哈里的怒气一下子消失殆尽，“威廉，你爱我。”

“你知道我爱你，但我已结婚了。”

“但你写到女人的虚伪。你的安妮也虚伪吗？”

“不，我不会伤害她，由于……”

“因为爱上我？难道你不是已这样做了吗？因为爱我，难道你没有伤害她？因为和那些女人上床，因为名声，而在伦敦不仅是女人，”

“是的。”

“最终还是要诚实。让我们拥有更多。你在各方面都需要我，如同我需要你，你能否认吗？”

“哈里，请放手。”

“不，你已破坏你的结婚誓言和其他女人在一起。当然，接受我不是一种伤害，你自己的同类和爱你的人？”

威廉无力地说：“我不知道。我爱你，我渴望你的爱。但你一直都信任我，我不能。哈里，放手。请让我自由，如果你爱我。”

两人又陷入沉默中。哈里开口说：“我真的爱你。非常好，明白吗？你已让我懂得，不是我想要的所有东西都能拥有。”

“良知让我们成为懦夫。”

“非常好的一句话，有一天你会用上它。来，威尔，让我们回家。”

骑马回去的路上，两人都沉默不语。事情已发生改变，两人都不知道会怎样。第一次他们充分地觉察到冬天已来临，风吹起来十分寒冷，夹带着雨水，天空阴云密布。

威廉沉闷地说：“好天气已过去了。”

“当然是这样，现在已是12月，威尔。过去两个星期里，每晚都下着雨。”

“是吗？我没有发现。”

“是的，你在写作。不久，就要下雪。”

“是的，12月，我得回家过圣诞节。”

“是的，那当然。”哈里同意得有点太及时，“你还回来吗？剧院都关门了，在伦敦，你没有事做。圣诞节以后回这儿来。演员们和你的巡演公司在明年2月会来这里。威尔，到时我们期待看到你的新戏。到时，还有别的人来这儿。我想，有艾塞克斯和基特·马洛，还有托马斯·纳什。”

提到自己的竞争对手，威廉感到不高兴：“有马洛和纳什，你还要莎士比亚干嘛？”

“我需要最好的。请来吧！毕竟，你写给我的诗歌还没有完成。”

威廉说：“我自己的也没写完。非常好，圣诞节后，我会回来。”

20.

威廉回家比期望的要早。他走进位于亨利街的家中时，发现一家人正在吃晚饭，还争论着什么事情。餐厅里装饰着庆祝圣诞节的圣物和常春藤，门上挂着槲寄生。苏珊娜第一个看见他，蹦跳着，冲向大门迎接他，这让他母亲吓了一跳，将盘子摔落。

“是爸爸回家了。”苏珊娜扑向她爸爸，将手臂和两腿紧紧缠绕在他身上。她已长大，不应这么撒欢，让自己的裙子都飞起来。但大家都不想责备她。那对双胞胎孩子慢慢走上前，害羞地看着他们的父亲。一只手还搂着苏珊娜，威廉蹲下来，将三个孩子都搂进自己的怀里。我可爱的孩子们，他心想。感到眼泪刺痛着自己的眼睛，我亲爱的孩子们，我的生命。

“你们都长大了，都长大了。哈姆奈特，亲爱的孩子，给爸爸一个吻。朱迪斯，我的宝贝，你也是。我的甜心们，我好想你们。”

约翰·莎士比亚开心地吻了他儿子，然后将苏珊娜从威廉身边拉开。“令人愉快的惊喜，孩子！欢迎回家。来，坐下来。孩子他妈，拿酒来，拿最好的酒，孩子们，给你们的爸爸腾个位子。”

“父亲，您还好吗？母亲，见到您真好。还有安妮。”威廉说，“我亲爱的，我一直都想你，来吻我。”她吻了他，心里想，他看起来年轻而又快乐。

“你看起来很好，过得快乐吗？”

“非常快乐，但我想你和孩子们。我写了很多。”

家里其他成员轮流等着和他打招呼，然后是亲吻和握手，以及连珠炮式的问题。诸如，你还好吗？路上遇到下雪吗？有什么新闻？准备在家待多长时间？给我们带了什么礼物？听说了什么？写了什么作品？告诉我们关于伯爵的事。

双胞胎孩子一边一个，坐在桌子对面的苏珊娜下巴支在手上，目不转睛地盯着他。威廉兴高采烈地谈话、饮酒、吃晚餐。安妮一言不发地吃着饭，让他回答大家的问题，以及转述一些新闻。

“我回来过圣诞节，然后要和同事们在蒂奇菲尔德重聚。”以往这个时候，他们都在伦敦过圣诞节，女王在首都上朝，需要举行一些活动，“没人知道戏院什么时候重新开张。这里有什么消息？”

他们一股脑地将所有的事都告诉他。安妮看到威廉眯缝着眼睛十分着迷。他刚从伯爵和诗人那里回来，但他对斯特拉福德所发生的家长里短的琐事也产生了浓厚的兴趣：火灾、结婚、争吵、通奸，以及生意情况。

最后，他说：“已经太晚了，我在路上待了很长时间，该睡觉了。”

他母亲惊讶地发现，已到晚上8点多了，孩子们仍没有去睡觉。他们三个笔直地坐着，脸上都保持倔强的表情。

威廉说：“如果你们都去睡的话，我就把酒喝完。我会去给你们讲故事。吻一下你们的妈妈，说声晚安，妈妈马上就去睡。”

都像天使一样，孩子们一个接一个地上楼去了。安妮说了声晚安，便去了她房间。她漱洗一番，梳理好头发，将玫瑰香水洒在手腕和颈部。她听见威廉在和他的家人道晚安，然后他的声音从双胞胎孩子的房间传来，他在给他们讲故事。苏珊娜和她姑姑琼在一个房间，朱迪斯按理说应该和她一样，而哈姆奈特则应该和他叔叔们在一个房间，但双胞胎不愿意分开。都说他们像父亲一样固执，莎士比亚夫人在屋子后面给他们安排了一个小房间。苏珊娜会在那里，躺在他们床的另一端，看着她的父亲，如同一个饥肠辘辘的人，接受别人的食物，听着故事，保持清醒。

安妮听到威廉走到琼的房间，对他妹妹说：“你该做的就是赶快睡觉。”琼一边笑着，一边低声说着晚安。蜡烛闪亮了一下，然后，威廉弯腰，叹息着，钻到床上。

“亲爱的，你还没睡吧！？”

“是的。”

他翻过身，抱住她的腰：“孩子们都睡了，回家真好。床又开始发出吱呀声，我们来买张新床。”

“但我喜欢它。还记得我们在白手起家时就买了这张床？我们在它上面过了洞房之夜，并生了孩子，我喜欢它。但我承认，我们需要新的床帏。如果你捆紧床垫下的绳子，它就不会发出吱呀声。”

“好的，买些新床帏，买最好的。我想，趁我在家，我们去看一下房子。我们不要立刻就买，但可以四处打听查看一下。”

“你意思是说，住在这里，不是在伦敦？”

“我没有特别的意思。只是展望一下，做一些规划。”他的声音渐渐变得微弱，“太累了，回家真好，安妮，晚安！做个好梦！”

“你也是。”然后两人并没有做爱。安妮感到很失望，偎依在他身后，让睡眠带她入梦。

威廉的意思是寻找房子。在斯特拉福德的第一天，他们在镇上四处闲逛，问候朋友，听各种闲话，但一直留意着合适的房子。琼知道他们的秘密，但威廉提醒她不要和家里其他人说这件事。他喜欢规划，但不是愿意破费，除非房子已经到手。作为一个从伦敦回来的人，他不在乎斯特拉福德镇上人们的闲言碎语、各种高谈阔论和空洞的承诺。但他认为一个人可以有计划或梦想。哈姆奈特要上大学，那个男孩儿很聪明。女孩子们要有嫁妆，她们都很美，有些陪嫁，她们会找到合适的婆家。

看着她们在前面走，安妮抓住威廉的手，发现有他陪伴，朱迪斯表现得特别健谈。她是个性格古怪的女孩儿，根本不像她弟弟或姐姐。她根本不笨，但对学习不感兴趣，甚至不想写自己的名字。她只顺着自己手指划的字母读，而且大声说话。她经常将信搞得一塌糊涂，她喜欢故事和戏剧但根本没有想象力。安妮想，如果朱迪斯经常看到她父亲，她可能会愿意去用学习来取悦他。她擅长算数，这在女孩子中很少见。她通过听哈姆奈特重复他的功课，学到一些拉丁文的只言片语，但强迫她学习，她会很固执和生气。她喜欢做家务，乐于帮助大人做家务，在七岁时，已是一个不错的厨师，她也能熟练地做针线活。她最大的快乐是去赫尤兰德农场帮助安妮继母收割庄稼，和当地的孩子们一起跟在收割机后面，将稻谷堆起来，拾落穗或摘水果和蔬菜，帮助腌制和装瓶。她是看护动物的能手，特别是饲养失孤的羔羊，跟着畜牧饲养员学习，直到学会如何治疗生病的家畜。

看着孩子仰起脸和威廉说话，安妮摆弄着她美丽的短鬈发，心想：实际上朱迪斯是个可爱的、性格温和的小女孩儿，长得像她那耕农和手艺人出身的祖父母而不像她和威廉。她长大后会是一个好妻子。她的祖父母会给她留笔钱，到时候，如果威廉如自己希望的那样飞黄腾达了，朱迪斯和苏珊娜都可嫁个好人家，真的会非常好。如果约翰·莎士比亚重新获得家族纹章，成为绅士约翰·莎士比亚，莎士比亚先生，威廉·莎士比亚先生、绅士，威廉·莎士比亚爵士，有两个可爱的女儿和一个从剑桥大学获得学士（尽管牛津大学离家更近）的儿子，是一位作家，如同他父亲，成为私人顾问、大法官、财政部长，莎士比亚大人，成为女王的宠臣（或是国王的，这种想法不能说出来，以免受到叛国的指控）令人尊敬的哈姆奈特·莎士比亚，斯特拉福德伯爵……

“安妮！你愣着在那干什么？”

“妈妈，你像木桩一样站在那里，我们不得不回来找你。”

“噢，我在想东西。”

英格兰最诙谐的诗人说：“你怎么这样喜欢想？”安妮没有理睬他，得体地将裙子向上提起，向前迈开步子。他们在不远处拐角的一栋房子前面停下。

威廉拉着安妮的肩膀，愧疚地说：“这是我一直喜欢的房子。”

“新住处？是斯特拉福德最大的。”

“我喜欢它。”

“它经常被转手，人们说它不太吉利。”

“胡说，这么漂亮的地方。”

“这得需要写多少首诗才能买得起它？”

“很多，很多。但一个男人要有梦想。如果我能挣足够的钱去买到戏院的股份，好的，可能，将来有一天。趁雨还没下，让我们朝前再走远点，然后跟哈姆奈特和朱迪斯一起进餐，记住。”

那天晚上，放下床帏后，安妮说：“威尔，你说要买栋新房子，你准备去挣多少钱？我想你生活在愚人的天堂里。我们买不起那样的房子。”

“为何不行？伯利大人给了我二十英镑，是付给我写的诗的报酬。”

“二十英镑买不到房子，至少买不到新房子。”

“我知道，但这只是开始。”

“为什么？你已说服南安普顿大人娶伊丽莎白·维尔小姐了吗？”

“还没有。”

“我猜也没有。”她本想心平气和地说，但她的声音听起来带着怨恨，她自己也发觉。

威廉不安地问：“你是什么意思？”

“我的意思是你自己爱上了那个男孩儿。”

他感到生气，沉默一会儿后，威廉说：“我当然爱他。我们是朋友，我爱我的朋友。”

“就像克里斯托弗·马洛？”

“我当然爱基特。”他翻过身，将安妮的一束头发缠绕在自己的手上，痛苦地说，“但如果你指的是我像基特那样喜欢男孩儿，夫人，让我告诉你：没有这回事。”

“我以为你是那样。”

“安妮！”

“如果你像基特，四处鸡奸你看到的每一张漂亮的面孔。”她听到他大声的喘气声，冷冷地咬紧牙说，“不要笑，我警告你，别和我开玩笑，威廉，我会和你离婚，我说到做到。”

他虚弱地说：“一个体面的女人不应知道这些事。”

“噢，现在谈道德体面，是吗？十年前我对这些事一无所知，但你娶了个无知农夫的女儿，使她成为了解世事的女人。一个演员的妻子、诗人的妻子。我知道这些事，不仅是从基特·马洛那里。知道你爱哈里·南安普顿，自己想占有他。每次你说他的名字时，每次你触摸他给你的珍珠耳环和你手上的金戒指时，当你告诉兄弟们他借给你马时，以及你谈起蒂奇菲尔德时都反映出来。你需要他，你从他那里得到钱，你是男妓，威廉，你是男妓。”

他使劲拉着她的头发，将她身体拖到床对面：“收回你说的话，婊子。收回你的话。”

她使劲地踢他，说：“我为什么要收回？”

“因为他不是我的爱人。”

“但你期望他是。”

威廉没有回答。整个身体顶着她，她的头发被抓住，肩膀无法移动，两人沉默着，安妮感到自己的眼泪夺眶而出。不知怎的，她感到身体被唤醒，威廉也是，她听到他急促的呼吸声。

他对着她的嘴说：“你这棕色头发的巫婆，是的，我是期望那样。”

她咬着下嘴唇，充满恶意地说：“我倒愿意你带他上床而不是爱他。”

“哎哟，你这个婊子。”继续揪着她的头发，放下她的肩膀，然后伸手到她睡袍里，同时将她拉到自己身上，“为什么？”

“因为我爱你，如果失去你，我不想活了。”

“马上你就会死，来吧，安妮！”他亲密地抚摸着她，笑着看着她气喘吁吁地蠕动着身体。“死吧！安妮。来，为我而死。我爱你，我爱哈里。你是我妻子。”他一丝不挂地回到床上，一览无余地暴露在她面前。

“不是因为那个我责备你。”

“温柔点，不是因为哪个责备我？”

“你爱上那个英俊少年。而且，我也爱上他。”

他惊讶地喘息着，“你说什么？”威廉·莎士比亚一时语塞，说不出话。

“惊讶我敢爱上你可爱的男孩儿？你妻子也敢爱另一个男人？”

“两个都是，又不是。你真的……？”

“和他上床？机遇将是美妙的事。那样的男孩儿和像我这样的女人？他问过，但我如此地爱你”他突然弓起背，在她的喘息声中，摸着她的手，轮到他软弱无力了。

“你这个男妓，威廉，你可能不会出卖你的身体，但你出卖你珍贵的东西，你的话。”

“不是出卖，是给予，因为爱情。”

“那么就做彻底点。把你的钱给我，把你的爱带回家。”

“我会的，噢，上帝，你爱他吗？”

“爱上他，这有区别。微妙的差异，只是语言上的。”

“是的。我会留意语言，美妙的或其他。安妮，用你的嘴来干别的事。”

“就像你想让哈里做的那样。”

“既然你愿意像哈里那样，我也成全你。噢，上帝，你这个母狗、娼妇、巫婆。”

“还有你的妻子，摸我那里，这里不能和哈里这样，就是那里。”

“在那里，噢，安妮，上帝，你要睡其他男人，我会杀了你。”

“睡其他男人，我会杀了你。”

“不是和你这样在我床上。继续，继续，安妮。使劲！”

“像这样？还是这样？”

“就是这样，这样，这样，你这个母狗，我爱你。”

许久之后，她说：“你说得对，这床的确响声很大。”

“享受那种待遇，你感动惊奇了？上帝，安妮，我们已结婚十年了。”

“嫉妒是最好的春药。”她仰着躺下，四肢伸展，将凌乱的床单拉到身上。威廉摆弄了一会儿，也拉起毛毯盖在身体上，将她的枕头从床中间扔了起来。

“你真的爱上哈里？”

“你呢？”

“我先问的。”

“那么，我想让你猜猜。”她敏捷地侧过身，背对他，“晚安，夫君！”

“晚安！”威廉说。

21.

只有傻瓜愿意在冬天旅行，除非出于特别的需要。因此威廉自己讲述了从伦敦来的一路上所经历的痛苦的日子。道路泥泞，天气恶劣。在风雪中，他常常只看到前方几步之外的路面。他曾经迷路，结果耽误了半天时间。所住过的客栈肮脏、寒冷，挤满和他一样糟糕的旅客。他虽然穿着皮制短上衣和上过油的羊毛披风，但还是浑身湿透，到达蒂奇菲尔德时，寒风冰冷刺骨，自己也纳闷为何来这里。

作为尊敬的客人，他立刻被迎进房间，大厅里，燃烧着巨大的篝火，哈里在那里，他上前吻他的脸，递给他一杯加香料的热葡萄酒。

他同情地说："旅行很累吧？！"

"难以言表。"威廉冷得牙齿打颤，几乎说不出话来。他一连喝下两大口酒，然后伸出杯子要添加更多酒。这时他才发现大厅还有别的人。大多数都不认识，或只有模糊的印象。在哈里介绍他的名字时，他朝大家鞠躬，听到一些人说着带有冒犯或挑衅意味的话："噢，是的，是那个写戏剧的家伙。"他笑着，转过身去和艾塞克斯伯爵攀谈。

"你想洗个热水澡吗？"哈里平静地问，威廉点头同意。哈里于是低声吩咐仆人，然后对威廉说，"来，我能做的至少要让你暖和起来。"

举办这样一个盛大的家庭聚会是件了不起的事。威廉想，这得花费多少钱财、需要多少仆人来安排房间，为这周来的客人，下周的，还有以后来的。他的房间已准备好，床已铺好，已燃起壁炉，房间里很温暖。端着一杯酒，他将手放在火上烤，佣人们抬进来一个浴缸和一铜桶热水。

将全身浸透在热水里，他感到寒气渐渐离开身体，人也差点睡着，他不得不要求哈里重复他刚才所讲的话。

哈里转身对他说："克里斯托弗·马洛要来这里，期望不久见到你。"

“噢？”

“他说他会来。可能纳什也来。”

“这么多诗人。”

“没人像你这么优秀。我们还有陌生的西班牙人艾塞克斯，佩雷斯之类的名字。”为了安慰他，哈里拿起海绵擦，给威廉搓洗背部，“你的圣诞节过得愉快吗？”

“非常愉快，在家度过一段快乐的时光，你呢？”

“还好，没有你，感觉很无聊。你家里人喜欢我送的礼物吗？”他毕竟还很年轻。

威廉温柔地说：“喜欢，他们都非常喜欢。哈里，你想得真周到。”

哈里给小女孩儿们送的是银盒子，上面镶着花和瓷质的她们姓名的首字母，还有天鹅绒长裙，蓝色的是朱迪斯的，绿色是苏珊娜的。对于哈姆奈特，他喜欢动物，他的礼物是一本动物寓言集，还有一把带鞘的匕首，那是从一个西班牙人手中掠获的，哈姆奈特很喜欢它。安妮的礼物则是一匹翠鸟色的闪光绸和一双土耳其软拖鞋，带着蜷曲的脚趾。考虑到礼物的主人，安妮克制着自己的喜爱。

威廉说：“哈里，我给你带来一件礼物。”

“你客气了，是什么？”

“在我的包里，我衣服上面。”威廉伸长脖子，四周环视，看到男仆已打开包，礼物放在桌上，“在棉布里。”

像小孩儿们那样激动，哈里打开棉布包：“噢，威尔，手套，多好看！”他将它们翻过来，欣赏着精美的羊皮和棉布缝制的发出香味的绸缎衬里，袖口是用金钱绣制的。

注视着他，威廉说：“还记得我曾说到我的童年，我说过仍能为你制作一副手套吗？好的，我的确这样做了。”带着这个想法，他留心测量着哈里的手，并和自己的手进行比较。哈里的手比他的更修长，手指长而瘦削，“不是说，我要急于想让你的朋友们知道这是我亲手做的，让他们和一个雇佣的演员在一起已难为他们了，更不必说一个手艺人，身上带着他父亲小作坊的味道。”

“但手套很精美，比我看过的都好看。你真的是自己亲手制作的？”

“用我可爱的双手，在给你写新戏和更多十四行诗歌的同时。”

“一出戏？更多的诗？威尔，我该如何感谢你？你的手套，我会荣幸地戴上它，告诉所有人到斯特拉福德去买手套。”

“更具体一点告诉他们，是约翰·莎士比亚的商店。你要感谢我，先给我递来一条毛巾，我已洗好。”但哈里离他远远的，拿着毛巾。在威廉离开浴缸时，他才上前将毛巾给他包裹上，借此将他抱在自己的怀里。他轻柔地吻着威廉的嘴巴，他们含情脉脉地望着对方。良久之后，威廉低下头，俯身到哈里的肩膀上：“我忘了我是多么的爱你。”

“我没有忘，这几个星期我一直都很孤单。”

“孤单？不是有你妈妈和妹妹，还有艾塞克斯大人，你的所有朋友？”

“那是另一回事。我想，我担心，你可能不再爱我。”

“你不用担心，我真的爱你，哈里。”

“我也爱你。”

铃声响起，该分手了。哈里生气地说：“晚餐时间到了。”

威廉朝上看了一下，笑着说：“我需要晚餐，自黎明开始，我一直在路上。对中午吃的猪肉馅饼已没有什么记忆了。”

“那么，赶紧穿好衣服，来吃晚餐。期间，你要告诉我们你的这出新戏。求你了。”

当仆人在上第二道菜时，威廉坐在餐桌旁说：“是有关绅士的，在他们学习时，他们背弃女人们的誓言达一年之久。”

“里面没有女人？”有人问，“听来很无趣。”

“啊，但他们没有遵守他们的诺言。”威廉看见手抓羊肉，带着调味汁，还有熟禽肉、馅饼、烤鱼、牛奶冻、奶油、油煎饼，太好了，“我称它为《爱的徒劳》。”

一位评论家客人说：“好戏名。”

哈里激动地插嘴说：“大门旁有间房，正对着房子的前方，我已让他们打扫干净准备好，非常适合演出。”

“演员们什么时候到？”

“不久，在2月。”

“我们只在一旁看，还是可以参加表演？”

哈里知道威尔对业余演员的看法，所以故意回避他的眼睛：“我们应该观看，为娱乐大家，我们可以表演威尔以前的一出戏剧。可能是《驯悍记》。”

“不，那太粗俗了。”同一个人说，“但《泰特斯·安特罗尼克斯》有着马洛令人愉快的风格。”

威廉带着恶意说：“马洛的风格一定取悦大家。”

控制着，不笑出来，哈里建议这些想法以后再说。吃过晚餐，他们将听音乐。

约翰·弗洛里奥用他带着意大利口音的英语轻快地说："威廉先生愿意给我们朗诵他的诗歌就好了。他最具有诗歌的风范。"威尔，嘴巴里正塞满着羊肉，只得愉快地点头同意。

那天夜里，威廉在床上想，我就是那样：一个雇员、一个演员，去逗乐客人的人。这是冬天的家庭晚会，而此时伦敦却正被瘟疫所侵扰。客人们无所事事。去叫，叫什么来着，莎士比亚，那是对的，他是你的人。即席给音乐作词，朗读诗歌。讲述旅行中的趣闻轶事。教一些装腔作势的贵族子弟们如何表演卡特琳娜。炫耀你的拉丁语，你的法语，希腊语和你少许的意大利语。说话时使用古典典故和引用名言。为了生计，威尔·莎士比亚为你的晚餐歌唱。

想到这儿，他起身下床，走到写字台前，点亮两支蜡烛，将炉火点燃。穿上睡袍，心不在焉地将他最好的披风穿上。脚上穿的皮靴子，是哈里在秋天时给他的。整个晚上，哈里都没有留意他，而是为取悦客人们不断和他开玩笑，就像一只跳舞的熊。哈里想通过他的文字变得不朽。

因此，整个冰冷的夜晚，威廉都在写作。文字从他的笔端倾泻而出。他曾起身使用马桶，将炉火拨亮，用厚的天鹅绒床单裹在自己身上回来继续写作。他几乎感受不到寒冷，直到他看见他写的不均匀段落时，意识到他的手在颤抖。他的整个身体也在抖动。他的床冰冷、空荡，床单十分湿冷。暖床器没有一点热的迹象。哈里的床一定是暖和的，受热于男孩子香甜睡眠中的身体，或者是艾塞克斯温暖身体的缘故。

威廉记得过去曾谈论过这些，或别的人。他想，此时若在家，一定是在我的婚床上偎依在妻子身旁。我是已婚的人，我爱我的妻子，她也爱我。谁爱哈里·南安普顿。或是她随便说说来惩罚我而已。在离开家时她说，到你可爱的男孩儿那儿去，无论做什么，只要是为名声和金钱。我宁愿你和他上床不愿你爱上他。但做你必须要做的，就是给我钱。我成为演员的妻子已很久，该我成为剧院老板的妻子，诗人的妻子，成为有钱人了。他的妻子，他的安妮，那个腼腆的农家女，娶了她，却没给她任何东西。没有房子，没有华美的衣服，也没有安全感。是的，是友谊，是爱情，但爱得不够多。直到她说爱上另一个男人时，他才意识到这些。

威廉又拿起笔，但他的手已不听使唤。墨水泼洒在纸上，笔从手中脱落。他想写荣誉和腐败，但写不了。他痛苦地翻滚到床上，将各种被单裹在身上。已近破晓时分，冬天的黎明，天是灰色的，结着霜冻。只有勇敢的鸟儿从冰冻的树上预报着黎明的来临。是夜莺还是云雀，穿透你耳膜的空虚。是猫头鹰。不，又像是云雀，在破晓时，腾空飞起，在天堂之门吟唱着赞美诗。多好，鸟儿在鸣叫，白嘴鸦在展翅。威廉睡着了。

他醒来发现身边十分温暖，气味令人愉悦，身边还有平静的呼吸声。主要是暖和。他看到火光的闪烁，他移动脚的时候，碰到包在衣服里的热砖头，它们被放在脚边，他感到舒适而温暖。他懒洋洋地睁开眼，看见熊熊的火焰和冬日早上的微弱的光线。他的披风还在身上，但有人将床调整得笔直，让他舒适地躺在上面。

“早上好！”哈里正躺在他身旁的被单上面。他放下正在阅读的那些散落的文稿，对他咧嘴而笑，“似乎你整晚都在写作。”

“写到破晓时分。哈里，我当时太冷了。”

“你没有下楼吃早餐，我于是来看一下。发现蜡烛都燃尽了，桌上全是文稿，你整个人身上包裹着衣服和床单，瑟瑟发抖地睡着了。但愿你没有被冻感冒。如果你饿了，早餐已准备好。”

威廉坐了起来。床边箱子上放着托盘，里面盛放着鸡蛋、牛肉片、面包等菜肴，刚刚做好的，冒着热气，还有麦芽酒。

“什么时间？我得起床了。你的客人们不找你吗？”

“他们都出去打猎了。已9点多。就在这儿吃，在托盘里。”哈里友善地给他放了个枕头。

“我从未在床上吃过饭。”但还是听了他的建议。太舒适了，舍不得离开，“顺便问一下，你在读什么？”

“你忘了把你的作品锁起来。你已写完《维纳斯与阿多尼斯》，威尔，它太精彩了，你真是个天才。”嘴巴里塞满着食物，威廉只能发出谦逊的声音，“它真的不胜夸奖，我感到很荣幸。将它献给我，我会变得不朽。还有这些诗歌，都是你昨晚写的吗？还有这个剧本的片段？”

“我已记不清，它在桌子上应该就是我写的。你已看到和我在一起会是什么样子，哈里。有了写作的动力，创作的缪斯便油然而生。”他伸手拿走哈里手中的那张纸。哈里将它拿开，不让他碰，威廉满手都是奶油。他把头斜靠在哈里的肩膀上，去读它。

“啊，我想起了那个想法是如何产生的，但写得不好。人的需要的作用，它只是午夜的幻想。”

“不，它很好。”哈里将文稿重新排好，伸长胳膊，放在桌上。用烛台压在上面。他躺回到床上，双臂交叉着放在脑后，看着威廉吃早餐，“我还没有给你圣诞礼物。”

“你给过，这个戒指和珍珠耳环。”

“都是小玩意，我无法给你诗歌或制作精美的手套。我只能利用我的赞助权和身份来尽力帮助你。还有《维纳斯与阿多尼斯》的酬金。”

“那些都是非常重的礼物，亲爱的。我的未来和名声，可能的话。”

哈里斜视了他一眼，说：“你愿意让我给你别的东西吗？因为圣诞节，为了我们的爱情？或出于爱情？”

“哈里……”

“听着，你愿意让我替你买下演出公司的股份吗？”

沉默许久之后。威廉轻声地说：“不再是雇佣的演员和剧作家？成为股东，和戏院的管理人吗？成为一个立业的人，安全，有稳定的收入？你的意思是你可以给我这些？”

“我想你可能感到被冒犯，有点像我们之间的交易。但我能给你的就是金钱，还有爱情以及良好的祝愿。”

“但我的大人，我的爱，我们谈的可能是几百英镑，你还未成年。你有那么多钱吗？”

“是的，你愿意接受吗？”

“当然。它是我的希望，我的梦想、我的未来。真的感谢不尽。”由于极度愉悦，他张开双臂，将哈里一下子搂在怀里，亲吻起来。然后又挣脱开，看着他，看到需要和渴望、爱情，以及对拒绝的抵制。又亲吻起来，这次，威廉的舌头舔开哈里的嘴唇，在他嘴中探索着。哈里的喉部发出微弱的声音。威廉紧紧抓住他的胳膊，使劲地吻着，紧抱着他，感受到他的反应。在威廉的思想深处，一个声音似乎酸酸地在说：你这个男妓，威廉；做你必须做的，把钱给带回来。

他大声说：“这不是，不是为了金钱，是爱情，仅仅为了爱情。因为我写完了那首诗，不知怎的让我们变得彼此平等。”

哈里喃喃地低语道：“我知道这不是因为金钱，是爱情，我爱你。”

“我也爱你。我爱你，你是我的爱。哈里，亲爱的，我甜蜜的爱，让我来洗洗脸，刷牙，如果你爱我，你需要我，去关上门，然后脱掉衣服，到床上来和我一起来做爱。”

哈里如着魔一般，低声说：“好的，我的爱。”然后他说，“我的心终于，终于……”哈里快速地爬到他身上，他们的身体胶着在一起，嘴巴亲吻着，心跳在一起。然后他开始移动，手跟着嘴巴和修长如丝绸般的长发，追随着第三种感觉。不久，没有声音了，只有亲吻声，双手在抚摸着身体，彼此的名字如今变得十分亲昵，淹没在充满激情的喘息声中。

后来，在他们彼此拥抱着躺在床上时，哈里说：“威尔，你拒绝我这么久，为何现在答应了？之前难道你不爱我吗？”

“我现在更爱你，也特别需要你。我也不知道以前为什么没有答应你，哈里。可能是因为我完成那首诗，终于有东西给你。可能是因为你给我带来早餐，让我舒服地睡了一觉。”

哈里抬起头，笑着说：“我并没有去厨房亲手给你做早餐。”

“不，但你想得很周到，你惦记着我，细心地关心我。”

让人迷惑的是，哈里又躺下来，亲吻威廉的锁骨：“现在我终于知道你真的爱我。现在，我们是真的相爱。”

威廉严厉地说：“我可是一直都爱你，你这样说，让我伤心。”

“噢，不，亲爱的，不是这意思。”接着，他任性地补充说，“你为何认为你会伤了我的心？我真的爱你，威尔。”

“是的。但我已人到中年，已成家，和你不属于一个世界、一个阶层或身份，你年轻又英俊。无论你找到男人还是女人，是的，你都会伤我的心，哈里。”

“我不会的，你不是中年人。”

“比你大一半。今年4月，我二十九，已在掉头发。”

“如果你七十九，秃发，我仍然会爱你。我愿意爱我聪明的诗人。”

“如果你聪明的诗人不再在他可爱的诗歌中颂赞你时？”

“我仍然会爱你。”

“我希望如此。”

“我知道这样。”哈里又开始亲吻他，但外面传来马蹄声，猎犬的吠叫声，人的欢呼声，“喂，我们快乐的捕猎队员们回来了。我恐怕得下楼去，尽地主之谊，颂赞他们一番。”

“是的，你必须去。哈里，你不会和别人说起这件事吧！？”

“不会的，亲爱的。今晚我们再？”

“好的。”威廉回答，带着微弱的叹息，“今晚，我们再这样。我实在无法拒绝你，我最亲爱的。”

22.

天开始下雪。客人们被迫待在屋内，他们特别渴望娱乐活动。没有别的可做，只有演戏。这得用上威廉的一出戏剧。他带来的《驯悍记》和《维洛那二绅士》的修订版。那个抱怨《驯悍记》太粗俗的人一定读过一些剧本的源头，如今他完全赞同，听之任之。因此，他们都去被哈里称为剧场的房间。哈里宣称地方很完美，到处寻找演出道具、服装，呼吁大家把扮演角色的台词写好，然后学习。

夜里11点时，威廉没有和哈里在床上，他在抄写剧本。他低声地说：“噢，上帝，你是唯一的装备制造者。”

“什么？”哈里在身旁心不在焉地说，尽其所能地帮助。

“没什么。”但威廉记下他所说的话。他觉得听起来很棒，“我们准备得怎么样了？”他看着纸单上哈里倾斜的，字迹大的，意大利风格的写法，将它们与自己娇小的，更常用的写法比较。

“最后三个场景，如今你将它们删减了许多。”

“不得不那样，如果他们想在两天的时间里完成。这些人不是专业演员，他们能在一周内准备好。”

“你的演员们如何记得这些话？在你的节目单里，你一直都有二十或三十个剧本？”

“练习，坚持写作。”

哈里吻了他一下，接着写作。他像孩子演戏一样投入，乐意从事这项枯燥的工作，并举办成功。他扮演卡特里娜。他长得太高不能演女孩子，但可以演配角。他的卡特里娜将会是个瘦长，动作笨拙的女孩儿，显得更加脆弱。约翰·弗洛里奥演他的父亲，艾塞克斯扮演彼特鲁·乔。

在他们抄写最后一幕场景时，哈里问：“你真的不反对这样吗？”

“不反对。”

“好的，那么上床吧！”

威廉微笑着说：“噢，不，哈里，我们还没有完成。我们必须将所有分散的部分剪贴在一起，让每个人成为一个整体。因此，去把胶水瓶和纸拿来，亲爱的，开始干活。”

“那好的，等待会变得更加甜蜜。”哈里说着去取胶水瓶。

由于要演出，大家的伙食便是大杂烩，但都很快乐。威廉也勉强地接受了。

哈里说："引人注目的是，你是个很好的演员。当然，我看你在舞台上表演很多次，但我以前从未看过你停止扮演自己，成为另一个人。你是如何做成的？"

"这我不能告诉你，但你演的卡特里娜很感人。你吻彼特鲁·乔时太投入了。"

"表演而已。"

"那么，来吻我，凯特。"威廉将他拉倒在自己身上，新的快感体验又开始了。

因表演成功，大家很兴奋，客人们想在下周接着演《维洛那二绅士》，开始让威廉写别的剧本让他们来表演。威廉所在剧团的演员们终于及时到达。

看到他们正在马车上卸货下来，威廉知道他们是他的同事。行李篮中装的不仅是戏服和道具，还是他的世界。这个蒂奇菲尔德插曲是个令人高兴的事，但他不属于这个世界。为此他感到轻松，欢快地跑下台阶，去迎接他的朋友们。

"詹姆斯、迪克，欢迎！伦敦有什么消息吗？剧场马上要开门吗？"

"看起来还有一段时间。彭布鲁克的人处境艰难，在巡演。回头我单独和你谈这件事。"伯比奇朝他使个眼色，"我得向我们亲切的主人表示问候。"

"好的，到屋里来，里面暖和。我的大人们，女士们，请允许我介绍斯特里奇剧团：詹姆斯·伯比奇、理查德·伯比奇、奥古斯丁·菲利普、威尔·坎普，我们的丑角，约翰·赫明斯、理查德·康戴尔、约翰·辛克娄、内德和威尔，我们的男孩儿演员。还有伟大的马洛，你们都认识。”在大家鞠躬时，威廉钩住马洛的胳膊，将他拉到一边。“克里斯托弗，你在这儿干什么？陪我吗？”

“威廉，别担心。他们不知是什么奇怪的原因，坚持让你作为戏剧导演。哈里大人邀请我，我也发现目前离开伦敦比较方便，来这里免费度假。你看起来很好，我的朋友。汉普郡一定很适合你，或者至少是南安普顿伯爵。”

“汉普郡是个非常宜人的乡下。基特，我想知道你在这儿做什么？”

“我来这儿不是因为别的什么事情，所以不要担心。”当然，这一直萦绕在威廉的脑海里。南安普顿夫人和她已故的丈夫一样是狂热的天主教徒。哈里亟待解决的问题还未为人所知。

“不，约翰·弗洛里奥负责监视南安普一家。”

“你怎么知道？”基特惊讶地问，打破他惯常的冷静。

“他告诉我的。上次我写那首十四行诗，介绍他的《二等水果》，他邀请我参加他的游戏，就像你做的。我拒绝了。”

“啊，是的，如此让人尊敬，我们的威廉。是的，那首十四行诗，《四轮马车》，十分离奇。无疑，是威廉·莎士比亚没有签名的最后一首。你为我们可爱的朋友写的甜蜜的十四行诗现在变得越来越著名。我期待读它们。已完成了《塞克和丘比特》了吗？”

“你是指《维纳斯与阿多尼斯》，是的，已写完。还行，基特。”

为了证明他为何与威廉保持友谊，基特温柔地说：“如果是你写的话，它远不止一个好写就可以概括，不久，你就会彻底超越我了。”

“绝不可能。虽然我宁愿因我的诗而出名，不是为大众剧院写那些剧本或改编别人的作品。”

“因此，你会出名的。我们俩都将是伟大的人。啊，我的大人，我想您一切都好？”

“是的，谢谢！”哈里说，“这是剧作家之间的交流吗？来，在这些演员去他们住处前，我已安排送来热酒。”

在他引着他们回到宴会上时，基特朝威廉耸了一下眉毛。是的，威廉很想说，我也注意到：这些演员们，去往他们的住处。因此，我的两个世界相遇，又退缩。哈里没有别的意思，除了无意中恭维威廉，通过这来将他和他的同事区别开。他们是他的同事，伙伴。但哈里不是，从不会是。

“我的大人，有您的准许，我将和他们在一起。”哈里的眼神闪过一丝伤痛，“我们必须谈一下新剧本。”威廉的语气缓和下来，这时哈里脸上的忧郁也消失了。

“当然，我等一会儿见你。”他的意思是要谨慎一些，但基特已明晓一切。

在演出房间的旁边，有一些小的卧室，演员们在一楼一间宽大的，平时废弃不用的房间里，明显接近家庭的住所。里面燃着明亮的火，有桌子，许多凳子和椅子，仆人们送来食物和酒。

詹姆斯·伯比奇说：“很舒适。”将脚伸到火前面，“好的，这出戏很好，威尔，《爱的徒劳》。非常好，演得很精彩。在我们离开伦敦前，我们从头至尾演练，马上我们都要演出。你要演中学校长，那个学究。”

“我在里面？”

“是的，你写得很有趣。迪克，请把我的靴子脱掉，它们都淋湿了。

威尔，一路上泥泞不堪。威尔，现在发布消息，听说宫务大臣期望组建一个新的演出公司。”

“新的公司？我想政府会认真地审查我们。”

“是的。那是一部分，毫无疑问。但老亨斯顿想成立特殊的公司，称为宫廷大臣的戏班子，将是最好的、家喻户晓的。我们中的大多数人，还有海军上将的人，如果他们幸运的话，你是我们的剧作家。”

“啊，是这样。难怪基特·马洛围着您转。”

“可能是，可能是。他和亨斯洛都是那样。”伯比奇伸出两根交错的手指。

“似乎适合他们，基特的写作为内德安利林的风格。威尔，让我困惑的是，南安普顿大人是维特岛的总督，是吗？乔治·凯里是他的副手，是吗？凯里是亨斯顿的亲戚，也是女王的人。南安普顿受伯利的监护。这样形成很简洁明了的关系，南安普顿、伯利、凯里，宫廷大臣，女王。基特·马洛可能孤芳自赏，设法挤进那个关系圈中。最近他一直扮演着太多危险的游戏，基特可能只是要成为这个新演出公司的导演。你要留意一下他。我们不想要他，虽然他很好。你更适合我们，威尔。因此，谨慎一点，你将会在这新的演出公司里。这会受到女王陛下的青睐。”

威廉若有所思地说：“我明白了。詹姆斯，我不久可能有足够的钱购买公司的股份。很幸运到这个新公司，如果不在，就在我们目前的公司。你怎么看？”

伯比奇端详着一会儿，说：“我们一直支持新股东加入，威尔。你知道这样会需要金钱，可能你要投入一百英镑才能入股。”

“我想，我会应付过去。”

“如果你能，你就入股。你还会为我们写作吗？”

“噢，是的，当然。”

“好，我想保留我们自己的作家。一人抵三人。演员、编剧、股东。”

“如果一切顺利，新公司什么时候开始？”

“大家都在猜测。伦敦仍有瘟疫，当然，他们也以此为借口来关闭戏院。清教徒们使用他们的惯常伎俩，政府在忸怩作态。今年我不指望戏院会开张。”

“要等这么久？”

“是的。来年春天我们又要去巡演。”突然，他似乎没有在看着威廉的眼睛说，“你还会和我们一起吗？”

“当然。”威廉很确切地知道。他爱哈里，但他不能一直待在这里。成为为人所弃的南安普顿的娈童，靠着他施舍的残羹冷炙而生活，“当然，我会参加巡演。来年春天。”

在接下来的几天里，威廉基本没有时间做别的事，全身心投入在剧本上。

南安普顿一家邀请来自伦敦和附近的一些大户人家，利用聚会演戏使他家变得热闹非凡，这也是驱除冬日里的忧郁的消遣方式。威廉忙碌着，但不至于忙得没有发现哈里和克里斯托弗·马洛在一起共处了很长时间。威廉指挥排练，联系自己的角色，重写剧本，抚平弄皱的羽毛，回答别人的疑问。哈里和基特偎依在哈里的书房里，缅怀他们在剑桥度过的美好时光，阅读希腊经典，谈论文学，或和艾塞克斯一起，诽谤沃尔特·罗利和弗朗西斯·培根。当天气放晴时，他们一起出去散步或骑马。人们谈到基特的一出新戏。他祈求大人的允许，在将《希罗与利安得》写完后便献给他。夜里，威廉很多次都发现哈里的门锁着。人们开始在背后窃窃私语，用好奇的目光看着威廉。他很少单独和哈里在一起，他们忙着恋爱，不是问题。威廉开始思考如何写诗歌，或可能是一出关于嫉妒的戏剧。

新戏大获成功，观众大声欢呼。演员们停留的一周里，每晚都上演一出戏，最后演出的是《爱的徒劳》。接着，到了3月，他们该离去了。

威廉对哈里说："我也要走。"

"留下来。"

"我必须去伦敦落实《维纳斯与阿多尼斯》的出版，然后我要和演员们出去巡演。"

"为什么？你不需要。我会给你所需要的所有的钱。你可以住在这里。这么多人来照顾一个作家。"

"不，亲爱的。"威廉亲切抚摸着哈里金黄色的头发，他偎依在威廉的肩膀上。

"为什么不行？"

"我猜你知道，哈里。我需要我自己的世界和我自己的人。"

"你是指回到你妻子那里？"

"当然，我有时间。我想去看她和孩子们，在这里只是度假。"

"我反复思考了。如果你担心闲言碎语，我可以让你成为我的秘书，让你成为我的职员，拿薪水，成立一个我自己的演出公司。你不要离开我，你不能离开我。"

"不，我必须。我能，必须，但我仍能。我敢说已有很多流言蜚语，但已发生的就听之任之。"

哈里停止哭哭啼啼。坐起身，将脸前的头发甩到后面。威廉发现，在过去的几个月里，他的外表成熟了不少，看起来不再女孩子气，如今完全成为一个男人。他仍然十分英俊，更加美丽，即使在他生气发怒时。他说：“如果你离开我，你不再爱我。如果我拒绝为那首诗付你稿费？拒绝庇护你？拒绝付钱为你购买戏院的股份？如果你不留下来，你可以和那些东西吻别。因为我是出于爱才给它们，如果你离开我，你就不爱我。”

“这是孩子才会想到的理由。”

哈里大声地说：“我不是个孩子，我是男人。”

“那么就表现得像个男子汉。”哈里喘着气，好像扇了威廉一个耳光，“拒绝付钱给我，我仍爱你。但你会瞧不起你自己，因此，我也是。是的，你是个男人，你知道我们之间所有的是男人之间。是爱情，哈里。不要糟蹋它。我有义务和责任。你也是。什么样的爱情无法忍受分别？分别是甜蜜的悲伤，哈里，但它不会持久。”

“但你会回来找我吗？”

“如果你需要我，在你想我时。但记住这高墙，这床和你的怀抱之外，我有我的生活。”

“如果我去伦敦，你会？”

“哈里，我会在伦敦待到春天。如果你想，就来伦敦。然后我就要去巡演。简单地说，这是我必须做的。”

“我必须要忍受它。”

“我也要。”

“那么，好的。”哈里又躺下来，将威廉温柔地搂在怀里，“我必须要接受它，我会的。我刚才说的关于钱的事，是由于生气、怨恨、痛苦。

你要把你精美的诗歌献给我，我会为你购买演出公司的股份，因为我爱你。但你什么时候回家见你的妻子？”

威廉打断了他的话，将手指放在他的嘴唇上。“我回家见她，我也不会忘记你。这就是你要知道的我和安妮之间的关系。我们已谈了很多，哈里，一两天后我就要走了，来吧，爱我。”

23.

基特说：“你现在出名了，你的名字响彻整个伦敦。”他走到威廉的写字台前，拿起《维纳斯与阿多尼斯》副稿中的一页，“迪克·菲尔德为你感到骄傲。印刷得真精美。”

“我们老斯特拉福德的人必须要团结在一起。但是，它看起来很好。你是怎么看待献词的？”

“合理的奉承和尊敬，奉承得有点拍马屁的味道。让我想起，听说哈里·南安普顿给了你一千英镑。”

“一千英镑！”威廉惊讶地转过身，看着他的朋友，但基特站在窗前，他的脸处在阴影中，“不，基特。我怀疑他是否得到一千英镑，直到他成年。”威廉想起他刚刚寄给安妮的钱。当然不是一千英镑，但大约有三百，为剧本，为十四行诗，从伯利大人那里拿到的，以及一百英镑买他在演出公司的股份。

“啊，是的。我的确纳闷，一千英镑会让你成为基督教国家中最昂贵的男妓。”

威廉礼貌地问：“你想自己出去还是被扔出去？”

“触到你的痛处了？我明白。就如他说的，你爱上他。”

威廉开始愤怒地反驳，看到基特眼里的怨恨渐渐消退，说：“我爱他，是的，我是和他相爱。那么，你们俩都谈到我了吗？”

“他没有告诉我任何亲密的事，他带着爱意谈到你。对此事你妻子怎么看，威尔？”

“那是我的事。”

“我希望你处理好。安妮是个好女人，我羡慕你有她，你知道你不可能拥有哈里，是吗？”

感到无尽的痛苦，威廉说：“是的，我知道。基特，那你为什么去蒂奇菲尔德？”

“去看能否赢回哈里的庇护，看我和你是如何的坦诚？”

“更坦白地说，你是他的情人吗？”

停顿了一会儿，基特说：“我一直是。威尔，欢迎加入到受伤害的队伍里，就像安妮。”

威廉看见书在他手中颤抖着：“你真奇怪，给我上一堂道德课。设想我们不让安妮卷入此事？”

让他惊讶的是，基特说：“非常好。”他坐到威廉的身边，从他脑后抓住他的手，“《维纳斯与阿多尼斯》是部伟大的作品，威尔。它会受到人们欢迎。一部幽默诙谐的佳作。”

“谢谢！”

“我真的是这个意思。威尔，我担心。”

“担心什么？”

基特缓慢地说：“我置身于危险的境地中，无法告诉你。你最好什么都不要知道。在蒂奇菲尔德我发现威尔·坎普准备他的角色。他杂要七个球，从未使一个落下。我不是我想的那种杂要能手。威尔，离开监控的游戏。留意不要让你父亲再卷入不服国教的活动中，远离罗利的圈子。”他深色睫毛下的眼泪在眼眶中，使其眼睛如同翡翠。他的手慢慢摸到威廉的手。

“基特，我亲爱的朋友。”

“噢，可能一切都不会发生。但如果你听到我死了，不要相信，除非你看到我的尸体。如果有人向你问起我，你说一无所知。也没有什么知道的，没有秘密、没有文件。如果你愿意，可以为我哀悼，然后便忘了我。”

“我永远都不会忘记你。世界也不会。基特，如果是离开这个国家，这种事，我可以给你钱。”

“你不需要，可能没有什么事。但你要记住我爱你，我从你那里去赢得哈里·南安普顿的信任，作为保护人和情人，是因为我爱你。”他轻盈地站起身，亲吻了威廉，然后便离开。

过了一会儿，威廉跳下椅子，跑下楼梯追赶他，但当他到达街上时，基特已消失得无影无踪。

安妮看着送信人送来的信。她用手指摸着封口，辨识着一个印在上面的不熟悉的家族纹章：“来自南安普顿大人？给我的，不是来自我丈夫？”

“是的，夫人，我是说，如果有回话，请让我捎回。”

“您能稍微等一会儿吗？”

信使点头同意。安妮让女佣带着他去后面的客厅，给他斟了一些麦芽酒。然后，她慢慢地走上楼，去她的卧室。孩子们在她四周喧闹着，那封信一定是他们爸爸来的。他说了什么，他马上回家吗？安妮发出嘘声，将他们赶走，然后独自待在房里。

为什么一个男人写信给他情人的妻子？是他死亡的消息吗？还是他永远不会回家？她突然猛地撕开封口，打开信。

来信非常正式和亲切。尽可能的温柔，告诉她克里斯托弗·马洛已死了。

她低声说："克里斯托弗，噢，是基特。"

信中写道：普遍传闻是死于德特福德一家酒馆里的争斗。如有什么隐情，没有人出面澄清事实。明智之举是不要妄加推测。想到你可能还没有得知此消息，所以还是写信告诉你为好。我不知道目前斯特里奇的戏班子身在何处。你丈夫可能等到他回伦敦或回到斯特拉福德才会知晓此事。这对所有认识克里斯托弗·马洛的人甚至所有英国人来说是个巨大的损失。

他最后正式地署名南安普顿。

他人真好，写信来告之此事。的确是个巨大的损失，待人亲切，幽默风趣，充满威胁，但又和蔼善良的基特，有一双绿色如猫的眼睛。他曾经喜欢她，她也对他颇有好感。他曾是他的一位好友，他的离去对威廉将会是沉重的打击。他知道吗？要不然他还会心安理得地在巡演，期望能见到基特在他回到伦敦时？至少，他故意去巡演，不想再和南安普顿一起度过夏天。

安妮从未给贵族人士写信。实际上，她唯一的信都是写给她丈夫，他从不批评她犯的错误。在威廉的写字桌上，她拿去纸，犹豫不决中将笔蘸上墨水。仔细认真地用孩子气的口吻，她对能得到此消息，表示感谢，表达出自己的失落，为他告诉她表示感激。最后，她表示不知道她丈夫目前身在何处，也不知他是否听到马洛的噩耗。

事情必须这样。她将信折好，送给信使。心想，威廉将会向谁寻求安慰，是她还是哈里·南安普顿。

不到一周，威廉回到家。安妮正在打扫客厅，这时有人从背后用双手抱住她，并在她颈部亲吻了一下。

“威尔，是你。”

“还有谁悄悄溜上来吻你。”他将她转过来，吻她的嘴唇。“今天白天和晚上有空，我们在牛津，请了假回来，你还好吗？”

“是的，威尔，你呢？”虽然她不需要问他。他比她平常所见的，穿着更加华丽，脸被太阳晒成棕色，风尘仆仆，但脸上的神情十分满足，精神抖擞，回家令他十分愉悦。她的心激昂澎湃，“我亲爱的。”

他的女儿看见他回来，都跑过来了，这时候，没有机会让他们继续私人谈话。哈姆奈特在上学。威廉说：“那么，我们去接他回来。我只今天有空，我一直想念他。给理查德送信，说家里有急事。”在他问候他父母和兄弟姐妹时，喝了一大杯麦芽酒，哈姆奈特到家，见到他父亲，整个人扑到他身上，既快乐又激动，几乎哭了起来。然后，大家一起吃饭，仍然没有夫妻单独相处的时刻。

下午，他们到后面的花园，在果树的阴影下，有草莓榨成的汁和奶油，以及吊在井里冰镇过的酒。安妮脱下鞋和袜子，威廉穿着衬衣，躺在开满雏菊的草地上。朱迪斯在给他编织雏菊花环。哈姆奈特偎依在他的肩膀上，苏珊娜双手抱膝，聚精会神地听他说话。

威廉告诉哈姆奈特：“新戏获得很大的成功。有图画，你喜爱的，一栋大宅子里的房间，房间和我们的房子一样大，窗帘拉着，点着很多蜡烛，比你能够想象得要多。有四十多个人穿着绸缎衣服，戴着珠宝，而且都是美女。”

“和妈妈一样美吗？”

思忖片刻，威廉明确地说：“不完全一样美。”他朝向安妮，眼里充满着期待，“莎士比亚夫人，你看起来真美，你的发型真新颖，我喜欢，还有新衣服。”

“我花了一些钱。”

“非常好，我们会有更多钱的。《维纳斯与阿多尼斯》现在热销，它大获成功。我现在越来越出名。人们都在谈论那个‘亲切的莎士比亚先生’，包括所有那些我曾经的同行们，他们曾经鄙视我认为我是准剧作家，准诗人，一个没有受到大学教育，没有社会关系的人，设法努力成功的人。安妮，你是如何看的？”

“我喜欢它、赞美它。异教色彩，充满激情，很甜蜜。乡下的爱情，我在想人们是否认为我是维纳斯，一个粗暴的乡下村妇。”

“不是粗野村妇，是有关乡下的事。哈姆奈特，你怎么看？噢，是的，那出戏，你读过我寄到家里的修订本吗？”

“是的，但有些部分我不理解。妈妈说他们可能是玩笑。”

“妈妈说得对。剧中有些地方很有趣。赫罗弗尼斯，是的，我不说他的名字，但有人知道。”

哈姆奈特说：“我喜欢他，那个校长。他很有趣，有点像学校里新来的一位老师。”

“也有点像我在你这么大时的一位教我散文写作的老学究。戏表演得很好，伯比奇大人一直都很优秀。我们都是，观众们很喜欢。那个星期我们彩排两次，它将被列入剧目单中。基特·马洛在那里，他也喜欢它。”

朱迪斯把雏菊花环戴在她父亲的头发上，说：“马洛先生已死了。”

威廉重复地问：“你为何不告诉我？”他不再在卧室里来回走动，而是一下子瘫坐在床沿边，脸上满是泪痕。他并没有看到安妮来寻求安慰。安妮已去安抚孩子们。可怜的朱迪斯一直拼命地哭泣，因为她认为威廉在对她生气。苏珊娜哭是因为她听到父亲哭了。哈姆奈特表情严肃，看起来很伤感，就像威廉。他们都心情低落，原本可爱的一天被糟蹋了。安妮努力克制住不哭，因为威廉带着仇恨看着她。

安妮怎能告诉他呢？她一直都没有时间。他先去叫哈姆奈特回家，然后是大家吃饭，接着还有别的孩子们。安妮一直在找机会，准备单独告诉他。她喜欢马洛先生，一位朋友的死会是永远的伤痛，但没必要将气撒在安妮身上。

威廉和孩子们之间又恢复了平静。吃晚饭时，他一声不吭。然后告诉他们一个睡前故事。直到现在，他一句话都没有和安妮说，在全家人都上床后，他才走进她的房间。

“你为什么不告诉我？你是有意激怒我生气，连我最好的朋友的死都不告诉我？”

“他也是我的朋友。”

“一位逝去的朋友。他是我的导师、朋友、同事，一个我努力去效仿的人，一个我最崇拜的人。在我第一次去伦敦，我第一次遇见他时，他和我交谈，我们相谈甚欢，谈到满天星斗，一整个晚上。就在我们相遇的第一个晚上，我们彼此都发现对方都是唯一能够理解对方的人。他帮助我，读我的作品，他并不嫉妒或怨恨我。”

“他爱你，你也爱他。我知道，我喜欢他几乎超过认识的任何人。我没有告诉你，因为如母亲说的，我哪有机会？我准备一有合适的机会时就告诉你。怨恨？我们之间永远没有怨恨，你离开我以后，不管你做什么。”

安妮感到生气，现在也开始哭泣。她俯下身子，重新捡起南安普顿的来信。在他读完后，信被揉皱扔在地上。“如果连哈里都不知道你在哪里，我更不会知道，我无法送信给你。我只有等着你的来信。哈里真好，还写信给我。我想他也知道我爱基特·马洛。”

“哈里人是很好。”威廉冷酷地说，然后将被他湿透的手帕扔给她，“噢，把鼻子擦干净，安妮。不要对我哭泣，我误会你了。但上帝，基特，克里斯托弗·马洛死了。那个黄金般珍贵的声音永远沉默了。我的朋友死了。”

“我也是。”安妮抽着鼻子，然后厌恶地把手帕扔到旁边，取出两个干净的，“给你。”

“谢谢！”

安妮疲惫地转身，开始脱衣睡觉：“你上床吗？如果你明早回去，你应该睡一会儿。”

“我不睡。”他脱掉衣服，爬到床上。夜晚很热，他们都一丝不挂地躺着，身上只盖着床单。想起几小时前的事，安妮几乎又哭了起来。她原本盼望着在这个夏天的夜里，在他们上床时，甜美慵懒地做爱。但因为哈里的缘故，他却不再和她做爱。

她吹灭蜡烛。他们躺着，一言不发。各自都知道对方醒着，但都不愿意先开口说话。半小时后，当镇上的钟声敲响时，威廉的手从床的另一边滑动过来，抓住她的手。

他说：“对不起！我知道你不是因为怨恨，而是因为悲伤和震惊。我想基特也不希望发生什么，安妮。在伦敦，我们最后一次见面时，他说他可能面临危险。说如果我听到他的死讯，不要相信，除非我亲眼看到他的尸体。因此，可能……”

“但南安普顿大人在信中说，经过审讯和验尸官的验证。”

“证明不了什么。如果基特深陷于秘密的事，如他有时说的那样，那些相关的人伪造死亡，出示伪证是很容易的。哈里信上说弗里泽就在那家出事的酒馆，还有波利，两个讨厌的家伙，都在从事间谍活动。或者，”他的声音变得更小，“可能就是那样，他们干的。基特被谋杀了，为了堵他的口，又捏造对别人的指控。”威廉转身，面对着安妮，“我告诉他，如果他需要钱离开英格兰，我愿意提供给他，他拒绝了。可能我应该多帮助他，为他做些什么。”

“他知道你会的，如果他需要的话。”

威廉的手漫无目的地摸索着，最后摸到安妮的腹部。他将手放在那里：“基特问我是否爱哈里。我说是的，他说‘安妮怎么看这件事？’他说他羡慕我有你这样的妻子。他喜欢你。”

“他曾是你的情人吗？”

“不是。”威廉带着一丝微笑回答，“不，虽然他要求过，但他是哈里的情人。”

“啊！”安妮发出惊讶的咕噜声。在这夜晚时分，除去情感的真诚，她问他：“那让你嫉妒吗？”

“是的，安妮，我认识到什么是嫉妒。”

“我应该告诉你。”

“是的。”

“你曾和那个可爱的男孩儿上过床吗？他是你的情人吗？”

“是的。我伤害了你，是不是？”

“是的，但我和你是同谋，我花着他给你的钱。”

“他给我的钱是付给我的剧本和诗歌，并不完全是不道德的收入。”

在安妮问他之前，时间显得特别紧迫。“你和哈里做什么？男人们在一起做什么？你对他像对女人一样吗？还是他对你像那样？你们拥抱在一起亲吻吗？是不是感觉更好？好过和女人在一起？”

“不是那样，是充满爱意的抚摸和亲吻而已。有时做别的，不像和女人那样。不是感觉更好，安妮，我爱你，你是我妻子。”

“但我不美。没有金色的头发、蓝色的眼睛，不令人着迷。我不聪明、不富有，没有受过教育。不是个男人，也不年轻。”

威廉说：“你没有这些东西，但你是个令人愉快的女人，充满活力，是我的妻子。”

“你是我丈夫。我爱你，会一直爱你。除非你已移情别恋，让我的爱精疲力竭。哈里是暂时的，我们注定在一起，你和我。”

“我会一直回到你身边。”

“那样我就会心满意足吗？”

“满足？不仅是那样。因为我回家是出于爱情，是为你。是的，哈里只是暂时的，我承认我爱他，但我也爱你，爱你是永远的。”

“但你认为我没有告诉你基特的死是出于怨恨和嫉妒。”

“我比你更了解。”

“我希望如此。我们结婚时，你说我们会一直是朋友和伴侣。可是，我经常觉得你的心离我很远，更不用说你对我的爱，你在伦敦，那么我便生活在伦敦郊区，或者相隔一百英里外的地方。或者说，可能我感觉我更像你藏起来的情妇，偶尔回来看看，而不是你的妻子。”

“安妮，我重申一下：你是我的妻子、我的朋友、我的伴侣。我真的爱你。让我们高兴地对待彼此。”

“是的，这是我们所拥有的。”

他们相互拥抱着，躺在床上。两人都为基特·马洛感到伤心，对于无法弥补的，对于他们已拥有的，尽管美中不足，但还是弥足珍贵。

第四部分

1594年至1596年

24.

威廉是南安普顿府邸的常客。仆人们热情地欢迎他，朝他鞠躬，带他去宽大的客厅。他听到里面的音乐声，是一个男孩儿在演唱。他悄悄地走进去，正好站在门里面一排人后面。

房间里约有四十人，有男人，也有女人，这是哈里定期举办的音乐晚会。他在房间的尽头，坐在艾塞克斯旁边。他们都入神地盯着唱歌的人。一个仆人端着托盘，上面放着酒，威廉拿起一杯，然后走到别人离去留下的空隙上，这样他能看清那个唱歌的人。

原来不是个男孩儿，而是个女人。特别强调是女人，是因为他首先看到的是一对丰满的乳房，几乎裸露到乳头，倾泻在她弹奏的琵琶上。她的声音十分独特，纯粹而真实，嘶哑声中的音色犹如偶尔从刚刚变音的男孩子所发出。她正唱着故国情调，那种常见的感伤的曲子，通常会遭到经验丰富的听众的嘲笑，但她采用低调的，改变音速的方式，以至于形成对伤心往事和失去青春的精彩表达。威廉看到一两位女士在暗自在擦着她们流泪的眼睛。

歌曲结束时，观众欢呼着“好啊！”和“再唱一个”。那个女乐师调整了琵琶，思考片刻，然后快速地点头，开始弹奏另一首曲子。威廉注视着她，简直不敢相信，这是首最低俗下流的饮酒曲，富含双关或三重诙谐的含义，完全不适合这些听众或人群，但这位歌手自行对它进行处理。她使用叮咚声和甜美的伴奏，用一种类似天真、单纯的女学生神态来演唱，听起来丝毫没有猥亵、下流的意味，听众被惹得大笑起来。它引人入胜，又风趣诙谐，连那些平素会深感震惊的女士都笑得大叫起来。歌手对歌词收放自如，在唱到最不堪入耳的部分，她便跳将过去，直接进入帕莱斯特里娜中优雅的部分。因此，她不只是那种只懂晚会演唱技巧的人，她身上有着真正的音乐行家的素质。

她演唱结束时，观众热烈地鼓掌。威廉使劲拍手直到有点疼痛为止。他看到她起身，打开琵琶上的丝带。她优雅地移动着身体，但她身上的装扮，的确乏善可陈，吉普赛人一般，皮肤棕褐色，眼睛和她蜷曲的头发一样乌黑，浓密而整齐的黑色眉毛使其呈现出一种愁眉不展的神情。她的衣服庸俗艳丽，黄色的绸缎衣服奇怪地围绕颈部的圆领，带花边的紧身上衣，灯笼袖让其前臂露在外面。头发上用一种黄丝带束起来。颈部戴着一串琥珀色的珠子，绕了三圈。哈里可能是在萨瓦克的酒肆勾栏或者是在帕里斯花园混乱的演艺人群中发现她的。

哈里叫喊着：“不要停，再来几首。”

她没有看着他，也没有弯腰鞠躬，而是又坐下来：“按照大人您的要求，就再来一首，然后您的伙伴们就要表演了。”她的话夹杂着浓重的苏格兰口音。

这次让威廉惊讶的是，她演唱的是来自他的剧本《维洛那的二绅士》中的歌曲。“西尔维娅她是谁？她是什么？为何她的情郎们都赞美她？”

她很随意地演奏着，没有如威廉担心的那样，带有取笑的含义，曲调听起来非常优美。

他们央求她再唱一次，但她拒绝了，十分得体地用手势，示意手中拿着乐器，在一边郁闷地等着的伙伴们："他们比我做得更好，我很乐意来喝杯酒，大人。"

哈里向仆人示意上酒："这是给你的。"那位女士向他行屈膝礼，然后面向鼓掌的观众，第一次微笑着。她笑时，很美。

她的伙伴们各就各位，开始演奏舞曲。而那位女歌手消失了。

威廉走到哈里和艾塞克斯伯爵面前，说："晚上好，大人们！"

"晚上好！你在为《鲁克丽斯受辱记》的成功而兴奋吗？"

威廉还没有回答时，艾塞克斯说："它真是一首精彩的诗歌，在我看来比《维纳斯与阿多尼斯》好。"

威廉鞠躬说："谢谢您，大人。"虽然存在地位上的差异，但他们之间十分友好，还没有到称呼罗伯特来代替艾塞克斯的程度。

哈里问："你觉得那位女歌手唱得如何？"

"有趣，她的嗓音很优美。你是从哪里发现她的？"

"噢，在一个晚会上。一个外貌奇特的小家伙，是不是？我想她一定是意大利人或西班牙人，有着深色的皮肤。"

艾塞克斯说："是苏格兰人，从她的口音可以听出来。"威廉想，从艾塞克斯的声音中，能听到暴力的倾向。他向哈里投去问询的目光，得到对方无可奈何的回应。艾塞克斯看到他们之间的互动："我认为所有苏格兰人都是詹姆斯王的间谍，有一天会得到证实。那个小苏格兰人想了解女王身边发生的情况。"

"她不愿任命他为她的继承人，这怪他吗？"

威廉向哈里吹口气提醒："哈里。"

艾塞克斯同意他的观点，心烦意乱地抓着他的红头发，说："是的，注意一下你说的话。我们不谈继承的问题。"

"但大家都知道詹姆斯一定是她的继承人。此外，还有谁呢？信不信由你，女王不会永垂不朽的。"

"你愿意告诉她还是我？问题是有其他人声称继承王位。明智之人不讨论他们，特别是还有个苏格兰女人在房间里。"

"因此说到女王陛下情报工作的核心问题？"哈里说到这里被突然打断，威廉和艾塞克斯大人同时惊讶地乞求他闭嘴。

艾塞克斯说："威廉先生给大家讲讲你的新剧本，还有新的演出公司。你是如何和亨斯顿大人相处的？"但这种询问显得不太慎重，威廉拒绝回答。哈里说，宫内大臣对他的剧本非常感兴趣，并且考虑周全，他的工作没有受到干扰，威廉正在酝酿两出新戏。

艾塞克斯说："我希望至少一部是喜剧。谈到喜剧，我们都读过亨利·威洛比的。"

"威洛比的《阿维娅》吗？最终出名了。"两人都没有看哈里，他感到很郁闷。

艾塞克斯笑嘻嘻地问："你破坏了他和一个女士的调情，这是真的？"

威廉也咧嘴笑着说："没有一句是真的，大人。也有人以'W.S'为首字母的。"

哈里大声说："是的，也有人以'H.W'为首字母的。我已让人们相互眨眼，偷笑着说话，自那个家伙出来后。那个同性恋弗朗西斯·培根曾厚颜无耻地对我傻笑并当面叫我H.W先生。"

"高兴起来，在《爱德华三世》剧中，我表演得并不吸引人。我想找出究竟是谁写的。”

“赌注押在乔治·皮尔身上。”

“或是亨利·切韬，我已听说。可能切韬不想向我和基特·马洛致歉。虽然我倒是喜欢他。我想我们关系和睦。”

“剧作家的嫉妒。”哈里突然站起身，走开了。威廉看着艾塞克斯。

伯爵长叹一声说：“伯利大人已给他下最后通牒，要么娶伊丽莎白·维尔，要么就要付罚金，他要到街上去乞讨。记得，到10月，他就二十一岁，上帝知道他会从他父亲财产中继承更多的是债务，而不是金钱。然而，伯利谈的是五千英镑的罚金，如果他不娶那个姑娘。”

“五千英镑！”

“是的。老伯利是个苛刻、无情的人。要么结婚，要么付钱。噢，哈里需要足够的钱，但是，是的，五千英镑。伯利不会给他时间来付钱，它要一次性付清。莎士比亚，瞧，你可能是唯一可以说服哈里理智一点的人。不要跟我表现出那种谦逊的惊讶，那留着到舞台上去表演。我既不知道，也不在乎你和哈里是否不止是朋友关系，但我的确知道你们是朋友，他听你的话。让他不要喋喋不休地说那些梦幻般、无厘头的爱情，而是迎娶伊丽莎白，要不然他的整个未来都要被毁掉。伯利和他那帮人不好惹，女王也是。”

“女王对他的婚姻也这么感兴趣吗？”

“她不喜欢他，认为他轻浮，不稳重。她听伯利的意见。认为人们结婚应理性地按他们的身份来进行。当然，她自己并没有能按她的意愿出嫁，毫无疑问的是，她认为别人应该遵守同样的规则和义务。你曾经告诉哈里，你是被迫结婚的，然而你是逐渐爱上你的妻子，你是幸福的。要提醒他这一点。他渴望有孩子，这我知道。提醒他我们很少按我们自己的意愿结婚。如果你爱他，在他成年前，让他娶那个姑娘。他不听我的话。”

“虽然你也爱他？”

“不仅如此。我们都受到伯利的监护，我们之间维系着深厚的情感。我也娶了伯利给我安排的女人，但哈里对我不理不睬。看看你是否能成功地说服他。”这时，哈里重新加入他们当中。他看起来情绪激动，十分不满，正准备开口说话，发泄一番。那个歌女走到他身边，说：“我现在得走了，可以将费用给我吗？”威廉发现，她说话时，让人感觉她和哈里伯爵是平等的，她似乎是他的姐姐一样，提醒他应尽的义务。

“噢，是的。四马克，对吗”他在钱包里摸索一下，将钱币递给她，“谢谢！你让大家感到很快乐。”

威廉问她：“你经常这样演出吗？这是不是你的职业？”

“我需要付房租时，就会这样做。你是威廉·莎士比亚，是吗？”

“我是，你怎么知道？”

“我经常去剧院看戏，我喜欢您的戏。”

“谢谢！我也喜欢你唱的《西尔维娅》，你唱的曲调是怎么来的？”

“我自己创作的。”她用一根绳子系住她的琵琶，以便背在肩膀上，“那方面我也略知一二，但你很有天赋。”她抬起头，直视着他的眼睛，“我的女性祖上，也有您的名字。”

“什么，叫莎士比亚吗？”

“噢，她叫威廉。”他正在想对方的眼睛是如此的漆黑，虹膜与瞳孔之间几乎没有颜色的差异，这会让人感到不安。如果眼睛是人心灵的窗户，这些黑色的眼珠便是观察者的镜子。但现在，她在笑时，他意识到它们看起来很美，她是一位美丽的女人。

“对不起。当然，莎士比亚，你猜她来自哪里？”

“我想，来自肯特。很久以前。”

“有人说我们姓莎士比亚的都来自一个家族。我们可能是亲戚，你和我，虽然我来自沃里克郡。你是苏格兰人吗？”

“是的。”那种充满生机的活泼劲儿很快从她脸上消失，“如果你喜欢我唱歌，我想将您更多的作品谱成歌曲。你是个优秀的诗人。我今天刚读完你的《鲁克丽丝受辱记》。你的戏剧中还有许多诗歌和歌曲。你是个睿智的人。”

哈里突然用胳膊抱住威廉，说：“他是一位卓越的诗人。你将他的作品谱成曲，将会创造一个美好的音乐晚会。”

她漫不经心地说：“我们可以谈谈，你可以到我的住处来。我住在布莱克法尔。问人就说找那个苏格兰女人的房子。我必须得走了，晚安！先生们。”

威廉注视着客厅的门在她身后关上：“真是个奇葩。”

“是的。当人们说起她时，都觉得她长得很标致。”

“哈里，我必须和你谈谈。”

“你也不要这样。噢，对，我看见艾塞克斯刚才和你低声说话。”他将手臂抽出来，但威廉拉住了他。

“哈里，我已经无法让你产生兴趣了吗？艾塞克斯就是这样，我想。”

“我纳闷。非常好，我们谈谈。但不是现在，不在这里。我想跳舞。你能留下陪我过夜吗？”

“我能。”感到浑身不自在，他本想补充说，但我不能，“我能，安妮已带孩子们回斯特拉福德避暑去了。”

“那么，请留下来。”

和以往一样，他们睡在一张床上。哈里将头枕在威廉的肩膀上，他们手拉着手。他们这样差不多有一年时间了，今晚可能会有所不同。但最强有力的誓言在激情面前都如草遇到火，威廉想。今晚他想和哈里做爱。但这个可爱的男孩儿容易发脾气，有防卫意识。可能因为他不再是男孩儿。他已爱上女人，这一点，威廉已知道，虽然他们没有谈及此事。

哈里吻着威廉咽喉时，说："说说你必须要做什么。但首先告诉我罗宾·艾塞克斯今晚和你说了什么。"威廉当演员的记忆力让他逐字逐句地重复了他们的谈话。哈里听完后，十分愉快地说："噢，我亲爱的罗宾不再像以往那样深受女王的喜爱了，他知道我被他表妹伊丽莎白·弗农所吸引。她是女王的侍女，女王陛下不赞成男人和她的侍女调情。"

"你爱那个女孩儿吗，哈里？"

"噢，爱，该怎么讲呢？她很可爱。"

"你已攻克了她的处女膜了吗？"

"多么优雅地问法，我是否已和她睡觉了？没有，但她愿意。她爱我，我想。当然，她身无分文。"

"娶牛津大人的女儿会给你带来金钱，并和这个国土上最古老的贵族家庭攀上关系。一桩很好的婚姻，哈里。明智的婚姻。如果艾塞克斯大人讲的是真的，伯利会罚你五千英镑。"

"我宁愿付给那家伙罚金，也不愿意被强迫接受一个我不想要的婚姻。"

"那么，你想要的是什么？"

"爱情、友谊、欲望。"

"这些东西结婚后便会有，我就是个恰当的例子。"

"但你娶安妮前，你喜欢她。充分喜爱和亲近就不会逃离。你真的爱她吗，威尔？她不在时，你想她吗？”

“我有点想念一家人在一起的天伦之乐，我想念孩子们。是的，我想念安妮。但自从你和我坦诚相见，我喜欢上独处的平静。我独自一人时，能够写作。但和家人在一起时，我却不能。我保留着原来的住处，这样我可以有个地方来全身心地写作。但这并不都是相同的。娶伊丽莎白女士，哈里，要不然会毁掉你的前程。”

“我不会。现在你已说了你该说的，已履行了你的义务。我们谈谈别的事吧！那个深色皮肤的歌女吸引你了吗？”

“你说什么？刚开始，我以为她没什么值得看的，但她很美，虽然太黑了。”

“乳房很丰满，还有脚踝。”

“哈里，你对艾塞克斯说的是真的吗？他负责女王的情报收集吗？”

“他负责？可能不是。弗朗西斯·沃尔辛厄姆爵士负责，但艾塞克斯参与其中。如果他失去女王的宠信，他会。如果他继续认为他能玩弄女王于股掌之中，那好，我倒想看看将会发生什么。不论他在公众场合说什么，他都支持苏格兰的詹姆斯继承王位，当然，他必须掩饰其词。听说他将带领一支军队远征，如果是真的，我也想去。”

威廉安慰地对他说：“为何要去呢？”

“因为如果我不娶伯利那该死的孙女，我就不会被允许去做我想做的任何事。”

“那么，你这样回答，可能葬送你的前程。”

“我不会娶伊丽莎白·维尔，我讨厌谈这件事。”他抬起头，朝威廉的嘴上吻了一下，吻得很温柔，没有激情，但激情来时，让他们都很震惊。他们比以往更需要对方。威廉告诉自己，在他和哈里跳着以往的舞步时，如果我想起黑色的眼睛和一对丰满的乳房，以及苏格兰的嗓音时，至少，我是和哈里在一起的，我深爱着他。

25.

那个唱歌女人的形象总萦绕在他脑海里，挥之不去，有时甚至出现在他梦中。所有正当充分的理由对于她都无济于事。这种情况持续了一周，于是他决定去拜访她。

这是一栋小而简陋的房子，位于一条陋巷中。敲门后，他等了很长时间后，才听到有人蹒跚下楼的声音，接着门在吱呀声中打开。

“噢，是你。”她脸上既没有表现出高兴，也没有不快的神情。

“我是不是来得不是时候？”

“不，进来吧！你得用肩膀顶一下门才行，它用杆子撑着。”

半抬起，半移动着，门终于关上。他说：“这门需要刨一下或重新装一下才行。”她漫不经心地点头。跟在她后面上楼，他发现有别的东西值得关注。墙上布满破碎、肮脏的石膏块，松散的楼梯板，摇摇欲坠的扶栏，地板上布满着灰尘。如果是安妮的话，在这些没发生前，就会被收拾好。相比之下，这个女人比那天晚上看起来更加清新、整洁。她穿着蓝色的亚麻裙，高领的令人炫目的白色罩衫，将她那对丰满的乳房掩藏起来。她头发扎成小辫，向后束紧，高高地盘在头上。

她带他去的房间很宽大，凌乱，五彩缤纷。她用手势示意他坐在一张铺着一段旧的、十分肮脏的织锦的椅子上。“你想喝点酒吗？”

“谢谢！”在她给他斟酒时，他环顾四周。房间的陈设让他困惑。一面墙上铺满真正精美的挂毯，而其他的上面是廉价的涂着图案的帘布。一大束夏天开放的鲜花毫无艺术感地插在一个有着裂缝的陶罐中，但盛放着白玫瑰的碗却是精致的水晶制成的。有些坐垫上铺着金色流苏的天鹅绒或绣着精美的丝绸，有的则是低劣的羊毛制成的。一把美观的切肉刀（雕刻刀）在桌子的尽头，一边有一对椅子，另一边是条普通长凳，加着衬垫，铺着另一条织锦。她递给他的酒，属于普通品质，盛放在普通白镴杯里，但她是从一个精美的酒壶中倒出的，他曾经见过这种酒壶，镀银的，鹅颈弯头，瓶塞是水晶的。

窗户下面还有一张小一点的桌子，两个书架，一个餐具柜。房间其他地方都被乐器占据。一架维金纳古钢琴，两个琵琶，一个吉他，一根高音双簧箫，两根长笛。

"所有这些乐器你都会演奏吗？"

"只会演奏维金纳琴和弦乐器。"她心不在焉地伸手拿起一个东西，威廉本认为是束铸造的编织品。实际上，它是一条狗，很老，没精打采的。它没注意他，但在她的抚摸下，它摇摆着尾巴。"还有，长笛也会吹，但吹得不好。实际上，我对音乐没有什么天赋。"

"但你将我的歌谱成曲，还演奏了《帕莱斯特里娜》。"透过她杯子的边缘，她看着他，她说作为一个不严格的乐师，任何人都可以那样做。

"不，你是带着真正的情感和品味演奏的。"

"谢谢！"

他不太喜欢她语调中的嘲讽："我充分了解音乐，所以知道这些。我说的是真话。顺便说一下，能否告诉我您的芳名？"

"你来这儿还不知道吗？有时我叫自已玛拉或玛利亚，但我的受洗名为玛丽安。噢，你来这儿带了你的一些作品吗？"

他将他身边携带的对开本作品递给她。在她打开书本上的结时，威廉看到她的手指十分纤细，没有戴戒指。她笔挺地坐着，两脚并拢，歪向一边，他发现她身上的一些特别的东西。

“你是一位淑女，是吗？”

她的眼睛闪烁着，望着他，说：“你究竟是什么意思？”

“你看起来很有教养，一定出身名门，可能出身贵族家庭。”

她脸色变得十分苍白，眉毛紧蹙在眼睛上，一下子有了愤怒的表情。不，是恐惧。

“是什么让你说起这样奇怪的话？我对你来说生活得像个淑女吗？”

“不，但你的坐姿、你的手型，以及你脸部的轮廓。还有你书架上陈列的书籍。你的很多东西比较有品位。还有你的声音，现在你说话已没有了苏格兰的口音。”

她继续皱着眉，看着他，她盾形的脸紧绷着。她终于吸了一口气，说：“你观察得太仔细了。我想，如果你不这样的话，你不会写得那么好。我来到这个世界，你是指这个意思吗？我的生活越来越糟糕？而你，我的文雅的绅士朋友，你越来越春风得意？”

被刺疼了，他说：“我不是一出生就是绅士，但我一直在努力提高自己，你是不是这个意思。”

“噢，这么说我收获、提高得太快。你没有土地、头衔，或家族徽章，你父亲只是平民普通出身，而你母亲出身雅顿家族，我知道那个家族。你年老时会变得富有，成为绅士。如果你没有那种教养，那种绅士的品性和智慧，你那些出身高贵的朋友不会容忍你，虽然你很聪明。”

“你一直在打听我吗？”他发现她话语中恭维的味道。

“有一点。”

“不止一点，要不然，你应该像巫婆被绞死。很多年前我父亲曾想申请家族徽章，但他做生意破产了，于是就取消那个想法。最近，他又在想着这件事。”

“威廉先生，您的家族徽章会是什么样的？”

“玛丽安夫人，那么你的呢？”他反驳道，“你真的是苏格兰人？”

她又啜饮了一口酒，然后慢慢地说：“不要叫我玛丽安，如果你能保守秘密的话，我是在苏格兰出生并长大的。我会阅读和说苏格兰语，还有盖尔语。但我家生活在那里不到一百年。我的祖先和你一样是英格兰人。由于一次英国人之间的战争而走上另一条道路。”

“什么战争？”

“别介意。我可以看一下你给我带来的东西吗，或者你带着你的对开本，匆忙回到南安普顿大人那里？”粗俗的手势，伴随着这些话语，明显表明她带着什么目的打听他。

“我要给你看看我的一些作品。”

她又一次盯着他，然后突然微笑着。这是一种甜美的、迷人的微笑，那天晚上就曾让他发现她长得很美。接着，她低下头，打开对开本的书，开始浏览里面的内容。最后，她说：“这些写得很美，它们都是你剧本里的歌曲吗？”

“有一两首是的，其他的有一天会放在剧本里。它们是我在不同时刻所想到的。还有一两首诗歌。”

“我听说过你的十四行诗。你的朋友们都喜欢，这是什么？‘当我只是个可爱的小孩儿时。嗯。噢，现在，很精彩。不要畏惧太阳的炙热，也不要害怕严酷冬天的愤怒。是的。’”她缓步走到维金纳琴边，开始弹奏一段断断续续的音乐，变换着琴键，改变着节拍，对自己哼唱着，“我能将这个谱成动听的曲子。它们写得多么优美啊！”他悠闲地跟随着她在房间里。在她放下琵琶时，他们已变得十分亲密。曾有一会儿，他们的目光，他所有的感觉一下子活跃起来。她的嘴唇似乎刺疼了他，碰在一起，相互交融，接着，她倾身上前，朝他嘴巴上亲吻了一下。他似乎尝到了甜蜜。他的手不由自主地去拥抱她。但他又放下，转身离开她。

“我已结婚了。”

“我也是，我不会找你的麻烦。”

在他的脑海深处，他想到，我实际上不喜欢她。但看起来，这种想法无济于事。

在接下来的一个星期天，威廉去教堂做礼拜。这是普通寻常的事，他经常这样做，是给孩子们树立好的榜样，免得因缺席而受罚。今天，他热切地去教堂，在他做礼拜仪式时，心怀愧疚地渴望一个天主教徒的忏悔仪式。讲述自己的罪孽会得到什么安慰，然后我赦免你，离开时罪孽被洗净。去后，罪便消失。

没有罪孽。哎，那就是问题。他答应自己和一个倾听的牧师，他永远不会去拜访那个女人的房子或被诱惑上床，但承诺太容易了。第一次以后，他向自己和上帝，或诸神承诺，永远不会，结果第二天便去，接下来还是如此，从那以后的每个夜晚都在那个通奸的床上流下了汗水。

她吻过他。因此，在他的心里，他看见自己给她一个甜蜜的、挑逗的恭维，然后立刻离开她的屋子。同一天，他骑马回斯特拉福德，可能，回到安妮身边。

安妮。

安妮，是他妻子，他贤惠的妻子，他亲爱的伴侣。亲切的安妮，身材修长、匀称，头发乌黑。安妮的智慧和活力掩盖在她为人妻的得体举止中。在床上，安妮让他满足，亲密地抱着他。安妮不值得为我这样。

不是说不愿意她知道这些，是她不必知道。哈里虽然是一回事，但她曾经说："你爱上另一个女人，我会杀了你。"她的意思是她的嫉妒会扼杀他们之间的爱。她从没有怀疑，这个疯狂的、愚蠢的欲望，会让他变成一只发情的公狗粘上一只发情的母狗。失去理智，无所顾虑，把任何事都当耳边风，只为那个柔软的小屁股，不断地去从她身上获取狂热的快感。

他们一起做过的事。有些是他以前所不知道的，却是他要的东西。比如拍打、吹拂、吮咬，克制和拘束，没有温文尔雅，一旦她暗示给他她想要的，他们便相互蹂躏，想尽方法来获取满足。在一次又一次一起共度良宵后，他发誓不会再这样，让自己在她的戏弄下激情勃发，让她沉迷于他的精液。他贪婪地吮吸着她身体的每个缝隙，也任她吮吸着他的身体，相互探索着、征服着，用带来异常快感的伤痛来伤害彼此。

在他们第一次结合之后，他试图抱住她。把她的头拉到自己的胸口上，握住她的手，抚摸着她的秀发，叫她甜蜜的东西。但她抽身而走，奚落他说："这不是爱。"

是的，不是爱情。是涌动的情欲，自轻自贱的欲望。反复在一起，刮擦着身体只是为了听到她的惊叫。他不止一次发誓永远不再，在踉跄着离开她屋子时，又沉沦。第二天又回到她身边，日复一日。

不止是情欲，虽然谈不上爱情，甚至是喜欢。然而，在第二天，她拿起琵琶，为他的一首诗谱曲完美演奏了一个抒情的场景，其音乐的美令人心驰神往。她对他歌唱，这时，他爱上她、喜欢她。但不久，曾如此优美地表达出他的诗歌的嘶哑嗓音，这时却不停地对他要求，更用力和就这样干，用别的男人的故事来刺激他，曾在琵琶上弹奏的敏捷的手指在他的背上抓出道道血痕。肉体的满足，噢，是的，这种感觉他以往未从体验过。甜蜜、喜爱和互动亲密，都没有。

在寂静的教堂里，他大声地说："噢，上帝！"他的呻吟声引起同一排座位上的邻居们投来赞成的目光。

他能向谁倾诉这个呢？他有可以寻求帮助的人吗？基特·马洛倒能理解他，威廉本可以告诉他，但他已死，化成尘埃。他已死一年。可以告诉他的演员同事吗？但他们多数都已成家，如果他们在巡演时误入歧途，那不算什么。但对这个他们既不会理解也不会宽恕。另外，他们大多数认识安妮，会支持她。事实上，在他身后的教堂里，还坐着詹姆斯·伯比奇和他妻子和儿子：卡斯伯特和理查德。

哈里吗？可能行。他们从未谈论过别的情人。他是个男孩儿，渴望着爱情，他可能有点挑剔。但他是朋友，可能愿意倾听。不过他会说什么？“回家，回到你妻子身边（实际一点），不要犯罪（他的天主教男孩儿信仰），忍受（他奇怪的清教思想会这样说），介绍我认识这位女人（哈里还是哈里）。”

威廉告诉自己，不要坐在这里，用哈里的口吻说这些话。听从你自己的建议。回家。去斯特拉福德，去找安妮。在乡下待三个月，你回来时便会痊愈。如果这个女人不管是玛拉还是玛利亚，如果你相信她所说的话，到时仍在伦敦，你会毫无遗憾地在街上从她身边走过。

牧师低沉地说：“今天我会为那个通奸的女人祈祷。”

威廉抬起头，难以置信地凝望着他。

那天晚上，他又去了她的屋子。第二天和第三天都是如此。星期三的公司会议上，大家都在谈论，他看上去无精打采，年轻的男演员们看到他颈部的吻痕，都窃笑着。詹姆斯·伯比奇对他明显很冷淡。

那天晚上，他没有去找玛拉，玛利亚或玛丽安，接下来两天都没去。他在写他的剧本，一幕接着一幕仿佛从他笔尖倾泻而出，就像他身上被附了魔力。他知道，这很好。但在星期六，他止步不前。笔下的人物变得陈腐、僵硬，语言滞涩。那股魔力已消失。他仍执拗地写着，但所写的不久就被删掉。这时，一段对话跃入他的脑海，但它完全来自另一部剧本。他仍然将它写下来。开始写诗，删掉，又重写。吃一顿饭再说。喝了很多麦芽酒。读书，又努力去写作，发现他的心思根本不在上面。

5点时，他停止写作，将文稿扔进箱子里，挂上锁。在他考虑清楚前，决定去玛拉那里看看。

朝街的门开着。他直接上楼，使劲地敲门。她打着哈欠，打开门，身上裹着被单，头发松散："你又来了，我以为你发誓不再来找我了。"

"我原本是那样想。"

"那么，进来吧！刚才睡着了。意大利人的习惯，喜欢午睡。"她轻快地回到卧室，躺在凌乱的床榻上。窗帘被拉上，以遮挡穿过狭窄街道斜射过来的傍晚的阳光。房间里有股酒味，以及她身上散发出来的浓重的让人昏昏欲睡的香味。这时的她看起来很美，皮肤犹如凝脂，白里透红，面部轮廓泾渭分明，十分柔美。她躺在枕头上，将身上的床单掀掉，她的整个身体裸露在他面前。臀部圆润，腰部纤细，丰满的乳房在她的秀发下半掩半显，十分美丽，令人神往，任他占有。

他吻着她，她的舌头快速地滑进他的口中，她的手也飞快地脱掉他的衣服。他用嘴唇吻她的乳头，令她呻吟着，她的手缠绕在他的头发中以握住他，来获得快感。他的手指在她的腰部和臀部，以及大腿根部四周来回爱抚着，他的嘴随着他的手亲吻着她。

他突然抽身移开，说："睡着了？可能在床上，你刚和另一个男人在一起。从你身上能闻到，你这个骚娘儿们。"

"我以为你不会来。"

"你的床上还有他的余温，不管他是谁。你甚至没有将他的味道从你身上洗去。但你却又要和我上床？”他的手颤抖着，以至于无法扣上被她解开的纽扣。

“有些男人喜欢这样。”

“他们是这样，我不是，这让我恶心。”

“让你兴奋。”就像兔子一样迅捷，她坐起身，跪在床上，匍匐到他身前，抚摸着他。

“不，不要这样。”

“是的，是的。”

“不。”但她的手抓住他的手，将所有的纽扣全部解开，他无力抗拒，不知道他是否需要拒绝，叹息着，躺倒，任她在自己身上手嘴并用，她用另一个男人的精液充当润滑剂，他随着她。当她骑在他身上时，他抬头凝望着她，她的舌尖抵在他的牙齿之间，她的眼睛掩藏在眼睑和浓密的睫毛下，她那硕大的、下垂的乳房在他的胸前来回涌动着，他的指甲紧紧陷在她的丰满的臀部上。当她在制造快感时，他也感到无比的快乐。噢，是的，以前从未有过，去他妈的什么精神和爱情，以及理智与情感。

过后，她又蜷曲在被单里，抱着头下的枕头，像个困乏的孩子。他边穿衣服，边注视着她。在认识他之前，她可能一个人生活。

“我该走了。”

她点点头。

“我要随剧团去巡演。我告诉过你，长达几个月。”

“那么，给我一个吻别。”她抬起头，头发披在后面。他不情愿地在她聚拢起的唇上吻了一下。即使那样的触碰如今对他来讲都是一种冒犯。“我会想你的，威廉。祝你旅行愉快！”

“谢谢！再见！”

“嗯，再见！”她转身重新偎依在枕头上。在她睡着后，他才离开房间。

回到家中，他大声吩咐女佣打来热水。站在水盆前，他将全身清洗干净，本想洗个澡，考虑到需要很长时间便放弃了。然后，他穿上干净的衣服，将换下的衣服让女佣扔掉，收拾好自己的行李。每一件干净的、熨烫好的衬衣，每一只缝补的长筒袜，每一只擦亮的靴子都是一种斥责，因为安妮将所有的东西都为他准备好，将它们放置在衣橱里，并放上了驱虫的药草。他包起必须要看的书、纸、笔，旅行用的墨水瓶，还有给安妮和孩子们的礼物，以及现金。他迅速下楼，给女佣一些钱并吩咐了一些事情，付给隔壁男孩儿一便士让他到马厩租用一匹马。然后披上斗篷，戴上帽子和佩剑，潦草地写了张便条给詹姆斯·伯比奇，告诉他，他将在周一，在伦敦郊外的第一站那个地方和剧团会面，又付了一便士给隔壁的男孩儿让他送去这个消息。在他离开情妇一小时后，他骑马离开了伦敦。

26.

9月份剧团在牛津演出，几乎是他们夏季巡演的尾声。这次巡演十分顺利，盈利颇丰，非常成功。威廉回到伙伴中间，他的另一个家庭。他又是以前的威廉，那个发情的动物已在伦敦被抛弃。难道这只是一场梦？他正在将这场梦写进剧本里。可能，剧本首先产生，然后带来了梦。一个被爱情药水迷惑的男人，一个同样被欺骗的女人，醒来，惊讶地看着她以为还深爱的男人。是的，是一场梦，是一场噩梦。他是演员威廉，剧场老板威廉，剧作家威廉，那个已婚男子威廉。

在牛津，他们晚上住在一家客栈里，计划下一站巡演地点。斯特拉福德，为什么不行呢？镇子很大，对演员们也十分热情。那么就去那里。

邻桌一个男的开口问："埃文斯河边的斯特拉福德镇吗？你们到那里不会有什么收入，伙计，你们难道不知道吗？斯特拉福德发生一场火灾。我姨妈刚从那里来，说几乎半个镇子都被烧毁，有成百上千的人死去。"

威廉在这一天剩下的时间里，骑马全速朝家乡飞奔。陪伴他的是理查德·伯比奇。因为演员们都是他的家人，不愿让他独自回去。

在他们到达斯特拉福德时，已日落西山，但余晖足以让人看清被毁坏的情形。他看到一半亨利街都消失了，威廉大声地叫喊。到处都是林立的烟囱，屋顶木梁或部分墙体。有些屋主设法从废墟中抢救出一些东西，一个厚橡木门，被烧焦部分，一堆砖块，一些家具。威廉在前门花园中，看到一只被烧焦的、皱缩的狗的尸体。他朋友，萨德勒一家的房子被烧尽。

他们继续骑马前行，现在以步行的速度，担心会发现什么。大火几乎烧至莎士比亚家的房屋，只隔了三家房子，其中一家屋子的内壁上仍留存火苗肆虐的痕迹。一个大梁，破损的砖块，矗立在那里，仿佛被一个邪恶的巨人伸手撕开。

他家的房子一片漆黑，寂静无声，看似了无声息。

伯比奇说："不要着急，兄弟！"威廉从马上踉跄着跌落下来，伯比奇赶紧扶住他，"他们一定都上床了。现在已晚上10点多，这不像在伦敦。威尔。"

"是的，都上床了。"威廉试着敲前门，门锁着。他拼命地摇着门环，大声地叫喊着。大约过了"一个世纪"，窗户打开，一个戴着睡帽的人探出头。

"谁在那里大声叫嚷？"

"理查德，是我，威尔。我听说发生了火灾，大家都平安吗？"

"威尔，真的是你？我们没想到你会回来。"

“我知道，理查德，因为火灾。我的孩子们都好吗？安妮呢？”

“噢，是的，都安全。等一下，我来开门。”他从窗户缩回去，他们看到他点燃蜡烛后所发出的光亮。理查德笨拙地将门打开，照亮通向客厅的路。

“安妮睡在哪里？”威廉问，“还有孩子们？理查德。你确信他们都安全吗？”

理查德点燃蜡烛，转过身来，表情很难看，但并无恶意地说：“他们当然是安全的。上帝保佑我们，伙计。你想如果他们受伤了，我们不会跑遍整个英格兰找你？一个演出剧团不是那么容易找。上帝保佑！他们都睡了。”

那对双胞胎孩子像小狗一样挤在一起睡着，金色和黑色的头发在枕头上混在一起。威廉吻他们时，都没有动弹。他们的气息闻起来有一股纯净的奶香。威廉低声说：“我爱你们，胜过你们想象的，孩子。”他将毯子盖在他们身上更紧一点，惊醒了睡在床尾的虎斑猫。

苏珊娜四肢张开，仰躺在床上，两只胳膊朝上放在头边。他们很多年前就不再干扰她的睡姿或改变她的位置。她又长大了许多，仅仅几周里。十一岁，正是快速成长的年龄。在睡梦中，她叹息了一声，将头摇晃一下，似乎知道威廉的注视。他温柔地抚摸着她的面颊，然后亲吻她的眉毛。她皱了皱鼻子，似乎准备打喷嚏，然后嘟囔几声，很快又沉入梦乡。

接着去看安妮。月光下，她侧卧着，一只手放在两腿膝盖间，另一只手上缠着厚厚的绷带，放在枕头上。前额有一块烫伤的红色疤痕。头发按平常睡觉时那样编成辫子，束在后面，比平时短。一个药囊，散发着酒味，挂在她身上。威廉认识那个药水，在家里有人生病时他母亲常用的。

他脱掉衣服，静悄悄地溜上床。他转过身，对着安妮，忽然她睁开眼，一下子坐起来，大声尖叫。

“嘘，亲爱的，是我。”他将她拉倒，靠在自己的肩膀上，“是我，威尔，我回来了。”

“你吓了我一跳。”

“我不是有意的。”他低声下气地说，“我不想叫醒你。”

有人激烈地敲门，是他母亲担心发生什么事情。安妮说：“没事，我不知道威尔回来了，他吓了我一跳。晚安。”

“威尔，你回来做什么？”

“听说发生大火，所以回来了。亲爱的，你的手怎么啦？伤得重吗？”

“没什么，我烧菜时被锅烫伤的。”接着，她很快睡着了。

威廉抱着她，很长时间都没有入睡。这不是他想象的团聚，至少不是他确信可以想象的那样。充满爱意和释然的强烈的幻想使他想要低声说些什么给安妮听，但那只会使她产生怀疑，还可能是有更多的惩罚，他违背了结婚的誓言，因此他受到失去妻子和孩子的惩罚，这可能是最坏的方式。那些愚蠢，令人作呕的东西，他从来不敢写进剧本中，但来到这里要花费如此多的时间去想。在入睡之际，他意识到令人绝望的旅途是对他的惩罚。不是无辜女人和孩子们的死亡，而是他的恐惧和所产生的后果，以及让他认识到的他真正的需要和他对他们的爱。

27.

他本来可以在家待一晚和一个白天，但他还是回到剧团，夏天结束意味着演员们巡演活动接近尾声，而安妮盼望着回到伦敦。

她在收拾最后一批行李时，充满渴望地说：“我们明年夏天可能在这里拥有自己的房子。”

“我希望如此。”意识到他现在是家中最富有的人，而他父亲的收入和投资都大幅减少，这让他不安。受到恭维，当然，被尊敬、仰慕和依靠是理所当然的，但他担忧家里人会认为伦敦的钱多得俯拾皆是。似乎他听的不外乎就是：威尔，我们需要钱修理店面；你妈妈应该再雇佣一个女佣；琼的嫁妆怎么办，男孩子们的未来如何规划，等等。

他已三十岁，实际上已成为一家之主。包括他自己的有着三个孩子的小家，四个兄弟姐妹，几个无所事事的堂兄妹和叔伯，躲进属于他自己的，天主教教义的世界里的父亲。对于天主教会活动，威廉只能希望和暗示父亲不要参与。责任的大厦建立在他有能力一周表演六次，以及写剧本挣钱，保持财源滚滚。如果他失去天赋，失去思想或能力去工作，他们就得去济贫院。

如今，似乎有另一种责任，他最小的弟弟埃德蒙想做演员。

当这个男孩儿满脸涨红，结结巴巴地问他时，他问：“为什么要当演员？”

“因——因为我一直想这样。自从我看过您演的第一部戏后。威尔，我把它们都看完了，每次演员们来斯特拉福德或附近，我都会去看。我对你的剧本耳熟能详。这是我一直都想的，我不喜欢读书，不适合去上大学，虽然父亲付得起学费。”

威廉问：“你会演吗？”

“我想我会。”

“演给我看看。”

“什么，在这儿，现在？”埃德蒙用乞求的目光看着安妮。她狠下心，点头同意。除琼外，埃德蒙是威廉家人中她最喜爱的。他是孩子们喜爱的叔叔，虽然他比苏珊娜年长不到三岁，比双胞胎大五岁。他长得越来越像威廉，当他向她倾诉他的梦想时，她想起另一个黄褐色头发的男孩儿，他褐色的眼睛里充满着渴望。但埃德蒙不到十五岁，这就意味着他们要在伦敦给他安排住宿，无疑还要给为支付开销。他对他向往的东西有什么主意或想法吗?

但当他无助地看着她时，她说：“是的，就在这儿，现在。你说你知道威尔所有的剧本，那么说一段你认为最精彩的。”

扭着他瘦骨嶙峋的手指，埃德蒙说：“我——我能说一些《维洛那二绅士》中的段落。”

“那么讲出来给我们听听。”威廉说。他仰躺在床上，手放在头后面。脸色变得十分苍白，连平时淡淡的雀斑都像胎记一样显露出来，埃德蒙磕磕碰碰地表演着。威廉点头，说：“但你十四岁，你将会扮演女孩子的角色，给我们表演一下女孩子的说话。”

“我知道《理查三世》中的安妮小姐。”

“继续。”有了一些自信，埃德蒙照威廉吩咐的表演。他表现得虽不是非常优秀，但也不是差得无可救药。

威廉说：“好的。但要记住你丈夫和父亲刚被杀死，要设法表现出沮丧的神情，再来一次。”埃德蒙又表演一次，“不是很糟糕，但我不知道能否直接将你安排到宫内大臣的招聘人员中。”

“噢，不，我没指望那样。”但他明显很期望，“我可以先从跑腿的差使做起，帮忙，可能的话，演侍童和士兵那种类型的？”

“我们已经有个侍童，叫一号。顺便提醒你，和他在一起要当心一点。他虽然和你一般大小，但沾染社会恶习很久。父母知道你的志向吗？”

“噢，他们知道，说听你的。”

威廉和安妮交换了一下眼神：“好的，我们为何不给你个试用期，到明年夏天前？如果伯比奇和其他人同意。当然，你没有报酬。以后，如果能行的话，你从学徒做起。到这儿来。”他扔给埃德蒙一捆他准备包扎的文稿，“这是我的新剧本，弄丢了，要你的命。明天前学好朱丽叶的角色。你不会永远表演，但你必须得学会在一两天内记住一个角色表演的内容。明天我要看看你是否记住。我将要表演别的部分，会给你一些提示，看着你如何表演。”

“噢，谢谢！威尔！”埃德蒙冲向他哥哥，使劲地拥抱他，又满脸涨红，快速跑出房间，拍打着文稿。接着，他又直接转身跑回来，“你会告诉爸爸和妈妈吗？明天你们走时，我要和你们一起？”

“好的，去收拾行李。学会那个角色。”他飞快地跑出去，安妮和威廉面面相觑，“他不能住寄宿，一个十四岁的小男孩儿，不熟悉伦敦。”

“是的。”安妮叹息着说。她喜欢属于她自己的小家庭，“给他在双胞胎孩子的房间里放一张移动床。正好需要将他们分开，让朱迪斯和苏珊娜睡一起。我想他还要衣服，而且饭量很大。”

“这毫无疑问，安妮，你反对吗？”

“噢，不，他是个可爱的男孩儿，只要他平时在家帮帮我。他会成为演员吗？”

“第一次表演，我还看过更差的。我们已有很多年轻演员，经验很丰富。但他值得去试试，如果照他说的那样，他非常想表演。但是，噢，如果我在他这个年纪有这个机会……”

安妮好奇地说：“你就永远不会遇到我。”

“那不会，那会使我很痛苦。”他拉住她的手，将它翻过来，亲吻她的手掌。

“不，你永远不会知道。”看着他垂下的头，安妮说，“你知道，威尔，最近你似乎不太一样。在那次火灾后，你回家时我就有这种感觉。现在，又是。”

“怎么个不同？”他轻声笑着，放下她的手，去把衣服放进旅行袋中。

“我不确信。是变老了呢？还是更温柔？还有，我说不清楚。”

“可能是与管理剧院和帮助兄弟们的责任感有关。这个夏天一直很累人。”

“可能是那样。”她注视着他，发现他额头上的头发开始变得稀落，她几乎大声地叫出来。他知道自己的这种变化。她曾看到他对着镜子，像个女孩子第一次去舞会那样，来回转身，抚弄着头发。这种事是男人们不爱提及的，所以她也闭口不提。

第五部分

1595年

28.

威廉和哈里·南安普顿正在一起下棋，都期望给对方致命一击。由于哈里不是下棋好手，威廉坐在对面，看着哈里思考着走棋，说道：“我猜想，你不准备去参加婚礼？”

哈里一边移动棋子，一边回答：“将死。啊，但我还是会去。”他说话时眼神中的乐趣和他虔诚的表情显得不太和谐，“你怀疑我不会对新娘和新郎的幸福致以最诚挚的祝福？”他俩都笑了。显然是个玩笑，但带着讽刺的味道。伯利大人最终接受了哈里的抗婚，撮合了他孙女——伊丽莎白·维尔与德比伯爵之间的联姻。后者是费迪南多的弟弟，费迪南多曾是威廉以前演出公司的赞助人。费迪南多去年刚去世，威廉感到很伤心。他没有太注意到新伯爵，他想费迪南多在天之灵一定会为他的演员们给他弟弟的婚礼带去的表演而高兴。

哈里接着说：“我对莉斯从没有恶意，即使因没有娶她，让我花费五千英镑。”

威廉激动地说：“那不公平，没有人认为伯利会坚持要罚款，并要求一次性还清，不给你时间去缓冲，那是带有报复性的。”

“他会报复的。一个好人表现在很多方面，但不是卑鄙和冷酷无情。威尔，不要再说了。我去找过女王谈这件事，求她干涉，使伯利至少让我按年分期付款。不幸的是，我在她那儿失宠。”他突然将棋盘上威廉的女王拿走，将棋子攥在手里，“棋盘上最有权力的棋子，到此为止。”他将棋子放在桌子边。

威廉说：“噢，哈里，亲爱的，注意一下你的言行。”

“女王不可能永远活着。”

“哈里，哈里，哈里。凭你的天赋，你能是这样的傻子吗？远离阴谋，当心一点。”

“我会的。”哈里用一根手指触碰着威廉的手背，“我喜欢你对我的关心，但不要担心我。”

“情非得已，爱情就是那样。”

“是的。”有一会儿，他似乎想再说些什么，但接着却躺在后面的椅子里，明显带着强烈的兴趣说：“给我讲讲你这个剧本，你们公司为德比婚礼准备的，是一出喜剧吗？”

“是的，这部戏我在脑海里已酝酿了一段时间，适合婚礼场合。”

“关于什么？”

“皇家婚姻。雅典的忒修斯与希波吕忒，有如乔叟的《骑士的故事》，但还有别的情人。一个姑娘爱上一个不爱她的男人。当事人不愿结婚，但他们的监护人坚持让他们结婚。”哈里竖起眉毛，嘴角露出一个亲切而又歪斜的微笑，“结局完美，当然，过程很曲折。它是仲夏夜之梦。我称之为《仲夏夜之梦》，里面还有精灵，比如精灵国王和王后，罗宾小精灵，有一种爱的药剂，挤在睡觉的人眼里，将会使他或她爱上他或她醒来时看到的第一个人。”

“出错了吗？”

“出错了。我写了一些诙谐的乡下人，技工，他们为皇家婚礼表演一出戏。他们陷入精灵和情人的活动中。”

“听起来很迷人。”他们俩都对双关语咧嘴而笑。

“这出戏很好，我弟弟埃德蒙将在其中演一个精灵。”

“你弟弟？噢，对，你曾告诉过我。他表演得成功吗？”

“迪克·伯比奇不再夜不能寐。是的，这小孩儿有能力，而且很认真。”

“也是诗人，像他哥哥？”

“不，很奇怪，不是吗？我们兄弟五个，我是唯一会写作的。什么时候了？这么晚？哈里，我得走了。明早我们要排练，为结婚演戏。”他把椅子推到后面，站起身，“对不起，没有和你好好下一盘棋？”

“不要客气，我下棋喜欢赢。”

“和一个水平高的对手，你应该下得更小心。”威廉用手抱住哈里的头，吻了他一下，“不久我们还会见面吗？”

“和平常一样，我们会在婚礼庆贺时会面。”

“看着对方。你是尊贵的客人，我只是一个戏子。再见！”

婚礼如期盛大地举办，场面恢弘，有假面剧表演，舞会和宴会庆贺活动。当然，还有威廉的戏剧演出，取得了巨大的成功。他的戏剧演出十分适合这种场合，众人都这样说，迷人、有趣、感人。观众的鼓掌声十分热烈。威廉作为作者除应得的赞美和与德比大人谈好的费用之外，他还获得二十英镑的犒赏。出于对演员们的善意，看在他们曾经是他哥哥的手下，德比大人请求他们留下来，一起豪饮，和客人们混在一起。他说：“继续穿着你们的戏服，这样就像在戏中的婚礼上，我们可以有精灵国王和王后，以及他们的朝臣和我们在一起，但不要提结局；只要一个精彩部分，威尔，来，加入到我们的宴会中来。”

婚礼上食物和酒都免费，客人们身份不再受到歧视。演员们顺从地混杂在宾客中。

在人群中交流时，威廉和她面对面碰在一起。

玛拉或玛利亚，他那要命的黑美人。

穿着一袭粉红色礼服，镶着金线花边，头发整洁地蜷曲着，手上戴着戒指，耳朵和颈部都戴着金饰，胸部裸露得十分得体，不再像以前那样。和那里别的贵妇人一样庄重典雅，只是身上让人眩晕的、浓郁的香味还和以前一样。

他说："是你，你也在这儿？"

她的眼睛眨了一下，朝他冷淡地看了一眼，然后斜视着站在她身边一直注视着她的一个男人身旁。"是莎士比亚先生，是不是？我想我们很久前见过。两年了，是吗？还是三年？你认识我丈夫利先生吗？"

舞台上失掉一位像她这样的演员，真可惜。威廉说："我想，不认识。"她介绍他给那位一直注视她的人。

"莎士比亚先生？"

"啊，是的，刚才我们看的那出精彩的戏是你写的。一部非常优秀的作品。"

"谢谢你，先生！"

"你是怎么认识我妻子的？"是的，有嫉妒，有怀疑。可能，他清楚他娶的是个什么样的女人。他至少比她大二十岁。

“我们是在南安普顿大人举办的一次音乐会上认识的。”

“啊。”

接着，德比大人走过来和威廉说话。他一度看不到那个女人和她那戴着绿帽子的丈夫。

然而，后来，她发现他独自一人在花园的一个安静的角落里。“威廉！”她倾身靠向他，乳房紧贴在他的手臂上。

“夫人！”

“噢，我们之间不要说这些胡话。”

“我们之间没什么，夫人。就像在我的戏里，魔力已消失。”

月光映照出她黑色眼睛中闪烁的光泽，她迅速地反击他：“提坦说了什么？这是我做过的梦吗？我梦到我迷恋上一头蠢驴？”

“我可以是蠢驴，但你永远不会迷恋。”

“你这样说？我告诉过你我会想念你，我做到了。”

某个绝望的、弱智的、轻信的傻瓜充满渴望地说过。“你真的？”威廉四周环视一番，看看是谁说的，结果发现是他自己。

“是的，我做到了。剧场在圣诞节前开业，因此，你回到伦敦已有一段时间，我想。”

“是的，自夏季巡演以来。”

“你故意不来找我。”

“是的，这么说，那是你丈夫。可怜的人，虽然我猜他一定很富有。”

“威廉，多漂亮的恭维。为什么是富有的人娶我？”她像一个少女和他调情。他被惹笑了。她不是你认为的那种机智的女人，但她所有的伪装下面的本质是自我嘲讽的诚实，“是的，我们女人必须要尽其所能地生活好。我原本想我永远不会再见到你。”她走到他前面，双臂抱住他的腰。他开始说：“不。”但她将嘴唇压在他的嘴唇上。

过去的又要发生，他的身体记得他心里决定忘却的事。他所有的决心都逃匿得无影无踪。他们之间有一道矮墙，他将她举到上面，然后掀开她的裙子。她的腿紧紧缠住他，在他抚摸她时，她气喘吁吁。他极度疯狂地渴望占有她，但他还穿着菲洛斯特的戏服，这件陌生的衣服让他瞎摸了好一会儿，他终于插入她身体，她的舌头几乎抵在他的咽喉底部，最后，她借他的嘴巴将她的喊叫声遮盖住。

她的头向前耷拉在他的肩膀上，就像孩子那样：“啊，威廉，我的威尔。我一直都想你。”

“我发誓过永远不会再做那样的事。”

“你想控制爱情吗？”

“这不是爱情。”

“好的，你最了解。”她抽开身，从墙上跳下来，抖落开身上的裙子。他用颤抖的手将衣服扣紧，“如果你想再来找我，我已不在那个房子里。现在我和我丈夫住在一起。你有什么住处吗？”

“我保留着我的旧住所，还去那里写作。有两间房。”

“一间用于这样的爱情已足够，告诉我方位。”

带着痛苦的自我仇恨，他照着她说的做。

“那么，我们可能还会见面。”

她开始从花园中漫步回到房子，威廉走在她身边。就这样，两个人就像只是相识的人在漫步着，他们撞见了哈里·南安普顿。他喝得有点醉。

“在月光下，见到你真高兴，我的威尔。威尔，威尔，我甜蜜的威廉，我宠爱的诗人，我驯服的鸣鸟，今晚你给我们上演了一出多么精彩的戏。”他手中拿着一个酒壶，边说话，边挥舞着，“多么精彩的戏！多么睿智、多么迷人，多么欢快、多么成功的爱情。我喜欢狮子。优秀，古老的奥维德。你是谁，夫人？你看起来面熟。”

威廉说：“是利夫人。”

“您卑微的仆人，您不认识我了吗？”

“我们曾见过面，大人。我曾为你唱过歌。”

“噢，是的，那个眉毛很特殊的女士。我想起来了。唱威尔诗歌的。你到这儿来为婚宴演奏音乐吗？”

“不，大人。”

“真遗憾。你可以唱戏里的大花蛇，你知道，花蛇。”

“是的，大人，很迷人。能否请大人原谅我告辞？我丈夫会找我。”

“当然可以。”哈里弯下腰，差点跌倒。威廉扶起他，“那个女人真他妈的可爱，威尔。”

“噢，你这样认为？”

“我当然这样想。我又不是瞎子。真可爱，迷人。”他警惕地瞥视着他朋友，“啊，哈，你已经被她迷住了。”接着他凭着直觉，对威廉认为的女人的禁区做出大胆地推测，“你已经占有她，去年，她是一个人。你当时没有时间陪我，一直说很忙，一直做梦。”

“对你我一直都有时间，哈里。”

“去年没有，不一样，你爱上她了。”

“不，哈里，管好你的嘴巴。”

“我对保守秘密感到厌恶。这里的人，一半王室成员，老伯利，德比信奉教皇至上论，艾塞克斯失去女王的宠爱，女王的小侍女贝丝·弗隆向我抛媚眼，这我不介意，她很迷人。罗利一直碍事，安东尼·培根和他那拍马屁的弟弟弗朗西斯。我必须管住嘴巴，一直要看管住自己的嘴巴，防范我的敌人从背后捅刀子。没有朋友，真正的朋友，除了你之外，威尔。”

威廉将叹息声抑制住：“我永远是你的朋友。来，哈里，我得去把我的戏服还给管理服装的戏班头，然后我俩来饮一杯。”

哈里已不胜酒力，再喝一两杯，他就要醉得昏睡过去。而威廉，他向往的不是别的，就是独自上床好好睡一觉。别的演员们都留下来，想为婚礼庆典增添光彩和喜庆，明天接着再演一场。出于对哈里的友爱，他想将哈里与任何可能听到他的胡话的人分开，不让他们接触他。他迈开轻快的步子回到演员们的住处，哈里顺从地跟在他后面小跑着，交上戏服后，他才发觉他这样做会将他情妇的香水味散发出去。收服装的班头古怪地看着他，眨巴着眼。接着，威廉和哈里坐在花园里一起喝酒，直到哈里眼皮耷拉下来，这才将他托给他的贴身随从。最后，他跌跌撞撞爬上床，睡到他弟弟身边。心想这一夜，他会因愧疚而辗转反侧，无法入眠。结果，虽然埃德蒙在旁鼾声如雷，他不久也安然入眠。

29.

如果搁在以前，他们花不起钱，都在家里洗衣服，安妮可能会更早地发现他的衣服上的痕迹。事实上，现在她要做的就是把衣服分类，打包，然后送出去浆洗，这样过了几个星期，她才发现威廉衬衣上出现和他们剧团演戏时不一样的印痕。演员们扮演女角色时使用胭脂或口红，以及敷面部的香粉、戴假发。但通常假发是金色，不是黑色，而且不会有哪个男演员如此执着地一周接一周地把他的口红吻在威廉衬衣上同一个地方。还有那种淡淡的香味，也让她想起以前曾闻到过的。当然，和他交往的人多出她的想象。他常去哈里家，那里肯定会有些女客人。夫妻猜疑对方是不光彩的事，她只得将这些疑虑连同衣服一起洗掉。

但在接下来的一周，她发现他衬衣领上不仅有口红印，而且衣服花边上还缠着几根黑色的长头发，颜色很深，明显不是他的。又过了一周，她发现他的亚麻内衣被撕破，那种香味似乎渗透他的每件衣服。安妮存放干净衣服时会用些迷迭香，薰衣草和胡椒来驱除跳蚤和虱子。而这种香味含有素心兰，玫瑰和龙涎香混合的味道。

这件事后，她开始留心观察她的丈夫。他回家和出门都和往常一样，如果说有时他没有，都是有原因，会直接对她说。如公司会议、排练，和赞助人亨斯顿大人的业务往来，一直都有合理的理由。但他和以前的确有所不同。自从去年那次大火，他急匆匆地赶回斯特拉福德就表现得有点反常，变得温和、有爱心，喜欢独处。有时很警觉，常陷入奇怪的沉默中。

有时，她发觉他带着悲伤或甚至怜悯的眼神看着她，但问其原因，他会说他在想一出新戏，并且朗读出其中一幕来做证明。在床上，他常背对着她，抱怨太累，然后呼呼大睡，或者说他听到埃德蒙或其中一个孩子还醒着为托词。他比以往更频繁地带礼物给她，回家带着耳环、一盒糖果，或他认为她喜欢的水果，一对鞋扣。不是说他过去一直很吝啬，当然他们如今有钱买这些礼物，但这些礼物来得无缘无故，太频繁。她发现给孩子们的礼物也是如此。给姑娘们扎头发的丝带和玩偶，给哈姆奈特的书籍和玩具。他对待孩子们表现得也和以前不同，更加放任，但同时又很苛刻，很少容忍噪音或争吵，责备他们之后，又感到深深自责。

安妮注视着他，他也注视着她。她常常感觉他已准备向她坦白，但一直欲言又止。

接着，他建议搬家。一个叫弗朗西斯·兰利的人建起一家叫天鹅剧院的新剧场，就在泰晤士河对面，靠近岸边的玫瑰剧院。威廉说，为何不能将房子搬到萨瑟克？这样离新剧院很近，更加方便。公司将会以那儿为总部。当然，搬家，听起来也符合常理。

安妮反对地说："但萨瑟克那里全是妓院和澡堂。"

"不全是。有……"

哈姆奈特大声地问："什么是妓院？"他们都没有发现他也在房间，他一直默不作声地写着作业。

"不是你要知道的，一个坏地方。"

苏珊娜用冷静地权威口吻告诉他弟弟："那是妓女和嫖客们交易的场所。"

她父母同时吼道："苏珊娜！"威廉补充几句，"你从哪里学到这些话？你不应该了解这些东西。"

"大家都知道。我已不再是小女孩儿了，我已十二岁。"

他朝她大声斥责："还有理由，不要说这些事情。"

苏珊娜放声大哭，跑出房间。听到她愤怒上楼的声音，威廉和安妮相互交换了一个长久而悔恨的眼神。

"十二岁，是的，我该和她谈谈。她马上便是一个女人。我们不应该生她的气，小孩子们听到什么话，便学着使用。"

"懂事但天真单纯，最差劲的结合。十二岁。安妮，这些年是怎么过的？"

"我常常也纳闷，许多东西都去了哪里？"他们又四目相对，持久而紧张。威廉首先移开目光。

哈姆奈特颤抖地问："您在生我的气吗？"

“没那回事。亲爱的，去做你的作业。”他带着忧虑的眼神回答，“好的，言归正传，搬到河对面，你怎么看？”

“我不想搬。我喜欢这栋房子，威尔。我们已安居下来。当然，还有很长时间，新剧场才能被建成。昨天我和伯比奇夫人吃饭时，她没有提及公司要搬迁到新剧场的事情。”

“不久就会。但你可能是对的，这只是一个想法而已。那就这样吧！”

可能是她内心的一个想法使然，安妮决定去威廉的原先住处看一看。或许是别的一两个演员怪异的眼神，发现她在附近，他们便突然中止了谈话。不论什么原因，有一天她出去日常购物，这离上次威廉谈到搬家到河对面已有六个星期，结果她发现自己的脚不听使唤，将她带往另一个方向。

她没有到这儿来将近一年，也没有理由来这里。威廉只在工作特别紧张时和不能容忍打扰时，才使用这个屋子。但今天她来这里，没有丝毫忧虑，快步上楼，走进曾经熟悉的房间。

靠外面的屋子，在威廉最忙时会凌乱不堪。书架上的书已积满一层灰尘；他的写字台和地板上堆放着各种纸张，有空白的、写着字的、打着印痕的，还有揉成一团的；七只坏笔，旁边溅着墨水。一块腐烂的奶酪和面包放在满是苍蝇虫卵的盘子上。酒杯中还残存着酒。你会认为可能有很多天，甚至很多星期没人来过这里，更不用说擅长管理家务的女房主。

觉得自已有点傻，安妮准备转身就走。但里面还有一间屋子，是卧室。

毛毯和被套都被堆放在床腿边，地板上还有沾上各种污迹，被揉皱的床单。两个枕头叠加在一起，放在床中间。上面有色泽光亮的黄褐色头发，也有一些干枯、蜷曲的黑色长发。两只酒杯并排放在床头柜上。空气中散发浓郁的麝香香水味。安妮茫然若失地走到外面的屋子里，感到十分寒冷，让她惊讶的是，她并没有颤抖。她没有想哭，甚至没有生气。只是觉得很冷，仿佛整颗心都已被寒霜所包裹着。接着，她回到家，拿起发夹，将威廉收放私人文件盒子的锁打开。她发现一些诗稿。

30.

“莎士比亚夫人，您想见我？”哈里·南安普顿急匆匆地走进房间。安妮起身，向他行礼，和往常一样，他不在乎这些繁琐礼节。自上次安妮见过他后，已有一段时间，他现在已明显长大成人。他二十一岁，脸上那种女孩子般的娇羞已变成十分有吸引力的男子汉气质。听说他正和伊丽莎白·弗农谈恋爱，但可能只是传言。

“是的，大人！”她朝旁边的仆人瞥了一眼，低声说，“我想和大人谈谈不合礼仪的事情。”

“噢，那么我们可能应该喝点酒。”他努力装作很轻松、很从容的样子，但他白皙的皮肤上出现因尴尬而紧张的表情。无疑，他认为她来是指控他引诱她的丈夫。

“谢谢！好的。”酒斟上后，哈里打发了仆人。安妮痛饮了一大杯酒，“您知道威尔的情妇是谁？”

哈里坐在灯光下，安妮看到他绷紧脸，似乎很痛苦惊讶：“你为何来问我？”

她打断他的话：“噢，来，孩子，你认为我不知道你和威廉之间的事情吗？”

“啊，他告诉过你？”

“一开始我就从他身上看到，他没有告诉我细节，但他从不否认他爱你。”

他的嘴巴一张一合，就像蹩脚的演员，忘记了自己的台词。这次他脸红，不是自卫性的神色，而是满脸通红，从颈部一直红到头顶。安妮的儿子在犯错误时常这样，“你还很年轻，不是吗，哈里？不要问我是否在意或说你很抱歉的话。”

他盯着她，眯缝着眼，说：“我并不准备。安妮，你是个特别的女人。”

“不，只有普通妇女她丈夫才为另一个女人而疯狂。你永远不是这个女人的对手。因此，告诉我，你知道什么？她是谁？”

“我知道有个人，但他什么也没告诉我，但许多事是明摆着。”

“啊！”

“是的，这也伤害了我，安妮，我们共同来承担。”他突然猛地将椅子推到身后，站起身在房间里来回走动。他那双长着细长手指的手扭在一起，“是的，这次谈话的确不太体面。”他停止踱步，仰躺倒在椅子上，面对着她。他不耐烦地把长发撸到后面，披在肩上，“我爱你的丈夫，他却，不，不是爱上。陷入情欲，迷醉其中。我想这违背他意愿，他不会快乐的。”

“我也这样想，他不快乐。”

“是的，可怜的安妮。”哈里又坐下来，拉住她的手，“他非常爱你，我一直都知道。爱你胜过他想象的，我确信。”

“可能是这样，没什么值得安慰的。我为他生孩子，在他还是胸怀梦想的男孩儿时就相信他、帮助他。我们已结婚十三年，既是朋友又是伴侣，但他爱这个女人。可能并不快乐，但仍然是爱。还有，他写了很多诗给她，关于她的诗。”

哈里的声音颤抖着，问：“他写了吗？是爱情诗？”

“是关于爱情的诗。关于情欲、爱情、怨恨、愧疚的诗。诗写得很精彩，但也有痛苦和羞耻。我看见他写给你的所有诗歌的副本。我告诉你，他爱你远胜于他对这个女人的爱。”

他们沉默了一会儿，然后哈里没精打采地说：“他也给你写诗吗，安妮？”

“我只是他妻子，没有。曾经有一次，在我们当初刚认识时，为证明爱我他会写诗。”

“噢，安妮。好的，告诉你答案，那个女人自称利夫人，是个乐师。受过教育，四处流浪，实际上是个娼妓。她是苏格兰人，我怀疑她替詹姆斯王做间谍活动，或者可能是站在支持詹姆斯成为下一届国王的势力一边。”

“长得美吗？”其中有首诗提到暗褐色皮肤和坚硬的头发。根本不是什么好诗，她想。

“有时，她看起来很美。”

安妮感到心里像被一柄剑给捅穿，但她强忍着说：“告诉我，让我看她一眼。”

“黑色的眼睛和浓密的蜷曲的黑发。皮肤灰黄色，像蜂蜜或凝结的奶油。中等身材，蜂腰、圆臀，胸部丰满，足以垫起男人的头。声音低哑，但她唱歌很迷人，还会演奏乐器。她嘴巴长的天生是用来接吻，或做一些难以启齿的事情的。”

安妮无力地说：“这么说，她很美，很显然，你也渴望得到她。”

“是的，是的，我也想，大多数男人都会。”

“我想，她一定很年轻，和威尔的心一样。”

“她并不年轻，也不比你年轻，我猜。我怀疑她没得到他的心。她得到的只是他的阳具，在她温柔的小手中。她是发情的母狗，如果威尔认为他是她唯一的情人，他就错了。安妮，他们不会长久的，他会厌烦她的。”

“他还没有，他和她之间已持续了很长时间，我想。”她的嗓音嘶哑，努力控制自己的眼泪不流下来，“哈里，我该做什么？”

“告诉他，你知道的事。跪下来求他。说你会离开他，如果他不放弃那个女人的话。如果这意味着失去自己的家庭，他会的。”

“他可能会，但那样他会憎恨我。她将会是他失去的爱，他无法获得的生命之爱，由于义务。我想看看她。”

“那会有什么结果呢？”

“我并不想和她当面对峙，当然我不会乞求她把我丈夫还给我。我只是想看她一下。想看看她究竟有什么让他魂不守舍。因为他别的相好都未曾如此吸引他。”

哈里眨了眨眼，说：“他还有别的人？”

“他当然有。你真的以为他……你真的这么想？哈里，你怎么看？他本是个忠诚的丈夫，直到你让他发现他身上有些部分能爱上另一个男人？和我是义务，和你是爱情？难道没有其他原因吗？”

“噢。”

带着怜悯，安妮说：“我充满疑惑，虽然见别的人不会很方便，但这个女人我想亲眼看一下。只是去看，你能安排吗？”她没有想到他会认为这是过分的要求或他会因她的要求而生气。他对他充满怨恨就如任何其他被挫败的情人。

“我可以安排。过几天，晚上我要邀请众人聚会。我会雇佣她来演唱。她有动听的嗓音，这将不会是个让她觉得值得受人尊敬的夜晚。”

“这种事没有一个人值得尊敬。”

“是的，好，我会让人通知您。到时派人去叫您，晚上您能外出吗？”

“我丈夫可能不会注意到我是否在外面，是吗？”

四天后，威廉临时提到那天晚上他要出去，可能有点晚才回家，是剧院的事。安妮说，当然可以。

他刚离开家去剧院，没多久，便来了一个穿着上等人家侍者衣服的人，但没有佩戴通常的制服徽章来显示他为谁服务，他只带来口信：今晚，10点，请打扮一番。

她让埃德蒙在家照看孩子们，因为自己的一个朋友生病了需要她去照顾。埃德蒙太年轻了，不会怀疑她去照顾一个生病的朋友，却要洗发，洒上香水。他更没发现在她的披风之下，她穿着一套适合晚会穿的非常昂贵的时尚的新衣裙。

10点整，那个男仆回来。骑着马，因为他们得穿过城市去霍尔本山庄。他一声不响地帮安妮坐上马的后座，好像护送一个戴斗篷的女人去赴一个秘密的约会，这是他一天的工作，有可能是这样。在南安普顿家，他带着她去后门，然后引着她穿过花园，进了一道门，然后上楼去一个房间，那里只有两把椅子和一张桌子，上面放着一个酒壶。房子的另一边她听到音乐声，欢笑声和说话声。

过了将近半个钟头，门开了，哈里走进来。他开门见山地说：“他们都在这儿，你准备好了吗？”

“准备好了。”

“戴上这个。”是个面具，一个长着羽毛，小鸟的脸，“是个晚会，不是所有人都戴面具，但许多人发现这样方便。脱下你的披风。”她照着做，然后他点头，对她的穿着表示赞许，递给她一个短绸缎披肩。他自己也穿着华美，比她曾经看到的更加考究，穿着蓝色和银色天鹅绒衣服，钻石纽扣，蓝宝石耳环，手上戴着两枚蓝宝石戒指。这让她意识到他的身份和财富，以及她是如何完全脱离她的下层身份。

他说：“那个女人马上就要表演，我们下去，混在人群中。你最好和我待在一起，如果你想离开，先回到这个房间，按门铃，送你来的人会带你回家。”

“您照顾得真周到，谢谢！”

他说：“不知怎的，似乎我只能做这些。”

这根本不是一个体面的晚会。安妮发现有几个剧院里的轻浮的演员在那里，有几个在法庭上看过，还有和哈里·南安普顿身份一样的名人。在伦敦任何人都认识他们。许多女人和英俊的男孩子们，很显然都是妓女，由客户、情人带来或来求包养的。空气中弥漫着熏香和素心兰的味道，还有蜡烛和火把味、烟味、酒味和食物的味道混合在一起。一个红头发男人，搂着一个臭名昭著的男孩儿，他的眼神黯淡无光，似乎喝多了酒或吸了某种毒品。他和哈里熟悉的打招呼，眼睛自动地对安妮扫视了一番。由于戴着面具很安全，她大胆地看着他。哈里用手搂着她的腰，喃喃低语，使那个男的眨着眼走开。

“穿过这个门。”哈里温柔地对她说，拉着她的手，带她到另一个房间。

一个女人正在演奏维金纳古琴，和着自己的伴奏演唱。的确有着迷人的嗓音。一张奇怪的脸，根本不美，颜色太深，充满轻蔑味，浓浓的眉毛，涂着胭脂的嘴唇。她身着淡青色绸缎，经过昂贵的剪裁制成，衣领开得很低，几乎露出硕大的乳房。她已不再年轻，一点也不。

哈里给安妮手中递来一杯酒，说：“瞧您的左边。”

啜饮着酒，假装微笑着，她朝左边望去。

威廉是正在听音乐的二十位男人中的一员。他靠着墙站着，身体向后斜着，并不完全看着那个弹琴的女人，他用手指打着拍子，饮着酒，就像那群人中的另一个欣赏美妙音乐的人。安妮和他已结婚多年，对他身体的每个细小动作变化都了如指掌，包括每个眼神，身体的线条以及嘴巴的动作。她看到他身上的欲望，希望和自我反感。她很高兴看到他身上的自我厌烦，怀疑他是否知道那个女人并不爱他。

演唱结束，传来鼓掌和拍打声，那个女人拿出一张新的乐单，说了一些安妮不完全理解的话，好像关于一首新歌，特别为今晚而写，她说话时，眼睛扫视着整个房间，直到看见哈里。她微笑着，因为他独自一人，安妮发现她的确很美。威廉看到那个微笑，身体立刻僵硬起来。

哈里欢快地朝威廉挥手，一会儿后，他也露出微笑，但不是非常开心。他的视线移向哈里身边一个戴着面具的深色头发的穿一身绿衣的女人。他眯缝着眼，似乎认识她，然后他摇摇头，好像因一个荒唐的想法笑着。接着，他回过头去看着那个弹维金纳琴的女人。

听到歌曲的中段，安妮悄悄地走开。哈里跟着她，回到楼上她刚来时待过的房间。安妮说：“我已看得很清楚。该回家了。”

“我也看够了。奇怪，直到现在我才真正理解。”

“好的，我们聪明的作家的确已这样做了。凭着自己意愿去爱的人是个傻瓜，虽然你爱他爱得全心全意，他却不屑一顾。”

他发出含糊的声音，在她离去前，他伸出手，非常温柔地取下她的面具。

“我想你一定哭了。”

“不，我已知道，对我来说陌生的是她的长相。我看到她是很美，但她一无是处，没有什么。虽然我仍然无法和她相比，但如果她是真正的美人，或非常年轻，让我默默承受或许会更容易些。但是，当然，他可能真的爱她。”

“你认为他不是？”他说着，话音中带着希望。

“这是你那天说的，是情欲、悔恨和爱什么的，但根本不真实、不美好。”

哈里盯着她。房间被两根蜡烛照得通亮，烛光在他的眼睛中闪烁着，让它们和他戴的珠宝一样的晶莹明亮。

“您准备怎么做？”

“我不知道。”

“以牙还牙。用复仇来解决，也找个情人。”

安妮无法相信地凝视着他：“噢，非常好、合理的主意，正是我对一个男人所期待的。而我，茫茫世界，谁会愿意要我？不，我有个更好的主意。哈里大人，你去引诱那个女人。”

31.

门关着但没有上栓。平常都是这样。威廉走进来，闻到空气中他的情妇用的香水味。他听到她在卧室中的声音，于是一边走向她，一边脱衣服。她正坐在床上，一丝不挂，背对着他。她没有转身来问候他。平常她不是这样，后来在做爱时才说话，为刺激情欲，满足下流的需求。他将紧身衣和马裤丢在地板上，溜到她身后，欣赏着她后背上动人的线条，手滑到她胸前，抓住她的乳房。

他这才看到她身子底下有个男人。

这个男人赤褐色的金发披散在床垫上，没有枕头，原来枕头垫在他屁股底下。男人那修长、细腻的手指正抓住女人的臀部，在自己的阴部上方来回移动。威廉已许多次看过这样披散的长发，他感到那些优雅的手指仿佛正抓住自己的身体。

“哈里！”他穿着衬衣站在那里，像个傻瓜，他那本来雄赳赳高挺着的阳具一下子萎缩下来，心跳也仿佛停了。

玛利安、玛利亚或玛拉转过头，朝他微笑着说：“威尔，我们三个人一起来，还有足够空间。”

“不。”他从未看过别的人交媾，他于是站起身。

威廉的性欲一下子降到冰点，因羞耻而让兴奋劲白白耗费掉。“来吧！”她说着，伸手拉他。他又爬上床，知道他想要的，然后躺倒在他们身边，抚摸着他们，亲吻着、占有着他的情妇，然后和哈里相互占有对方，三个人在床上，肢体交错，手口并用，混交在一起。威廉虽然憎恶这样，但又无力抗拒。

过后，他首先离开床，沉默无语地穿上衣服。他的情妇睡着了。出于羞耻，任何人都会装成这样。但他知道她只是像玩完游戏过后睡着的孩子。哈里躺着，注视着他。

“哈里，这是你第一次吗？”

“不。”他带着某种近似于遗憾的口吻说，“我必须得问你，威尔。”

“我相信。哈里，我爱你。”

“我知道，我也爱你。对我来说，这不是在过去。一切都已发生，她只是个女人。大家都可租用的一匹老马而已。”他伸出手，让他惊讶的是，威廉握住他的手，十分渴望这温暖、熟悉的手。

“我仍然爱你。”他犹豫不决地说，吻那个男孩儿的嘴唇，“但现在，我们该说再见。”

“再见，亲爱的！我们真的是相爱的。”

“我知道，刚才我也希望如此。”威廉说完便离开。

他只有回家，没有别的地方可去。回到家中，回到他妻子安妮身边，回到孩子们身边。对安妮，他决定告诉她一切，乞求她的原谅。安妮会理解的，她一直都这样。

到家后，他发现埃德蒙独自坐在客厅，吃着面包和奶酪。看见他哥哥，他站起身，大步穿过房间。

“如果你在找你的妻子，威廉，她不在这里。”

“什么？”

“你还敢装腔作势问什么？”埃德蒙抓住威廉的衣领，威廉发现，他愤怒地颤抖。感到困惑不解，这个男孩儿如今已和他一般高，“你是个发情的猪，而你竟然还有安妮这样的妻子。”

“她在哪里？”

埃德蒙狠狠地扇了他一个耳光，轻蔑地将他扔在椅子上：“她已回家，谁能责备她？她已发现，威廉。她知道了一半伦敦的人一直都对她瞒着什么。关于你的情妇。”

“噢，上帝！噢，上帝！”威廉把头埋在自己手中，控制着自己的眼泪。

“她留下一封信。”埃德蒙说，“换成我是她，我也会这样做。你就是一坨屎，威尔。她哭了，噢，不，她设法不哭。不想让孩子们感到沮丧——你的孩子们。”

“信在哪里？”

“在你的房间，我想。我现在出去，留下来就是为了荣幸地告诉你这些。我没有别的地方可去，但我想我可以和别的演员们住在一起。我不愿住在你的屋檐下。这样对你可方便了，你可以把你的姘头随时带回来，在安妮的床上和她交欢，你为何不这样干？”

“不，不，埃德蒙，不要走。回来。”回答他的是“砰”的一声关门声和房间里空荡荡的回声。

他坐在那里很长时间，然后疲惫不堪地爬上楼，边走边脱掉衣服。卧室里，他将冷水倒进盆子里，开始洗漱。接着，一丝不挂，慢慢走到窗户下方的桌旁。安妮的信放在那里，对折了两次，上面写着她的名字。旁边是他锁在盒子里的诗稿。安妮将它们依次排列，从他第一次写给哈里的，到最近写于两天前的一首诗。

最后，他打开安妮的信。她凭着猜测拼写的，但她的信息表达十分清楚。她知道他和那个深色皮肤女人的私情，不能容忍再和他生活在一起。她已带着孩子们回到斯特拉福德，他们根本不知道她为何回去。她不想看到他和那个女人纠缠在一起。离婚是不可能的，但他们可以分居。她相信他会寄钱给孩子们，如果他想回家，他必须答应她的条件。

她的签名是安妮·莎士比亚。

第六部分

1596年

32.

安妮押下了赌注，当春天悄然逝去，夏天翩然而至时，她意识到这次她输了。她从未收到威廉的来信。5月份他给苏珊娜送来十三岁生日礼物和钱，但没有来信，甚至连只言片语的口头捎话都没有。夜复一夜，安妮夜不成寐，觉得自己原本可以用另一种方式来处理。威廉已竭尽全力地爱她，她应知足。她本应对他与那个女人的私情睁只眼闭只眼，因此，她为何对他爱上那个女人如鲠在喉呢？但这就是问题所在。他爱哈里可能带有欲望的成分，但与男女之间的情感无关。而那个女人是个对手，哈里却不是。她使威尔成为一个陌生人。安妮心想，我所有的是我的自尊和我们的孩子，但自尊会忽视整个事情。我不必探究她的事，不想让事态变得更糟。如果只是通奸，那么还有更坏的罪孽。然而，更重要的是画出一条线，说："这我不会接受。"

那么维护自己的自尊，就仅仅是伤害吗？她失去了丈夫。现在他可能一直都和那个女人在一起。可能他们住在一起，同床共枕，还可能是他和哈里共同拥有她。可能当哈里将他们原先的计划告诉他们时，他和哈里哈哈大笑。可能是这样，也可能是那样。

她找不到人来倾诉，她的朋友也是威廉的。直到现在她才认识到在过去这些年中，她发生了很大的改变。斯特拉福德是家乡，她爱这个地方，但这个乡下小镇过于偏僻，居民很少有人离开周围方圆五英里外的地方。在斯特拉福德，安妮在伦敦遇见和知道的人只是个名字而已，这些远离现实的人，因地位和财富让人敬而远之。政府和政治都是发生在遥远地方的，神秘得让人捉摸不透的东西，影响普通老百姓的，只是国君驾崩或国家卷入战事当中。这里的人们日出而作，日落而息。如果说，这是安妮过去一直毫无疑义地接受的生活，如今，一切都迥异于昨日。她已变成一个历经沧桑、饱经世故的女人。

在斯特拉福德，常发生通奸、乱伦、酗酒、争斗等事，不是伦敦才有发生这些罪行的专利。乡下人强奸自己的女儿或姐妹，还有更离谱的事情，竟有人和羊乱交，他们相互兽奸。女人殴打伤害自己的孩子。但在伦敦待过以后，这些恶行甚至都缺乏某种刺激，但安妮觉得用不着这些刺激。她过分沉溺于这种刺激，想知道它会将自己引向何处。回到她起初的地方，她舌尖上还残存着那些疯狂事情的余韵，但她失去了自己的丈夫。

人们开始讲闲言碎语。去赶集或拜访朋友时，安妮看见人们在她背后指指点点、窃窃私语。认为她有气派，曾去过伦敦，但没有讲她回来只是因为她丈夫忙于业务。她知道，他们一直这么说。如今她有架势，因为有钱，但一个已婚的女人在独自持家，没有丈夫的帮助。无烟不起火，你知道。这些人同样尊重她，因为她有钱，丈夫在伦敦是个名人，甚至见过女王。

但时过境迁，斯特拉福德毕竟还是自己的家乡。她可能永远不会再去伦敦或其他别的地方，威廉可能也不会回来。那么，她最好在斯特拉福德开始谋生。

她去找哈姆奈特的老师，虽然他们不习惯和一个女人打交道，但都了解她丈夫的影响之大，所以很慎重地接待她。他们表示同意，因为哈姆奈特是个聪明的学生，必须要上大学。如今他已十一岁，足以开始这个计划，费用并不是问题。就这样定下来，到时就去牛津大学读四年，同时，他必须加强学习希腊文。

女孩子们怎么办？他们不可能在斯特拉福德找到特别令人羡慕的婚姻对象，但可将她们嫁给比她们地位高的人。只要能嫁给品行端正的男人就好，但就是不能是演员。朱迪斯在家更加快乐，她有祖父母和表兄弟姐妹，也有叔父和姨妈，以及农场，还有哈姆奈特，也令她感到满足。但以后会有麻烦，特别是在哈姆奈特上大学后，但安妮想，船到桥头自然直。苏珊娜特别想念她的父亲，但又似乎并不喜欢伦敦。

安妮想，我自己有朋友、有家庭，如今我也该有个新家。她小心谨慎，并不到处公开谈论自己的想法。女人们可以操持家务，管理农场，打点生意。女人也可以统治国家，但女人一个人来做这种事，行不通。因此，她谨慎地询问了一些问题，对相关信息保持高度敏感。有天晚上，在她回家两个月之后，琼来敲她卧室的门，进来时，兴高采烈地对她说：“最新消息，可能是传言，但你该去询问一下，安妮！他们说新地界将会对外出售。”安妮坐起身，把书放在一边，问：“你听到什么？”

“只有这些，是个机会。今天市场上的人都在谈这件事。你一直喜欢新地界，不是吗？”一不小心坐在了安妮的书上。“对不起。”她含糊地说，将书翻过来，离开安妮的位置。接着，她好奇地看一下说：“这是威尔的吗？”她能读一点，足以应付日常生活的需要，但坐下来让她认真读书，她会不愿意，“《受辱记》”。

“鲁克丽丝。一个经典故事，是的，威尔写的。”

“噢，我以为是他写的维纳斯。”

“那是他第一首长诗，他因其出名的。这首是第二年写的，许多人都认为它写得更精彩。”

“你也这么看？”

“我不确定。甚至不知道我为何要读它，琼！新地界？是的，我一直都喜欢它。”安妮的手环抱着膝盖，在思考。那是斯特拉福德最大的房子，最体面的房屋，但我听说它风水不好。

“是的，他们是这么说。一直没人注意，可能威尔能低价买到它。”

“可能。但如果需要大量的改造工作，这个买卖不划算。那儿发生过一些谋杀事件。”她一直都享有处理或支配他们钱财的权力。她的节俭和精打细算，就像威廉决定永远不学他父亲那样，总能令人看到他们手里有钱。她现在有一百英镑的闲钱。而这些天威廉也在大量地挣钱，两人不管在一起，还是分开，他都不会想到妻子和孩子到底需要什么。她需要一栋房子。是的，可能是最好的房子。威廉也曾充满向往地谈到新地界那栋房子。

“你认为我们可以去看看它吗？新地界，我们先不要告诉任何人，但我们可以去看一下。”

“我们去吧。”琼朝她友善地露齿而笑，“毕竟，没人说我们不能去看看，安妮！”她的微笑渐渐幻化成一种淡淡不安的神情，“我在纳闷，当然，坦白地说，我在想，如果你和威尔有自己的房子，我能和你们住一起吗？”

害怕受到断然拒绝，担心她的要求过分，她不敢直视安妮的眼睛。但安妮在想，为什么不可以呢？她爱琼，她们是朋友。孩子们也喜爱她，作为家中孩子们中的唯一女孩儿，琼从未真正体验过生活。她很少得到母亲的关爱，她们的母亲很明显偏爱儿子们。

安妮直接答道："当然可以，如果你愿意就行。我很乐意屋子里有个女人陪伴我。"

"你不介意吗？不会觉得我无趣吗？"

"从来没有。"安妮拉住琼的手，"我从未发觉你无趣，你怎么说这样的话？"

"噢，现在你和以前不一样。你感到……"

"孤独。"安妮脱口而出，自己还未意识到，话已说出口。

"啊！我在想，你和威尔之间一定有什么不对头，是吗？"

"是的，的确，我不太确定。"她本想把什么都和盘托出，但琼是威廉的妹妹，还太纯真，不适合知道实情。

琼试探地说："我看过威尔的戏剧表演，有时，我想他的脑子里究竟在思考什么，噢，是经验。"

"噢，只是有一些，琼！"

满脸涨红，琼的想象力已扩展到最大限度："他有了另一个女人？对不起，我不应该问这件事，我知道事情在伦敦会有所不同。"

"琼，我真的不能告诉你，可以说，你说的不是完全对。我想他又在恋爱。"

"我想，男人们爱这样，即使他们已结婚。"琼摆弄着她的辫梢，"难怪你闷闷不乐，这就是你这次为什么要离开伦敦的原因吗？"

"是的，可能是我反应过于强烈，可能这只是个短暂的诱惑而已。"

"有可能。"琼同意她的看法，明显感到释然，"他爱你，安妮，我知道。"

“是的，只有他知道。刚才你为何说‘男人们都那样，即使都结婚了’，你为什么这样说，琼？”

她的小姑子俯身将脸埋在膝盖上，肩膀在颤抖着：“琼？你有过那样的男人？他伤害了你？辜负了你？啊，亲爱的，来这儿，告诉我。”她把这个年轻的女人抱在怀里，抚摸着她的头发，为她擦去伤心的泪水。

“是的。”琼说，“有一个男人。”

“噢，上帝！他没有结婚，对吗？”

“是的，是的，他是，你不会告诉妈妈吧？”

“当然不会。”安妮答道，真为她担心，“琼，你怀孕了吗？有没有什么麻烦？”

“没有那回事，我们从没有。我不会的，我只是爱他，他离开了。”

“永远吗？他不在乎你？”

“我不知道。不，不是永远。可能不是永远。我不知道他是否在乎我。但我爱他，安妮！”

“他是谁？”

“叫威廉。”她停止撸鼻涕。安妮瞪着她，叫威廉？噢，世界到处都有叫威廉的，真是太小了。

“你是不是指我的哥哥？”她差点点头，“或者是你的威廉？”但及时停住，像那样的事可能发生在乡下，但绝不会发生在莎士比亚家的人身上。

“威利·哈特。”琼又撸鼻涕，接着似乎对安妮完全无法理解，“我忘了你没有见过他。去年他在这里，待了整个冬天。他是个帽子商。”

“还有？”

“他有一头金色的头发，蓝眼睛，是我见过的最英俊的男人。”

避开谈论那个有着蓝眼睛和金发的男人，安妮询问了更多的信息。通过琼的一会儿流泪、一会儿夸赞，她推断出哈特先生来到斯特拉福德镇大约在一年前，来这里找工作，找到后，又离开，然后到处去流浪，把伤心欲绝的琼抛弃在身后。不，他们从未谈婚论嫁，但就安妮所发现的来看，肯定有事发生。他说他会回来。他去伦敦找工作（安妮想，又是伦敦），但他愿意生活在乡下。他说他会回来。他听起来是个心地善良的，招人喜欢的，却无所追求的小伙子，安妮想到以后令人不安的日子，她将会支持琼和这个英俊的流浪汉，他们无疑还会生一大群孩子。

她撒了个谎，说："我能看出你为何爱他，但是，琼，你可以嫁个更好的人，你是个漂亮的姑娘，父母有地位，威尔有钱，是个名人。这个居无定所，到处做生意的帽子商适合吗？"

"今年我已二十七岁，没人愿意娶我。我爱威利·哈特。虽然父母会和你说的一样，说他配不上我，但他是唯一我愿意嫁的人。噢，安妮，我该怎么办？"

"等着，看他是否会回来。如果他回来，好的，我们再看看。如果他不回来，那么就面对现实，琼，他并不在乎你。"

琼悲伤地说："我也这样想。但他说，他会在夏天结束时回来，或写信给我。母亲见过他，你知道，她憎恨他，称他为废物。安妮，他不是，她这样说，是因为我喜欢他。因此，我想问下你，下一次，等威尔回来时，我是否该告诉他……"

噢，是的，安妮想，他会迷惑不解，想不到他美丽，精心培养的妹妹会痴心投入一个流浪的、一文不名的帽子商的怀抱，还要为琼嫁给这个小伙子置办嫁妆。但她巧妙地告诉琼去和威廉谈这件事，要小心地谈。"并不是说，我知道他会什么时候回家。"她止不住补充一句。

“安妮，对不起。我忘了，只顾谈我自己，安妮，是真的那么糟糕吗？他可能不会回来？”

“噢，他会回来，看孩子们，看他的家人。作为我的丈夫？那么，就让我们等着瞧。琼，我们俩都在等着叫威廉的男人。同时，我们处理好房子的事。明天你和我一起去，去看看新地界。”

“好的。”琼答道，脸上强装微笑。

经过一番交涉，新地界的管家不让她们进去，安妮只好使用在伦敦学会的方法，贿赂。花了一先令，她们被放进去。琼感到震惊，是一个先令。但安妮觉得钱花得值。因为在她踏进铁门后的那一刻，她就喜欢上新地界。前面是个院子，幽深的走廊，有个花园，十个烟囱从石瓦房顶伸向天空，房子前面是扇巨大的玻璃窗，上面更多。屋子里，东西很简陋。房间很多，客厅、餐厅、佣人的宿舍、食品室和奶酪室、洗衣房、储藏室、餐具室……几乎远远多于他们的需要，但它们实际状态如何？剥落的灰泥，潮湿的空气，被虫子侵蚀的木头，厨房被安妮误认为是猪圈。不论你看到什么，都污秽不堪。十个烟囱的税额会很大。但是，还要将整个地方打扫干净，清扫好厨房和烟囱，修理好楼梯和木地板，安装好房顶。楼上，有间房有着整个房子的宽度，里面放着一张巨大的、雕刻精致的大床，上面悬挂着破烂不堪的深红色床帘，这可作为一个客房。另一头，有个巨大的，通风的房间，安妮立刻幻想，将其铺上地毯，挂上挂毯，给他们家的大床挂上她绣了两年的绿色丝绸床罩，搬进他们在伦敦买的衣服熨烫机，装上镀银的镜子。她克制着自己的想象。对于一个独自生活的女人来说，一切都很美好。但又为何不行呢？这么多年都住在他母亲的一间屋子里。

一间房给哈姆奈特，朱迪斯和苏珊娜也一人一间。多么体面，每个孩子都有房间。一间房给琼，不管有没有那个出名的哈特先生，还有别的客房，佣人的卧室、储藏室、缝纫室，一间给威廉做书房。说到底，这是一栋豪宅，一位乡绅的房屋，能招待客人的屋子，成为女儿们出嫁用的房子。

花园里有桑树、苹果树、核桃树、杏树，还有一口井，墙边还有桃树，一块菜地和种药草的园子，还有正在蓬勃生长的葡萄树。可以增加几条砖石路，清除灌木，割除野草，搭建个马厩和工具屋。修建好那堵垮塌的墙面，还有种上玫瑰花，等等。

“这需要做很多工作。”安妮在和琼步行回家时这么说。

“大大超出我的想象。安妮，对不起，这根本不是一个好主意。”

“噢，琼，但它的确很好，我打算买下那栋房子。”

“但安妮……”

“一百英镑应该够，我想他们是否可以卖便宜点。”

“一百？”

“我们应当出价六十，看他们怎么说。”

“我会，我们将涨到一百，但希望低于这个价买到，考虑到它还需要修补，装修一番。”

“但是，安妮，威尔会怎么说？”

“你知道吗，琼，亲爱的！我才不管他。”

安妮向她的朋友萨德勒一家透露了新地界的事，尽管他们提醒她，买那栋破损房子的花费很高。哈姆奈特·萨德勒为她与房主谈判，但什么都没有定夺下来，还处于不明确的询问阶段，因为安妮不想把价格定得太高，所以不能表现得过于热切，但房主勉强同意给莎士比亚先生优先权，如果房子真的要卖的话。

对于第一步，安妮感到满意。

33.

在家住了两个月，安妮和孩子们搬到赫尤兰德农场。购买新地界的事还没有任何进展，她已受够了叫莎士比亚的人。还有，她发现，在你的生活变得一团糟的时候，你需要那些曾经熟悉的人和地方，那会让你想起过去的纯真岁月。这对孩子们也有利，离开伦敦，离开他们居住的斯特拉福德，乡下新鲜的空气，有利于身体健康，还有巴塞罗姆的四个孩子相伴，巴塞罗姆和他的妻子还可以帮他们一把。这对安妮也有好处。随着夏季的流逝，收获的季节来临，阳光下她和她的家人一起干活，一天十二小时的重体力劳动，这样在晚上睡觉时，疲惫得倒床便睡。

她家人发现有什么事情不对劲，但从未过问，因为他们不是那种多管闲事的人，随着日子一天天过去，安妮感觉他们围拢在她四周，形成一道防护栏。她是他们的女儿，姐妹，姑妈。她属于他们，他们喜欢威廉，但如果他伤害了她，他会发现有人为她主持公道。

从事收割的雇佣工们包午餐，如果进展顺利的话，还可以在树荫下打盹一个钟头，或到雅顿森林里散散步。哈瑟维一家和他们的雇工们都在屋内进餐。当进餐铃声响起时，安妮便召集孩子们，他们和她的兄弟们拖着沉重的步伐回到家中。男人们在水泵下冲洗，一方面是哈瑟维夫人十分挑剔，还有他们很想洗去身上的汗湿的谷壳和灰尘。哈姆奈特加入到他们当中，他已十一岁，需要感受在劳作和干体力活动时男人们之间的友谊和合作精神。如果她当初嫁给农民，安妮心想，十一岁大的儿子有可能已长成一个发育健全的农场工人。他没有念多少书，根本不要紧。这个夏天和他叔伯和表兄弟们在一起对他也有好处。他已开始发育，像板栗一样棕色的皮肤，十分健康。他们都是棕色皮肤，天气炎热，安妮心想和女孩子们脱掉衣服，到水泵下喷涌的清凉的水中戏耍一番多舒服。但实际上，按照规矩她们都应在浴盆里清洗。可是今晚，她想，我们可能要去河里游泳。

饭菜已准备好。巴塞罗姆按他清教徒的方式做了一些祷告，直到每个人都加入当中，繁琐的仪式最后被变成“芥末”，或“把盐罐递给我”。安妮正在纳闷，她的孩子们为什么吃得像他们在菜地里一样狼吞虎咽。这时，门开了，她丈夫走了进来。

这种情形下，他的突然出现，显得十分意外，就像一出戏中某些设计精巧的技工制作的幻影。大家都跳了起来，巴塞罗姆放下手中刚开始填装烟草的烟斗。“玛利亚出现了，是威尔。”哈瑟维夫人惊呼道。

“是的，妈妈，大家好！亲爱的安妮。”说着，他俯首向大家鞠躬。由于坐在餐桌尽头的里面，安妮无法起身问候他。但她太冷静了，显得很奇怪。她勉强露出微笑，让她生气的是，威廉扬扬得意地给她打了个飞吻。接着，孩子们都蜂拥而上，围住他，哈瑟维夫人让女佣拿来餐碟和食物，大家立刻开始谈话，没人注意到安妮并没有回应他的吻。

她在想，多么像他的风格，他就是这样喜欢突然出现，不给人任何提示，确信会受到人家欢迎。突然从心里涌出一股愤怒，她将他打量了一番。她来到乡下，穿着十分朴素，和那些穿着手工缝制衣服的劳工差不多，他深色的蓝西服，带着滚边绸缎，和宫廷人士一样华丽夺目。他看起来优雅整洁、风度翩翩，显得很有身份。剧作家莎士比亚先生，剧院老板，一个通奸的人，搞同性恋的人。

直到现在，她才发现那个剧院的一号男孩儿，还在门边徘徊着，手里仍抓着威尔的行李包。

“一号，很高兴看到你，你还好吗？你看起来很热，进来喝杯酒。”

“很高兴见到您，莎夫人。但我想在厨房喝酒。威尔先生，您的包。”

“谢谢！一号。有麦芽酒吗？我得先洗一下。”

哈瑟维夫人说：“好的，的确是。哈姆奈特，亲爱的，带你的父亲，噢，你知道东西在哪里，威尔。对于你，一号男孩儿，对吗？非常欢迎来我家，你应该好好吃一顿，但首先我们让你到水泵下洗洗，非常感谢！不要让虱子进我的家。来吧！”

在他们出去时，巴塞罗姆低声对安妮说：“没有想到他来吧？！”

“是的。”

“不高兴看到他？”

“是又不是，我们分别时关系不太好。巴特！”

“怪不得他看起来有点躲躲闪闪的。虽然他看着你好像他愿意回家，到现在我才知道实情。”他的大手紧紧握住她的手，放在桌子边上，“高兴起来，安妮，记得还有孩子们。”

“我高兴啊，很快乐。如果你再叫我安妮，我就不会这样。”

“让你笑话了，不管怎么说，再喝些酒。”

她又喝了一杯，郁闷地发现她的女儿们个个变得精神抖擞。她自己的感受，她们几乎不清楚。

哈瑟维夫人和威廉回来时，两人衣服边都有点潮湿。威廉闻到哈瑟维身上的肥皂水味道。他穿着衬衣和马裤，安妮发现那件衬衣曾是她做的。荷兰面料，雪白的，十分精美以至于看起来是透明的，在手腕和颈部处有时髦的三角形衣领和白底黑线刺绣的衣带。这让安妮意识到自己身上破旧的工作服，她油腻腻的头发打成结塞在干活用的帽子里，事实上，几个月来她在卧室的浴盆里，只是用冷水洗洗手和脸，还有身上坑坑洼洼的部位。

“我把那个男孩儿拉到水泵下。”哈瑟维夫人对大家说，好像一个刚打过一场胜仗的人，“我从未看过人身上有这么多污垢。不要告诉我，伦敦的灰尘比乡下的少。他满身都是虱子，不管是从农场过来的还是不是从农场过来的，虱子、跳蚤和污秽都不要跨进我的门槛。哈姆奈特在烧那个男孩儿的衣服。他可以穿上托马斯穿不上的衣服。”

“我去年圣诞节时曾带他去过澡堂。”威廉边说，边用刀切牛肉，“他声嘶力竭，认为洗澡不是自然的状态。”

“爸爸，你会留下来吗？”苏珊娜问，将沙拉堆在他的碟子里。最近她觉得叫爹爹很孩子气。

“看情况再说。这牛肉真好吃，哈瑟维妈妈。剧院关门了，因为伦敦又流行瘟疫，因此我们将演出公司精简后，会出去巡演。伯比奇一家继续留在伦敦，奥古斯丁·菲利普带领演员们去巡演。我应该加入他们，但我没答应。”他向桌子尽头的安妮瞟了一眼，她又喝了一些酒，“你看起来很健康，一直待在太阳下，我想。”

“可能在太阳下待太久了，但当然，你喜欢棕色皮肤，不是吗？孩子他爹。”她找准机会攻击他，像演员们演戏一样干净利落。

他满口食物，朝她看一眼，然后，将食物吞下去。说：“太阳对美貌女子皮肤上的吻痕比任何面部护肤品都是更好的装饰。不久前，我写过相关文章。你不记得了吗？”

“我记得，但你写了那么多诗。”

“是的，太多了，或许还不够。”

“好像它们的稿酬很高。”巴塞罗姆心情愉悦地说。

“那要对合适的观众。我的两首长诗已被印刷好几次了。它们为出版社挣钱，不是我，我写的那些剧本得到一些报酬。”

“似乎不会饿着，但是你的每个剧本能得到多少？”

“噢，通常是十英镑。”微笑着看着苏珊娜和朱迪斯，她们正在给他的碟子里加菜。

“十英镑！”巴塞罗姆放低他的烟斗。他妻子伊泽贝尔盯着威廉，好像他刚宣布了她被加冕为女王，“十英镑付给剧本，那些写在纸上的文字？”

“噢，是的。”安妮回答，“威尔挣了好多钱。”她补充道，“还写了好多优秀的剧本。”

“它们都是很好的，十英镑。我喜欢你其中的一出戏，上次演员们来斯特拉福德表演的。一个关于国王的。好可笑，我想我差点笑破肚皮。”威廉对她苦笑着：“和那个小丑有关，他有只小狗，是我见过的最滑稽的东西。”安妮微笑着。威廉讨厌小丑们的即兴表演，她曾看见他几乎和那个叫威尔·坎普的丑角互殴起来，因为坎普擅自将他的小狗带到一出悲剧的场景中。“是的，那场戏很好。那么告诉我。”巴塞罗姆接着用让人烦恼的、坦率的口吻问，“你是剧场的股东之一，安妮告诉我们的。那会给你带来多少收入？”

“我们每人都有利润分红。”威廉沉思了一会儿说，一边切了一大块果馅饼，“这样，一周六场戏，十二个人分享利润。每周平均四五个英镑，加上私人演出的佣金。”

巴塞罗姆低声说：“咄！我一直叫我的儿子们干农活或从事小买卖。威尔，那可是一年两百英镑啊。还有剧本，你一年写多少部？”

“通常两部。”威廉抬眼瞥了巴塞罗姆一下，微笑着说：“每年我一般写一出喜剧和一出悲剧，悲剧里有狗的场景。有些年写三部。我去年挣了三百英镑。”

“噢，天啦！所有来自剧院和写作部分加一起，你怎么支配你的收入？”

“威尔在音乐上开销很大。”安妮说，“他非常喜欢音乐，特别对苏格兰音乐情有独钟。”

“什么？是风笛吗？”哈瑟维夫人问。

“还有别的乐器，演奏得特别甜美。”

“但那已经过时了，妻子。”威廉说，“我过去喜欢过苏格兰的一些东西，但我发现我现在更喜欢南方的甜美音乐。”

“啊，是的，南方的。”

他快速地补充说：“我是指英格兰，英格兰人的音乐。”

“阿门！”巴塞罗姆说。喝干他的杯子，站起身，“如果你留在这里，就像我希望的那样，至少待一段时间，我们晚上会有音乐表演，但现在我必须得回去干活了。孩子们，来吧！我们晚餐时见，威尔！”

“好的，我真想留下来。”他瞥了一眼安妮。

“你是可以，但你的家人呢？你看望过他们了吗？”

“当然，他们告诉我你在这里。埃德蒙在家，母亲宠爱他，用好东西填满他的肚子。她认为我们在伦敦吃不到东西。哈姆奈特在哪？不是还在清洗一号吧？！”

“在厨房吃东西。”

“那么，让我们去看看他。”威廉说。站起身，用胳膊搂住他的女儿们，“可能我们要去散散步，那样有助消化。安妮，你愿意来吗？”

她全家人都看着她，安妮只好答应了。

他们在森林里漫步。阳光透过树丛，落下斑驳的阴影，一会儿将威廉投射成影子，一会儿使他的头发看似着火一样的金黄。苏珊娜将头靠在他的肩膀上，发出同样红色的光芒。朱迪斯拉着他的手，而哈姆奈特则在他们前面快活地走着，这样一回头便可与他的爸爸聊上几句。

走在他们后面的是安妮，她心里在想，我为他生了漂亮的孩子，他喜爱的孩子。我要告诉他按我的要求回来，要不然不要回来。我们女人柔弱无力。我们的丈夫们殴打我们、背叛我们，为所欲为地利用我们，而我们无能为力。在家庭中采用无言复仇或别的一些微不足道的策略没有任何效果，除非我们使用谋杀。他知道我永远不会把他的孩子们带走，再说法律也不允许。可是，他却回来了。

“这儿很美。”一号的声音打断了她的思索，“可是房子不太多，我倒喜欢伦敦。这些树林里有狼吗？”

“没有狼，连四条腿的动物都没有。”

“威尔先生一直很痛苦，自你回家后，莎夫人。”

她从未觉得这个男孩儿愚蠢：“是吗？”

“是的。看起来就像一个人丢掉一先令，却得到四便士银币。写完他的新剧后，他在戏中对演员们十分严厉，你不会相信，我猜他很孤独。”

安妮得到一个暗示，当她听到一个词“孤独”，“孤独吗？”

“是的，不再和南安普顿大人往来，自从他老和那个苏格兰妓女搞在一起后。现在，他认为他爱上了那个在王宫里的侍女。我的意思是他说到做到。有传言说，你遗弃了他，有人嘲笑他失去妻子，开玩笑什么的，他付之一笑。”

“真的吗？”安妮感到十分惬意。

“是，真的。他说他不会让人们谈论他的妻子，她是世界上最真实、最聪慧的女人。演员们给他热烈的鼓掌。他一直很努力工作，他几乎完成了另一部剧本。孤独什么的，通过工作来将注意力转移。”

“一号。”安妮说着，望着他，充满慈爱，“在这个世界上，你最想要什么？”

“想学习，读书，以后当演员。”他立即回答。

“那么，我们能教你读书，没有比这更简单的。”

“学习，不难吗？你知道，莎夫人，如果我能读书，演员们接受我，我就有职业了，这样我就可以向女孩儿求婚。”

安妮被逗乐了，看着他，发现他一边在脸红，一边两眼盯着苏珊娜。

看着苏珊娜，我女儿，她怎会嫁给一个伦敦街头的普通男孩儿。还是个孩子。安妮想到。

但是，不，苏珊娜已不是孩子了。十三岁，已经是一个女人了。她的月经已来潮，就在她生日来临前。一个女人，世人都认为，是可以结婚的。她这个夏天也在发育长大，安妮不得不松开她的紧身上衣，因为她丰满的胸部刚形成。她褐色的头发围绕着她那张精巧、鹅蛋形的脸蛋，充满活力，十分迷人。母亲们都有所偏爱，但是，苏珊娜是个可爱的女孩儿，远比一号优秀。可怜的一号。

“你多大了？”安妮问他。

“我不知道，我想可能十七岁。”

“没有家人？”

“没有，噢，我一定有个父亲，但我从来没有见过他。他们说，你没有父亲，你就不会想念他。有时，我想拥有属于我的人。”

“是的，没有什么能和这个相比。那么，为何不想去学习读书，看看有没有演出公司愿意收你。从现在开始，你必须要十分熟悉舞台表演。当你长大后，有一份职业，就像你说的，你会找到一个女孩儿，拥有属于你的家庭。但我认为岁数太小就结婚，不是个好主意。”

“是的，可能不好。”他突然颤抖着，打喷嚏，“有时，我并不介意洗澡，莎夫人。但那个老妇人让我穿着内裤站在水泵下，这不自然，还有这些搓洗。我想我已患上感冒。”

安妮无情地说：“你不会死的，女王每月都会洗澡，他们说她身体仍然很硬朗。”

“有可能。”一号傻笑道，“威尔先生昨晚洗了澡，他就像个姑娘，莎夫人，搓洗身体，还把芳香的药草放在水里，还剪指甲。”

“是这样。”安妮说，“妈妈也把他拉到水泵下。”

“她很挑剔，是吗？但在像您这样的大家庭里真好。莎夫人，什么都干干净净。就像您在伦敦。在你离开后，我很想你。你认为女孩儿们会喜欢我吗，如果我经常洗澡。昨晚威尔先生说，他洗澡，女人们喜欢那样。我想，我要学着像绅士那样说话。”

“是的，我们的确喜欢这些。”安妮突然感到很轻松，“学会做一名演员，一号，然后经常洗澡，一切皆有可能。”

“你们两个人这么投机地在说什么？”

安妮抬头看着威廉。孩子们在前面奔跑着，他有意停下来，等她和一号，“谈洗澡和女人们喜欢什么。”

“他们说克莉奥帕特拉用驴奶洗澡。一号，孩子们下河游泳去了，你为何不和他们一起？”

“为何不呢？”一号答道，朝安妮使了一下眼色，然后跟着孩子们跑过去。安妮发现苏珊娜在等着他。

“洗澡？”威廉说。

“是的，我听说你昨晚洗澡了。”

“是的，夫人。我洗掉了路上的灰尘，以及从伦敦带回家的污垢。”

“你已回家了吗，威尔？”

“如果我真的有家。”

他们缓慢地走着，安妮说：“如果你同意我的计划，你完全可以有一栋房子。你有爱你的孩子们，那就是永远的家。”

“还有个妻子？”

“我有丈夫吗？”

“你有个傻瓜丈夫。”

“傻瓜，喜欢愚弄别人。”

“不，傻瓜愚弄他的意愿。你的意愿，你的威尔。”

他们停下脚步，一起站在树荫下，被遮挡起来，外人看不见。远处传来孩子们的叫喊声，他似乎担心被拒绝，慢慢地把手放在安妮的脸上。

“我已回到我妻子身边，回到你身边。因为我不知道我如何深深地伤害了你，直到我知道了哈里和那个女人的事。”

“男人都像你这样。”安妮说，“伤透了我的心，甚至不知道伤害了我。”

“女人怎么都像你，只想着报复。那是你的主意，不是吗？”安妮无言以对，不知如何回答这样的问题，“你真聪明，不着痕迹的报复。但你一直是个聪明的女人，你对我无所不知。”

“你的那位苏格兰女人怎样了？”

“她和哈里在一起，就我所知。或者和艾塞克斯一起，她的交际面很广。”

“如果她回心转意，你还会找她吗？”

“不会。”

“确信？我是不会和别人共同拥有你的。”

当她还盯着他时，默不作声。他哭喊道，“我能写出让观众信以为真的剧本，但却无法让我的妻子相信我爱她。”

安妮也哭着说：“不要爱你的妻子，爱我！爱安妮。爱那个十四年前爱上你的女人，她一直都爱你，爱我。”

“我爱你，安妮。所有那些激情澎湃的爱，迷恋，相思之苦都是少男少女们的方式，不适合我们。我们已结婚，我们相互爱着对方，以唯一的方式，永远宽容地爱着对方。安妮，我给你写了一首诗。你想听一听吗？”

“好的。”她踌躇地答道，他开始背诵：

当我遭受逆运和世人的白眼，
向隅而泣暗自哀悼无靠无依，
徒然呼吁去祈求聋聩的苍天，
顾影自怜，诅咒命运的乖戾，
总指望自己如别人前途似锦，
慕斯君貌美，羡其宾朋无数，
希求这人的渊博，那人的内行，
最赏心的乐事觉得最不对头；
可正当我妄自菲薄看轻自己，
忽然想起了你，于是我的心，
如云雀破晓从阴霾的大地高飞
离开阴沉的大地，歌唱在天门：

一想到你的爱使我那么富有，

纵和帝王换位我也不屑屈就。

安妮的记忆力很好，很显然这首诗不属于她找到的那些被锁起来的诗稿，“这么说，十四年后，这是你写给我的第二首诗。”

“亲爱的，是爱情诗，是彼此需要，心心相印，相知的诗。安妮，爱我，爱你的傻瓜丈夫，他也爱你。如果可以，请原谅我，爱我。”说着，他张开双臂。慢慢地，叹息着，强烈地需要，安妮进入了他的怀抱。她的头靠在他肩膀上，任他的唇吻着自己的头发、眉毛、面颊。他温柔地说：“不要哭，亲爱的，不要哭。”

“我不知道会这样。”

“是的，眼泪，寂寞的眼泪。”他接着吻她，如此甜蜜地渴望着她的嘴唇，她只好抱住他的头颈，贴在他身上，“亲爱的，原谅我。我们重新开始吧！”

“但有些东西已碎裂。”

“可以修复，而且会更结实。”

“但修复过的痕迹历历在目，还会被磨损，直到没有磨损的地方也被损坏，甚至断裂。”

“但如果修补好了，没有人会知道东西的破损，你对处理修补的事情一直很谨慎小心。”他的声音里带着强硬的口吻，“安妮，经过这次短暂的探访，我是不是该再离去？我们要继续分居，假装表面上看起来不是的，这仅仅是为了孩子们，你喜欢乡下，而我必须在伦敦吗？我们作为夫妻永远不再见面吗？”

“我的确喜欢乡下。但永不要见面吗？不，威尔，我们要摒弃傲慢，停止伤害，继续生活。”

“怀揣爱情。是的，用爱情，妻子，我告诉你，在来这儿前，我在家稍作停留，和琼谈过话，她告诉了我。”

“她的帽子商吗？”

“她的什么？”

“她爱上一个四处做生意的帽子商？”

“疯了？他叫什么名字”

“威利·哈特，她伤心欲绝。”

威廉困惑不解地使劲摇头：“她和谁结婚的事由父亲负责，虽然我希望我会为她准备一份嫁妆。但是安妮，不再提这件事，我有东西给你。说明我对你是认真的。”从他的紧身衣里，他拿出一张纸，对折着。他将它递给安妮，说：“看一下吗？”

但是她当然不会看。它看起来是某件重要的事，可能是份法律文件。她看到下面威廉的签名和加盖的印章。但她只习惯威廉的写法和字迹。这些密密麻麻，排列紧凑的小字，让她无法看懂。她猜是合同，难道是“新地界”的？“是‘新地界’的？”

“是的。”威廉目不转睛地看着她，“琼对我说，你特别想要它，因此我把它买给你。我希望，是我们的。这是购买合同，我已交定金二十英镑，安妮，我们床头柜中有多少钱？”

“我想有一百多英镑。威尔，新地界！”

“房屋情况不太好，因此我建议进行维修，在我们付清余款前。我们可能无法撇开它的原名，还需要一段时间，但它是我们的。我们可以在结婚纪念日搬进去。你是怎么看的？”

“这还需要问？”

“这充分说明我需要你的宽恕，我想弥补我的过失，做一个忠诚的丈夫。”

踌躇片刻，安妮说：“你敢那样承诺吗？你能那样承诺吗？哈里怎么办？”

“我身上一部分将一直是他的。是记忆，没有别的。我敢，而且真的答应你，证明就在你手中。我们终于有了自己的房子，过上不同的生活。我仍然必须经常在伦敦，但现在开始，我已不用去参加夏季巡演。我将利用那段时间来写作，到这儿，或在家中。只要你愿意，你可以和我生活在伦敦，但我想开始在‘新地界’的新生活。”

“是的。”安妮说。他们之间又说到这些，“来吧，拍手，说话算数。”

手拉手，他们开始彼此靠近对方，亲吻起来，但是，“孩子们来了。”

“妈妈，你看起来有点热。”苏珊娜说。

“是吗？噢，真神奇，在森林里，人还会这么热。你，哈姆奈特看起来很清凉，去过河里，我明白了。”

“是的，掉下去的。”

“我们在学游泳。”朱迪斯忧虑地说，“就那样，一号和哈姆奈特游到河中间。”

“这么说，我知道了，不要紧。但赶快回家，站太阳底下，晒得暖和起来。你也是，一号。”因为他穿着潮湿的衣服，正在激烈地颤抖着，打着喷嚏。

“都是那冲洗搞的。”他抱怨道，“这不自然，我告诉过你。”

那天晚上，吃过晚饭后，哈瑟维夫人说：“那个一号男孩儿生病了，我想他患上了感冒。上帝千万不要让他患上汗热病。我已安排他上床，给他喝了一大杯酒，在他胸部涂上我的鹅油膏。”

威廉从正在读的书上抬头看着那对双胞胎：“我想让他骑马去考文垂，去对演员们说我不去他们那里了。”

“让他休息一晚。上床前，我来照料他。”她坐下来，在做一些编织活，“现在，接着读，威尔，我想听你读书。”

但当她去看完一号后，回来时，看起来一副失魂落魄的样子：“是汗热病，明早他就要死了。”

事实是这样的，在他死时，那对双胞胎孩子也被传染上了。

34.

汗热病。有出汗征兆。英国以前没人知晓，直到亨利的都铎王朝，法国雇佣军和重获自由的罪犯组成的混杂军把理查国王的王冠褫夺下来时传播起来的。没人知道它产生的缘由，也无药可治。如果你患病坚持一天，可能你会幸存下来。多数人都不行。通常来说，孩子患上便无药可救。

哈姆奈特病情严重，情况比朱迪斯还糟糕。他身上的皮肤因高烧而脱落，没有什么能消除他的口渴和缓解他胸部的疼痛。当哈姆奈特的脸上呈现虚弱的微笑时，安妮曾以为是发烧所导致的，他还认识她，叫她“妈妈！”并喝下一些掺了水的酒。但这只是片刻的缓解，对于它带来的瞬间希望消失后，十分残忍的事实是，不久他流的汗水又浸透了她的睡袍，当她把他抱在怀中时。他全身滚烫，因痛苦而大声地嘶叫。巴塞罗姆的妻子伊泽贝尔负责照料朱迪斯，她和安妮一样，小时候都得过汗热病，但都幸存下来。其他人说由她们来照看孩子比较好，她们俩都曾患此病，但活了过来。第一天出现一个好征兆，两双胞胎孩子平安度过。

第二天傍晚时分，日色渐暗。安妮用海绵蘸湿冷水，擦拭哈姆奈特全身，有一会儿，她几乎因疲倦而睡着了。突然被一些声响所惊醒。

有人将她和孩子搂抱在一起。

“威尔！”

“是的，愿上帝帮助我们，安妮。这是对我的惩罚吗？”

他转身离开，觉得荒凉孤寂，她的眼泪坠落到儿子那张惨白的脸上，安妮正在纳闷，她为何认为他能帮助她。

“我儿子就要死了，不想谈什么惩罚的事。”

她以为她已大声地将这些话说出口，像武器扔向他，后来意识到她只不过是在心里这样想的。而朱迪斯一直都睡着，像安妮一样，她突然惊醒，恐惧地看着哈姆奈特，然后看见她父亲。她既没有说话，也没有伸手要他，而是勉强笑着，便转向哈姆奈特。

安妮听到威廉开门和关门的声音，听到他低声对某人说话。听见他的靴子在地上摩擦发出的声响，然后是衣服发出的沙沙声。他用手抚摸着她的眉毛，将她脸上潮湿的脏头发撩到头后面。“我不能让你独自承担。你和哈瑟维妈妈去洗漱吃饭，然后躺到床上休息。我来照看这对双胞胎。伊泽贝尔会告诉我怎么做。去吧，亲爱的，这是我能为你做所有的事。”他轻轻地将他们的儿子抱离她。

她站起身，摇摇晃晃，只得靠在他身上。这是她第一次看着他。他十分疲惫，当然，这是肯定的。他看起来很苍老，眼神里透露出倦怠与恐惧。他的脸上满是悲伤，痛苦与无望的爱。他颈部的那个疤痕曾经是被细小而贪婪的牙齿所留下的爱痕，如今只是一个污点。他的眉宇上又新增了一道苍白的皱纹。她这个可怜、自负而亲爱的威廉额头上已出现秃顶的迹象。他已三十二岁，不是那个他们儿子出生时的二十一岁。他们的儿子或许将不会活到他的十二岁生日。

“噢，威尔！”安妮说。哈姆奈特在他怀里动弹了一下，想沾湿自己的嘴唇，抬眼看到他父亲，认出了他，“把那杯酒水给他，我再去取些来。”

“女佣能送来。”威廉在杂乱的床上躺下，这样哈姆奈特可以靠着他的肩膀躺着。“你必须休息，吃东西，安妮。去吧！按我说的做。”

他一定告诉她继母他的要求了，因为安妮发现在卧室里已有一盆热水为她准备好。就像一名即将被淹没的泳者，动作沉重、缓慢，她脱得精光，要把全身清洗一番。在梳洗她那湿漉漉的纠缠的头发时，她折断了梳子，接着朝上面冲了一些水，把头发好好梳理了一番。穿上干净的罩衫和睡袍，她走下楼，让她惊讶的是，她能吃下一些面包和烤鸡。巴塞罗姆也在那里，同样吞下一些冷食物。她本以为他和他的兄弟们出去了。

他说：“不，我也在发热汗。妈妈告诉我的。你需要你的家庭和你在一起。我也在为威尔做同样的事。”他的大手摸索着，从桌子对面伸过来，抓住安妮的手，“对于母亲们很不容易，可能，该死的，我们做父亲的也很难受。威尔伤心欲绝，他唯一的儿子。”

安妮让他给自己倒了两杯酒，一口气将它们喝干。这是她的需要，她告诉自己。我需要食物、酒和短暂的休息。威尔在这儿，他和我们的儿子在一起，我需要力量。她的继母走进来，沉默地又将一盘肉和面包推给她。她摇摇头，哈瑟维夫人坐在空壁炉旁边的椅子上。巴塞罗姆抓住她的手。

过了一会儿，安妮走进花园，如释重负地呼吸着夜晚纯净的空气。现在是什么时候？自早上以来，她都没有看过闹钟。然后，她突然转过身，提起衣裙，跑进屋子，上楼走进双胞胎孩子的房间。

威廉朝她点头，似乎她来是回应他的呼唤。她快步走向床边，伸手抱住她的儿子：“去叫苏珊娜和你家人，还有萨德勒一家。”

威廉无言地离开房间。他将马上回来。安妮听到楼下巴塞罗姆把马从马厩里拉出来发出的声响。

哈姆奈特的呼吸已发生变化，变得缓慢，发出鼾声。他眼睑下出现指甲大小的白色。噢，我的儿子，我可爱的男孩儿，我心中的快乐，我的孩子。她亲吻他，摇晃着他，就像他第一次躺在自己怀里时。哈姆奈特，我亲爱的，我的男孩儿，我的爱。威廉抱着朱迪斯。她还活着，情况转好，但仍不省人事。多长时间过去了？一个小时？还是两小时？

他们听到外面来人的噪声，接着一家人都进入房间。苏珊娜斜靠着她父亲，手放在哈姆奈特身上。约翰·莎士比亚跪在床前，他手中拿着念珠，嘴唇抖动着，在祈祷。如果女王的人这时候闯进来，安妮想，这个老人因失去他唯一孙子的悲伤会替他开脱叛国的罪行吗？世上只有一个上帝，他把我唯一的儿子从我身边带走。我公公所祈祷的圣母玛利亚也失去了她唯一的儿子。

没人会拿走这个圣杯？哈姆奈特，我的儿，我亲爱的，聪明的男孩儿，我心爱的孩子。哈姆奈特·莎士比亚爵士，莎士比亚大人，斯特拉福德伯爵，司法大臣。我可爱的孩子嘴里含着食物说话，把鞋子磨损了，快乐地看他父亲演的戏，他想着为她的生日写诗，因为一时写不出来，急得哭泣。他想上大学，晚上上床时总会吻我，这些永远都不会再有了。永远不会，永远不会。

萨德勒一家也来到房子里，哈姆奈特的教父母，他们给双胞胎起了名字。朱迪斯·萨德勒轻声地哭着，她丈夫清了下嗓子，擦着眼角的泪水。琼跪在她父亲身边，吉尔伯特抱着她，理查德和埃德蒙靠墙站着，眼泪无声地在他们脸上滑落。哈瑟维夫人搀着玛丽·莎士比亚，她们的眼睛从未离开那个正在死去的孩子。

突然，一口气没有接上来，那个孩子死了，哈姆奈特离开了这个世界。安妮感受到了。她看见，感受到他的死，感受到他灵魂的离去。我的儿死了，死了，永远不会再回来，我的儿死了。

安妮，亲爱的，现在离开吧！

这么年轻，不到十二岁，太年轻了。

苏珊娜，亲爱的，对不起，已结束了。

亲爱的，把他放下来。

上帝和他在一起。

我的儿，我亲爱的

威廉，把她带走。

有人将威尔拉走。

安妮听到一个清晰、平静的声音，她说："派人去看朱迪斯，抱起她，把她给我。"但她自己正被人抱起，躺在一个温暖、爱的怀抱里，她丈夫的眼泪滴落在她的脸上。"朱迪斯！"她反复叫着，看到巴塞罗姆从房间里抱出那个小女孩儿。她心想，这么说，他们两个，都死了。

但她母亲说："我来把她放到隔壁的房间里，我想她的情况好多了。走，安妮。"

接着，她感觉躺到了一张柔软的床上，闻到一股有着浓郁草药味的酒香，儿子已死的痛楚残留在脑海里，变成了一种无声而遥远的意识。苏珊娜偎依在她的怀抱里，威廉就在她们身边，无声地对着湿透的枕头哭泣。

我的女儿们仍然活着，我亲爱的女儿们。还有一个老人在哭，然后喝了更多酒，接着便安静下来，不省人事。

他们走进哈姆奈特的房间。他们的母亲们已做好必须要做的，蜡烛燃烧着，哈姆奈特无声地躺在亚麻床单上，脸色苍白，手中抓着白花，安妮俯下身，亲吻他冰冷的额头。

威廉说："孩子，地狱是空的，所有的魔鬼都在这儿。"他跪在床边，手指轻轻地抚摸着哈姆奈特的嘴唇，"我的儿子死了。"

"我无法给你安慰。"安妮说，"我不能给你另一个儿子，无法让人分担我的悲伤，甚至是你。"

"我知道，我也无法安慰你。除了我会亲自告诉朱迪斯，在她身体恢复好以后。"

"谢谢你，我无法忍受这个。"她转过身，无法忍受看到威廉的脸，和她儿子的。她哭泣着，这是第一次，她知道，她不必放声去号啕大哭，"巴塞罗姆带来了花儿。"

"我知道。一个小的、和蔼的、可爱的东西，安妮。"他充满着单纯和好奇地说，"我们该怎么去承受？"

"我不知道，我们只是要继续。"然后，她说，"威尔，事情会不会有不同的变化，如果我留在伦敦或者你和我们一起回来，哈姆奈特可能还会死去。是一号把疾病带给他，但哈姆奈特也可能是在伦敦染上，如果我留在那里。或者在这里染上，斯特拉福德并不是神奇的地方，疾病会袭击它。你就出生在一个瘟疫年，当时镇上一半的人都被夺去了生命。"

他沉默了很久，然后开口说："你这样还是在安慰我。我想如果我没有留下来，如果我没有做那些事，你就不会离开。我带来一号，他身上带来的疾病，杀死了我儿子，是对我的惩罚。"

“品性善良端正的父母的孩子，上帝也会带走他们。因此，有许多孩子死去。这不是惩罚，或者如果是，我们共同承担。明天，我儿子就要下葬。”她亲吻哈姆奈特的嘴唇，然后走开去照看她的女儿。

两个葬礼，一个是一号，死时连姓氏都无人知晓，人们只在他的十字架下方写上“奥利弗”。这个几乎不能让人接受。另一个是哈姆奈特·莎士比亚，死时十一岁，葬在圣三一教堂墓区，埃文斯河边的斯特拉福德镇，1596年8月8日。一个很小的坟茔。

35.

“朱迪斯仍然不说话。”

“是的，不要管她，让她独自面对悲伤。”

“但哈姆奈特死去已有两个月了。”

“她到时会说话的，我想这对其中一个双胞胎孩子会有更大的影响。特别是他们是一母所生，共用一个子宫。”威廉轻轻地抚摸着安妮的头发。

“这对于一个父亲而言，更是失去了他唯一的儿子，他的后代和未来以及他的姓名。”安妮的脑海中突然闪现某个东西，微弱地记起有个人曾说你的名字会永远留在世上，将不会有子孙名字叫莎士比亚。

威廉突然转身，走到窗户边。秋日的阳光照射在他栗色的头发上，光影衬托出其脸部的轮廓以及他颈部皱领上的银线。他儿子的夭折在很多方面让他比以前看起来更加苍老。如今他对穿着十分讲究，不再是以前那个不修边幅，满身沾染墨水渍的，无忧无虑地待在伦敦时的威廉了。穿着孝服或许让他能更好地追思他的儿子，或许这正是斯特拉福德的莎士比亚先生所希望的。但就穿着来说，安妮穿衣也很讲究，她的长袍和黑色丝绸帽子上镶着天鹅绒边。大富之家，贵族家庭都为他们死去的孩子修建奢侈豪华的墓穴，他们安排人演奏音乐和朗诵诗歌，或者安排教会人士举行追悼活动。而莎士比亚家的人没有这么做，只是通过添置衣物来表达他们的哀悼和追思。

另一个闪光点是从威廉手指上的戒指所反射出的，在他从桌上拿起一张纸时，他似乎看完了它："这是今天送来的。"

"我看见信差，但你什么都没说，我就没有问。"

"噢，这不是私事，只是如今已没有什么意义。"他打开那张纸，放到安妮的手上，"英国纹章院已授予我家族纹章，我现在是莎士比亚先生，是绅士身份。"这是自哈姆奈特死后，第一个让她感兴趣的事，"威廉·莎士比亚，绅士。"她眯着眼看着画像底下的一行法语："这行铭文写的是什么？"

"意思是世事公道。"他注视着她，嘴角在抽搐着。

"非常恰当的格言。公正和写作，读音上形成一个双关词，威尔，对吗？"

"并不是指我个人，虽然也和我有关。它只是一个合适的铭文而已。还记得我父亲许多年前就申请过家族纹章吗？他渴望再次申请，这件事一直在着手准备着。他，我以及我们都想着这是为了哈姆奈特，因为他会上大学，会作为一个绅士的儿子从事自己的工作。"

"是的。但这也关系到女孩子们，威尔。一个绅士的女儿可以找到好的婆家，从现在开始，她们会有身份。但朱迪斯？"

"我知道，还不说话。"他叹息一声，坐下，和安妮面对着面。"随她去吧，她用沉默来表达悲伤，而我用文字。"他伸手从桌上拿起另一张纸，"我仍然必须得看一下。公司来信表示慰问，表达他们的同情，还有礼物和爱心，但他们仍要一出新剧本。”

“整个春夏季，你在伦敦都没有写东西吗？”

“我写了一些诗，十四行诗。还有一出戏剧，但他们现在又要，比较急，马上要。”他身子前倾，俯视着安妮的眼睛，“我发现那个女人和哈里在一起，就像你想的一样。我知道你和他共同策划的。好的，真有效。但后来我仍然回到她身边。我和哈里共同拥有她一两个星期。然后我对她感到厌烦。我就没有再看见她，或者说不是单独的。我看到她两次，在远处。她来戏院看戏，为我的戏鼓掌。现在她和哈里在一起。或者过去是。她得到他就像她对我一样，采用同样的方式拥有他。”

“这件事伤害你了吗？”

“我想是的。很奇怪，对不对？现在我几乎忘了。她，还有那些事都成为过去。我把我儿子的生命消磨在那个女人的床上。那些时光本可以和我儿子一起度过，却被虚度了。”

安妮稍微耸了一下肩膀，说：“已过了祷告的时间，哈姆奈特爱你。”

“想我吗？需要我和他待在一起，当我在伦敦时，和那个女人在一起。”

“是的，他想念你，但他命该如此，你当时在伦敦，忙着表演和写剧本。亲爱的，他的命运不会有什么变化。他以你为荣，喜欢读你的剧本，爱去看你写的戏，你对他是种荣耀。”

“我想那的确了不起。安妮，看，这是我写的。是一出关于约翰王的新剧。当中一位母亲哀悼她的儿子。”

安妮从他手中接过那张纸，把它举到灯光下。

悲哀弥漫在我那已逝去孩子的房间里；
它躺在他的床上，陪着我从东到西，
装扮出他美妙的神情，复述他的话语，
让我想起他一切可爱的过去，
使我看见他遗弃的衣服，
就如看见他的形体一般，
所以我有理由喜悦悲哀。

她哽咽着，嗓音嘶哑地说：“是的，威尔，是的，事情的确是这样。但我并不喜欢悲伤。”突然，她的眼泪一下子涌出来，她放声号啕大哭，无法抑制。她身子向前扭动着，哭喊着她的儿子，那张纸夹在她膝盖和胸口间。

威廉用胳膊搂住她，他们一起滑倒在地板上，彼此紧抱着，边哭边诉说着哈姆奈特，指责对方，也责备自己，谴责上帝和命运，回忆孩子活着时的情景。

不知是过了多长时间，他们肩并肩地坐在地板上，抱着膝盖，用同一个块手帕在擦眼泪。

“我们现在该做什么？”安妮终于开口说话。

“亲爱的，我们要继续生活下去。照看我们的女儿，我要经营好演出公司，认真从事我的写作。我想从现在开始，我只会写戏剧，我要挣钱。你还要新地界那栋房子吗？”

她点了点头：“比以往更想，我不想住在哈姆奈特曾生活的地方。我不在乎房子会不会倒塌，我只想尽快住进去，脏也无所谓。”

“那么，我们会的。”

“你那天在森林里对我说的诗，真的是你写给我的吗？”

“是真的。因为那时我才知道我拥有什么，和几乎失去的东西。我真的爱你，安妮。没有你，生活在这个世界上得不到任何安慰。”

她若有所思地看了他好一会儿，然后轻快地点头说：“我知道你爱我，而且我知道我永远不可能是你的全部，但我不会拖你的后腿，因此，我们还和往常一样生活下去。斯特拉福德是你的家，你随时都能回来，有时我也去伦敦，当女儿想去那里时。”

“朱迪斯永远都不想去，她一定想待在哈姆奈特生活过的地方。”

“以后，她会的。我不会让悲伤吞噬了她的生活。或者我自己，以及你。但如果你去伦敦，威尔。”

“我会让埃德蒙和我住一起，我会去工作，看望我的朋友们，包括哈里，但你不必担心发生任何亲密行为。那是过去的事。所有的都已成过去。”他们无言以对，互相看着对方，“记得我说的话，拍手，说话算数？我不会再违背我们的约定，我已经违背结婚的誓言，但那是我的过去，现在的斯特拉福德才是我的将来。”

“一言为定。”她说道。他们互相勾手。他们第一次见面时，互相摸着手，威廉用言语欺骗了她。就像他一直做的，毫无疑问。

“来吧！”她说。“让我们带着姑娘们，去看一下我们的新房，我们绅士家的房子，开始我们的规划。那道花园墙得推倒，我们应该重建外面的屋子。”

“这将有许多事要做。”他同意并跟着她下楼，“还有很多年可以做。但是安妮，那里有我的书房吗？还有图书室？我不会再写诗歌，但我必须要写戏剧，每年即使我在家时。”

安妮回过头来看着他，貌似微笑着说：“是的，威尔，有间书房。当初我去看那栋房子时，第一件事就想到了。”

“好的。我想我们要种些玫瑰花，还有桑树。我们可以和我们的孙辈们在桑树荫下玩耍，还可以种葡萄吗？”

“气候不够暖和，不适合种葡萄树。”

“我们可以试试。去叫姑娘们，我们去看房子。”

尾声

1603年

“葡萄藤枝繁叶茂，玫瑰花也开得争奇斗艳。当然，事情都发生了变化。我回家越来越少，但回去时，比在伦敦感觉更为真实。我更喜欢那个地方，在那里也创作出更多作品。”威廉转身，走向窗前，俯视着打着漩涡的雾气，伦敦塔里的绿塔笼罩在一片薄雾中。在他第一次参观伦敦时，他特地来这里观看这座塔，它是英国历史的缩影。他从未想过来这里，通过贿赂卫兵，才得以进去看望一位囚犯，等了一个冰冷的夜晚，似乎预示着一个王朝的没落或是他情人生命的终结。哈里的那只黑白小猫，黛博拉，跳到窗前的椅子上，用头抵着他的胳膊磨擦着。他心不在焉地抚摸着它，就像以前抚摸着它的主人。“到这儿来。”威廉继续着，那只猫发出呜呜声，“在伦敦，一切都是交易。经营一家剧场，修建环球剧场，回来做抄写员和记账的工作，就像二十年前我为我父亲做的那样。当然还有表演。所有日常的表演，一周六天，为管理和经营业务来回奔波在路上，似乎从不写作。”

哈里一言不发长达一个钟头。他一直在注视着时钟：“但是你的确写出那些剧本。”

“是的，当然是我写的，那是在家中，在斯特拉福德我美丽的房子里，不是在伦敦这里。当我在家时，我是威廉·莎士比亚，手套商的儿子，地主，羊毛商人，麦芽酒商，而不是剧作家和诗人的莎士比亚。在斯特拉福德街上随便叫住一个人，问他我以什么谋生，他不会知道，除了会说，我肯定在羊毛和麦芽酒买卖中挣了不少钱。如果逼急了，那个人会说，他听说我拥有一家剧场，或诸如此类的东西。在家，这些都毫无意义。”

“除了对你的妻子和女儿们？”

“女儿们只花我的钱，并不在意钱从哪里来。但安妮用她的方式关注。现在，受到她弟弟的影响，她转信清教。苏珊娜也是。奇怪的是，我从来没想到安妮会在乎宗教信条。苏珊娜对一个声称自己是内科医生的人产生兴趣，他名叫约翰·霍尔。他是狂热的清教徒，并不赞成我的观点。是的，他看重的是我的钱，不是我本人和我的工作。”

“安妮曾来伦敦了吗？我离开已有这么……”

“她偶尔回来。我们在建造环球剧场时，例如，她来观看开场演出，她把苏珊娜和朱迪斯都带来，苏珊娜喜欢看戏，喜欢来伦敦，但朱迪斯不喜欢看戏。”

“她不知道你是名人吗？还有你的声望？”

“她不知晓，知晓也不在乎。她是个乡下姑娘，只对男人感兴趣，她埋怨我害死了她兄弟。”

“当然不怪你。”

“噢，是的。”

哈里也走近他，站在窗前：“你发现了吗，他们给我的这间屋子，可以看见绿塔，那个刑场，艾塞克斯就死在那里，还有其他许多人。”他苦笑着说，“他们对能看到风景的房间收取额外的费用，我为这每周付九英镑。”

“他们真让你付款？”

“是的，最终一次性交清。”他的手搭在威廉的肩膀上，“如果那个老母狗不死，她就会处死我。”

“甚至现在还？已关了两年？”

“她从来都没真的喜欢我。”

“但你的确加入艾塞克斯的谋反，而且涉足太深，哈里！”

“噢，没人否认是我告诉你的吧！？”

“我没有那样说。”

“但你是这个意思。”

威廉发出一声叹息。他们坐下，背对着窗户。那只猫跳到哈里的膝盖上。他抱着它，说：“曾经有段时间，它是我唯一的朋友，唯一探望我的。你知道吗，它曾历经艰辛，从南安普顿家中跑到这儿来，就是要陪着我。”

“真是感人的故事。”

“是真的。”

“你意思是，今晚以前，我为何从不来看你？”

“是的，你为何不来？”

“因为我们之间的关系多年前就已结束。这过去的七年里，我一直忙于做一名认真负责的好父亲，好丈夫和恪尽职守的剧院老板，所以不想惹上麻烦。来伦敦塔探望犯人不是明智之举，或者说，至少对于一个像我这样的无权无势的普通百姓来说是不明智的。”

哈里答道：“我已无权无势，也没有头衔。他们剥夺我的一切。我只是普通平民里兹利，我们地位平等，都是中年已婚男人。你现在可能比我更富有，但我们是平等的。”

“除非女王驾崩，苏格兰的詹姆斯成为国王。”

“如果不这样的话。”

“哈里，你为何那样做？为何加入到艾塞克斯那愚蠢而无望的反叛中？因为他是你的情人吗？还是因为你爱他？”

哈里把猫放到威廉的膝盖上，站起来。他倒了两杯酒，威廉注意到，盛酒的是精美昂贵的水晶杯子，尽管他声称生活拮据。“他是我的情人，但我从不爱他。我们年少在一起，然后在爱尔兰那里一起服兵役，但我们是属于那种彼此忠诚的。我知道女王对于他指挥的那场爱尔兰战役十分不满，我想他也情有可原。”

“虽然现在，这件事已过了两年，我想很多人都认为是虚荣和怨恨使然。他以为他使女王丧失理智地爱上他，但伊丽莎白·都铎从来不会不顾一切地爱上任何人。因此，我加入到他那愚蠢、缺乏运筹帷幄的小规模反叛，他就在那里被砍头。”他抬手指向绿塔，“不知什么原因，我没有被处死。只判无期徒刑。当然，这不是第一次，我记得，在我娶贝丝·弗隆时，她突然将我们俩都关进监狱，直到她怒气消退。”

“如果这次女王身体恢复健康，活下来，她会砍了我的头。”

“他们说她已寿终正寝，快要断气。”

“他们一直都这样说了好多天，好多星期，好多年。她习惯了，威尔。她假装生病，喜欢待在床上，赌咒说那是她的临终床榻。她一直这么说了四十五年。”

威廉摇摇头，说：“这次是真的，我打听过。”

“噢，要不然，你不敢来看我。”

“哈里，不要挖苦我。如果当初你问过我，或告诉我，我就会说服你不要参加叛乱，我会采取任何措施，想方设法阻止你去参加。不要忘了，当你和你的朋友们要求我的演出公司为你上演《理查二世》时，其中涉及到弑君和谋反的危险主题，我是有意那样做。那也几乎把我们和你一样关押在这里，但我们通过交涉得以摆脱图圄，我们说这样做是为了钱。”

“你们难道不是为了钱吗？或者你们哪怕有一点点儿，相信我们的反叛吗？”

“我从不相信。苏格兰国王将会是女王的继承人，我没有参加任何叛变阴谋来获得他的好感。但我上演那出戏是为了你。出于对我们爱情的记忆。我真的非常爱你，哈里！”

哈里将头斜靠在威廉的肩膀上：“我和你的爱，似乎已很久。”

“将近十年。”

“如今我已成家，成为父亲。就像你在那些诗歌中描写的那样。和你娶安妮时一样，贝丝当时已有身孕，并且爱我。这是值得的，为了我的孩子，我的女儿。”

短暂的片刻，两人都沉默着。他们喝酒，抚摸着那只猫，让他们的手指在动物的皮毛上相遇。

“那么，你为何今晚来这儿？”哈里又问他。

“因为女王肯定活不过今晚。她会死的，詹姆斯将成为英格兰国王，你将会被释放，重新恢复你的南安普顿伯爵身份。因为这是一个王朝的终结，是你和我都曾经认识的唯一的君主。因为这似乎也是恰当的时候，来向你要东西。”

“要什么？”哈里的语气听起来十分疲惫。

“那个女人，苏格兰女人。那个皮肤深色的女人，叫玛丽安什么的。”

“和她有什么关系？”

“她是间谍吗？为苏格兰？”

哈里笑着说：“噢，是的，一直都是。事情是这样，她是间谍，负责监视哪些人反对詹姆斯王。伯利，艾塞克斯，我，我们都在其中，都为詹姆斯效力。如果女王驾崩，苏格兰的詹姆斯成为国王，你会看到她骑着马，走在加冕的游行队伍里。一百年前，她的父母投靠约克公爵，你知道的，后来逃到苏格兰，在理查国王死于博斯沃思原野之战后。她父亲是位伯爵，是国王的至交。因此，是的，你会看到玛丽安·洛布萨特女士，如黄油般温顺，她丈夫死得恰逢其时，看不出她是个妓女间谍的迹象，将骑着马与詹姆斯王的朝臣们混在一起。我想，她做了许多间谍活动。她追求艾塞克斯，没有得到他，但她得到我，并且持续了一段时间。”

“你泄露一些秘密给她了吗？”

“噢，威尔，我有什么秘密？我在朝廷里从不受宠，从不担任什么职务，从来得不到女王的信任，从不担任监控活动的主持者，如艾塞克斯或可怜的克里斯托弗·马洛。他死去已有十年，威尔，到5月便是十年。因此，我没有秘密可泄露。我不背叛我的国家。除了送信给那个苏格兰的鸡奸者詹姆斯，向他保证在需要时我对他的支持和完全的忠诚。”

“那就是你谋反的由来？”威廉问。

“是的，艾塞克斯认为他会推翻女王，邀请詹姆斯从苏格兰来占领她的位置。让艾塞克斯和南安普顿等人获取荣耀和财富，一个愚蠢的阴谋。”

“那个苏格兰女人和她的朋友们唆使你去做事的吗？”

“不是我，可能她的确唆使过艾塞克斯，但不是在床上。她和你我上床只是为了寻欢，我想。”

“寻欢差点让我失去妻子，让我付出失去儿子生命的代价，让我失去你。”

“从来没有。一切都在发生变化，但没有什么能夺走记忆。”他用另一种语调，接着说，“你记得十年前我给你的那一百英镑吗？”

“为何问这个，你想拿回去吗？我现在就可以还你。”

“我当然不是想要回。我的意思是，我给你钱因为我爱你，想给你一个礼物。就像现在，因为我仍然爱你，如果以不同的方式，我能给你另一件礼物。如果我活着，如果女王死了，如果詹姆斯继承王位。”

“什么礼物，哈里？”

“苏格兰的詹姆斯王喜欢戏剧，尤其喜欢你的戏。他们在苏格兰的宫廷里表演你的戏。他欣赏你，因为我，因为他喜爱你的戏剧，也可能因为那个监控你和女王的从事间谍活动的黑发女人，詹姆斯会让你的演出公司为王室服务。国王的戏班子，王室仆从，朝臣，威廉。你将会是国王的御用剧作家，将永远受到王室的保护，还有金钱、地位、身份。你已经闻名遐迩，不需要国王或普通百姓来给你名声。但成为国王的剧作家和受到他的宠爱并非一无是处。”

“我知道。”威廉举起哈里的手，亲吻了一下，“谢谢你！很奇怪，是不是？我本来想成为人知晓的诗人。我写了三首长诗和一组十四行诗，结果是我的戏剧更受到人们的欢迎。但它们不再流行，你知道，已经出现一些新作家如约翰逊、弗莱彻、博蒙特。我会逐渐过时，不合时宜。”

“还没有，你会为詹姆斯王写出伟大的剧本。”

“可能。”

“你会的。如果钟声敲响，威斯敏斯特的丧钟，说明女王已驾崩，然后，你就可以开始买红色制服，因为你会实现自己的目标，你和你的同事演员们。不是其他演员，而是你和你的手下。他会委派你创作戏剧，威尔。”

“你的意思是我得听从他的意愿。”

“你不会写任何他不赞成的，但这有什么新奇？因《理查二世》你勉强逃避惩罚。你会写关于女王的戏剧吗？威廉·莎士比亚的《伊丽莎白一世》？或《伊丽莎白女王》？”

“我感到怀疑。可能写关于她父亲，虽然我对历史剧已没有太多兴趣。”

哈里说：“我喜欢你的《哈姆雷特》和《亨利五世》。过去的几年里，我虽然很少去戏院，但真的看了这些戏。”

“你做过我在年少时向往的所有事情，你曾当过兵，做过海员，还打过仗。”

“在爱尔兰。”哈里带着轻蔑的口吻咕哝道。

“对，在爱尔兰。我过去就想要这些。”

“你已经在作品中写到这些，让别人信以为真。”

“我想是这样。”

哈里问：“你会写关于我的作品吗？”

“噢，亲爱的，我已写过。我所写到的每一个青年俊杰都是你。”

“那，每个女人都是安妮吗？”

“不，但她们中有些是她，至少部分是。那些可爱，意志坚定的妻子都是安妮。无疑我还会写更多的她，或者我的女儿们。别的一些女性，通常都是想象出来的。不久，人们有一天会对我的剧本失去兴趣，而且嘲笑我的诗作。我的作品会不合时宜，被世人遗忘。到那时，我会退隐到斯特拉福德，安排完女儿们的婚事，和妻子围坐在炉火边，为修缮房屋和节约开支而踌躇不安。”

“或者更加受到命运的青睐，成为国王宠爱的剧作家。他还可能授予你爵位，给你退休抚恤金。”

“那我愿意，但我怀疑。”

“有可能，一切皆有可能。”

“说的虽然老套但也有道理。”

现在，他们手拉着手，威廉能感受到手腕处脉搏的跳动。他尴尬地对哈里说：“不管发生什么，她都不会处死你，不是现在。”

“她有可能。”哈里那对蓝色的眼睛因恐惧和紧张而睁大，以至于看起来完全是黑的，和那个女人的眼睛一样，“在她弥留之际，她可能已下了命令，表示叛国者不会受到宽恕。即使她死了，我也可能被她下令处死。或者有人可能设法去夺取王冠，抢在詹姆斯之前，如简·格雷女士。一直都有野心勃勃的人，一直都有人谋反。如果我活着，詹姆斯一定成为国王。伊丽莎白杀了他母亲，他从未忘记和原谅她。她的敌人就是他的朋友。他的朋友就是她的敌人。即使死了，她也可能会复仇。”激动地满脸涨红着，他又转向威廉说，“如果我死了，为我写些关于我死亡的诗，这样我就不会完全地被人遗忘。答应我，威尔！”

“我保证。”

“你的那首被那个女人谱成音乐的诗，将它献给我，在我的葬礼上或坟墓上朗诵它，使我的坟墓为世人知晓。”

“我答应你。但没有必要，哈里！女王会死去，而你会活着。在我们下次见面时，你会成为新国王的顾问，我可能成为顺从他的演员之一，我们会鞠躬行礼，相互攀谈。你会对我讲到你的孩子和妻子，我也会说我的。然后，我会退隐到斯特拉福德，被世人遗忘。我确信，有时会听到南安普顿伯爵大人最新获封的各种荣耀。”

刚开始因有雾听不清楚，接着传来一个清晰的声音。屋外，丧钟正在敲响，预示着女王已驾崩。